이동의 미래

Mobility Big Bang
Riding the Future

이동의 미래

모빌리티 빅뱅, 누가 최후의 승자가 될 것인가?

차두원 지음

한스미디어

누구나 모빌리티와
자율주행차를 알아야 하는 이유

얼마 전 필자의 스마트폰에 저장되지 않은 낯선 번호로 전화가 걸려왔습니다. 혹시나 하는 마음에 전화를 받아보니 자율주행차와 관련한 제 TV 인터뷰를 들으신 분이었습니다. 꼭 물어볼 것이 있다며 무작정 방송국에 전화를 걸어 제 전화번호를 알아내셨다 하더군요. 그분은 선천적 시각장애를 가지고 있는데 돈이 얼마가 들어도 괜찮으니 어디서 자율주행차를 구매할 수 있는지 물어보고 싶어 전화를 했다고 말했습니다. 잠시 뭐라 대답해야 할지 고민했던 필자는 "아직 우리나라에서는 자율주행차를 구매할 수도 없고, 도로에서 일반인들이 운행할 수도 없습니다. 자율주행택시 서비스도 국내에는 없습니다"라고 솔직하게 답변을 드린 후 전화를 끊었던 기억이 납니다. 왠지 죄송스러웠습니다.

이미 많은 기업들이 연결성과 안전기능을 강화한 커넥티드카를 개발하고 있지만 자율주행차가 우리 생활에 본격적으로 안착하기까지는 적지 않은 시간이 걸릴 것 같습니다.

독자 여러분 가운데에는 해외여행을 가서 우리나라에는 없는 광경을 보신 분들이 적지 않을 것입니다. 미국, 대만, 중국 등의 호텔이나 공항에는 우버, 디디추싱으로 대표되는 라이드셰어링 차량 사용을 위한 방향표지판과 전용 공간이 설치되어 있습니다. 우리나라에도 사용자가 늘어나고 있지만 세계 주요 도시에는 20분 정도의 짧은 거리를 이동하기 위한 공유자전거, 공유스쿠터도 확산되고 있죠.

국내외의 많은 도시들은 대기오염 방지를 위해 도심의 차량 진입을 억제하고 있고, 머지않은 미래에 더 이상 내연기관 자동차를 생산하지 않겠다는 완성차 기업들의 선언도 계속되고 있습니다. 블룸버그 뉴에너지파이낸스 Bloomberg New Energy Finance에 따르면 2030년 즈음에는 전기차가 내연기관 자동차보다 가격이 낮아져 빠른 속도로 보급되고, 2040년에는 세계 신차의 55%, 전체 차량의 33%를 전기차가 점유할 것으로 예측했습니다.

자율주행, 커넥티드, 라이드셰어링과 카셰어링, 퍼스트-라스트 마일, 그리고 전기차는 인간의 이동과 도시의 변화를 이끄는 모빌리티 산업의 새로운 키워드로 등장했습니다. 현재 도시보다 깨끗하고 안전한, 그리고 편리한 삶을 누릴 수 있는 스마트시티로 진화하기 위해 친환경 모빌리티 확산에 집중하고 있고, 완성차 기업들도 스스로를 더 이상 완성차 기업으로 부르지 않고 모빌리티 기업으로 이야기하고 있습니다.

현재 많은 도시들은 자전거, 전기자전거, 스쿠터 등 미이크로 모빌리티 수단을 활용해 출발지에서 대중교통을 탈 수 있는 버스나 지하철역까지 이동하고, 대중교통으로 목적지까지 이동을 마치면 다시 마이크로 모빌리티 수단으로 최종 목적지까지 끊김 없이 연결하는 퍼스트-라스트 마일 모빌리티 전략에 관심이 많습니다. 그만큼 도심의 차량 진입을 줄일 수 있고 시민들의 건강도 챙길 수 있기 때문이죠. 당연히 퍼스트-라스트 마일 비즈니스를 위한 새로운 기업들도 탄생했습니다. 중국의 대표적인 공유자전거 기업인 오포ofo와 모바이크mobike는 기업가치 10억 달러(1조 원)가 넘는 유니콘 기업으로 성장했고, 미국의 대표적인 전동스쿠터 공유서비스 기업인 버드Bird는 설립한 지 1년도 되지 않아 사상 최단 기간에 유니콘 기업으로 성장해 많은 관심을 받고 있습니다.

자율주행차가 가져온 완성차, 테크 자이언트, 라이드셰어링 기업들 간의 격전과 이합집산은 정신이 없을 정도로 빠르게 진행되고 있습니다. 퍼스트-라스트 마일 전략의 목적이 끊김 없는 모빌리티 수단의 연결이라면, 자율주행차는 본격적인 도어-투-도어 연결Door-to-Door Connection을 위한 첨단기술의 집약체이며 미래 모빌리티 혁신의 핵심 수단으로 자리 잡았습니다.

테슬라의 레벨 2 부분자율주행과 구글에서 분사한 웨이모 waymo 등이 완전자율주행을 확산시키며 자율주행기술을 알리고 많은 관심을 받았습니다. 하지만 이른바 BIG 3(GM, 포드, 다임러)와 도요타 등도 반격에 나섰습니다. 막대한 자본력과 네트워크, 완성차 개발 경험을 바탕으로 유망한 자율주행과 인공지능은 물론 카셰어링과 라이드셰어링 기업들과의 인수합병, 투자 및 협력을 통해 자율주행기술 개발과 서비스 출시를 위한 기반을 마련했습니다. GM, 포드, 도요타 등은 이미 양산을 위한 생산라인 셋업도 준비 중에 있습니다. 2020년을 기점으로 자율주행차 초기 시장 선점을 위한 관련 기업들의 협력과 경쟁구도는 이미 가시화되었습니다.

혹시 무벨그룹 Moovel Group, 메이븐 Maven, 앱티브 Aptiv, 제누이티 Zenuity, 모이아 Moia, 인모션 InMotion, 나브야 Navya란 기업의 이름을 들어본 적이 있습니까? 무벨그룹은 다임러, 메이븐은 GM이 설립한 모빌리티 자회사, 앱티브는 자동차 부품업체 델파이에서 분사한 자율주행과 사용자 경험 및 스마트 모빌리티 솔루션 개발 전문업체, 제누이티는 볼보와 자동차 안전 시스템 개발업체인 오토리브가 자율주행기술과 운전자지원 시스템 소프트웨어 개발을 위해 설립한 조인트벤처입니다. 모이아는 폭스바겐이 모빌리티 민주화를 목표로 설립한 자회사, 인모션은 재규어 랜드로버의 카셰어링과 온디맨드 서비스를 담당하는 자회사, 나브야는 프랑스의 자율주행셔틀 전문업체입니다.

대부분은 낯선 회사들입니다. 그만큼 자율주행차와 모빌리티 시장은 그 어느 산업보다 빠르고 다이내믹하게 진화하고 있습니다. GM과 포드가 자율주행차 사업부를 자회사로 독립시키고, 100년이 넘는 라이벌인 다임러와 BMW의 모빌리티 서비스가 하나로 통합될 예정일만큼 최근 모빌리티 시장은 그 어느 때보다 긴박하게 돌아가고 있습니다.

2018년 11월 발표된 GM의 대규모 구조조정은 전기차, 자율주행차, 공유차량 등 향후 모빌리티 시장 주도권을 잡기 위한 포석으로 포드의 구조조정도 머지않아 보입니다.

과연 어느 기업이 미래 모빌리티 비즈니스의 승자가 될까요? 아직은 알 수 없지만 소프트뱅크의 손정의 회장은 이미 전 세계 라이드셰어링 시장을 장악할 정도로 발 빠르게 움직이고 있고, 국가자본주의State Capitalism 체제의 중국은 정부의 강력한 기술개발 리더십과 넓은 국토, 많은 인구를 테스트베드 삼아 자율주행차와 다양한 모빌리티 비즈니스 시장의 다크호스로 등장했습니다. 이미 자율주행 오픈소스 플랫폼인 아폴로^{Apollo}를 운영하는 바이두^{Baidu}를 중심으로 전 세계 120개 이상의 자율주행기술 관련 기업들과 협력하고 있습니다. 다른 나라들과는 달리 앞으로 급격한 자동차 구매 증가가 예상되는 대규모 시장이기 때문에 자율주행차 관련 기업들이 중국 시장에 진출하기 위해 아폴로를 활용하지 않을 수 없는 상황입니다.

우리나라 인구의 절반은 서울, 경기, 인천 수도권에 살고 있고 사람들은 계속 도시로 몰리고 있습니다. 세계 도시화율도 55% 수준으로 2050년에는 66.4%까지 증가할 전망입니다. 우리나라의 2015년 도시화율은 82.5%였고, 2030년엔 84.5%, 2050년엔 87.6%로 예상됩니다. 일본에 이어 세계 2위입니다. 도시는 점점 거대한 메가시티로 진화하면서 교육, 경제, 기술, 의료, 문화 등 경제활동과 편리한 삶을 영위하기 위한 모든 것들이 집결하고 있습니다. 사람들이 끊임없이 도시로 몰리고 있는 이유는 단순합니다. 일거리가 있고, 편하게 잘 먹고 잘 살기 위해서입니다.

유독 출퇴근이 힘든 날이 있습니다. 아무리 가까운 거리라도 콩나물시루 같은 대중교통 안에서 시달리면 하루가 피곤하고, 차를 가지고 나와도 교통체증으로 도로가 막히고 주차공간을 찾느라 시간을 보내고 나면 파김치가 됩니다. 아무리 대중교통수단이 편리하고 쾌적하다고 해도 하루에 2시간을 넘는 통근거리는 삶의 질을 떨어뜨립니다. 우리나라 평균 출근시간은 34.2분, 퇴근시간은 45.1분으로 세계 1위입니다. 출퇴근 시간이 가장 긴 도시는 서울로 출근시간은 41.8분, 퇴근시간은 54.6분으로 도합 약 1시간 40분이나 되는 참 살기 힘든 나라입니다. 우리나라에서 가장 피부에 와 닿는 모빌리티 서비스와 전략이 중요한 이유입니다.

애플의 아이폰이 출시되면서 휴대폰 산업이 급격히 변화하기 시작한 현상을 아이폰 모멘트iPhone Moment라고 합니다. 앞으로 자율주행, 커넥티드, 카셰어링과 라이드셰어링, 퍼스트-라스트 마일, 전기차 등 핵심 키워드들이 변화시킬 미래 모빌리티가 우리에게 던지는 의미는 무엇일까요?

사람은 태어나면서부터 자동차, 자전거 등 다양한 모빌리티를 사용합니다. 평생의 희로애락과 중요한 순간들을 함께 하죠. 더 이상 단순한 이동수단이 아니라 인공지능 등 첨단기술과 모빌리티 수단이 결합된 새로운 인생의 파트너라고 불리는 이유입니다.

이동을 위한 모든 수단을 말하는 모빌리티 산업은 어느 분야와도 비교할 수 없을 정도로 규모가 엄청납니다. 모빌리티 수단의 변화는 단순히 기술의 변화뿐만 아니라, 일자리와 직업의 변화, 진로의 선택에 영향을 주고 모빌리티와 연관된 다양한 서비스 산업의 변화도 동반합니다.

완전자율주행차가 등장하면 사람은 운전하지 않음으로써 새롭게 생겨난 시간을 활용해야 하기 때문입니다.

근대 자동차의 원형인 1886년 칼 벤츠Karl Benz가 제작한 페이턴트 모터바겐Patent Motorwagen, 1908년 등장해 자동차의 대중화를 이끈 포드의 모델 T에 이어 자동차 모빌리티 산업의 대전환기, 캄브리아기에 여러분은 생활하고 있습니다. 모빌리티가 단순한 이동수단에서 인생의 파트너로 바뀌는 기회에 참여하기 위해서는 그만큼 기술과 비즈니스 변화를 정확히 파악하고 있어야 합니다.

이 책은 필자의 연구뿐만 아니라 해외에서 경험한 많은 모빌리티 서비스 내용을 담고 있으며 2015년 발간한 《초연결시대-공유경제와 사물인터넷의 미래》, 2016년 발간한 《잡 킬러-4차 산업혁명, 로봇과 인공지능이 바꾸는 일자리의 미래》의 후속편 성격을 가지고 있습니다. 독자들에게 자신의 미래를 위해 생각할 기회도 함께 전달하고자 하는 마음을 담았습니다. 마지막으로 1년을 넘는 시간 동안 집필에 많은 도움을 준 가족들에게도 사랑한다는 말을 전하고 싶습니다.

2018년 12월 저자 **차두원**

목 차

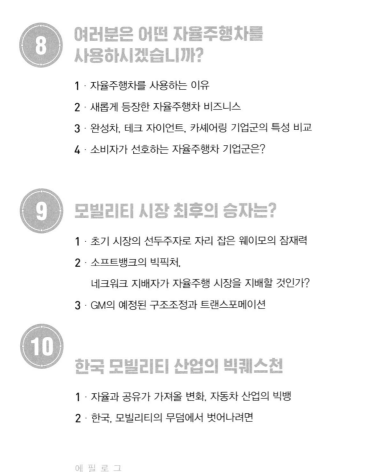

Mobility Big Bang,

1

Riding the Future

2040년,
일본으로 떠난 가족여행

싱귤래리티는 없다. 점점 빠르게 발전하는 기술을 개인과 사회가 수용해 조화를 이루며, 일하고 생활하는 방식이 끊임없이 변할 뿐이다. 모빌리티와 자율주행차가 가져올 변화를 알지 못하면 미래를 대비할 수 없는 이유다.

1. 인공지능이 디자인한 여행 스케줄

오래 전부터 계획해왔던 칠순 기념 일본의 전국일주 가족여행을 떠났다. 아내와 아들 내외, 손자, 손녀 6명이 부산에서 페리를 타고 일본 후쿠오카를 향해 가는 중이다. 그간 자주 다녔던 도쿄, 오사카, 교토, 삿포로 등 일본의 대표적인 도시들을 다시 한 번 돌아보고, 가보지 못했던 일본의 구석구석을 자동차로 2주 동안 다녀올 예정이다.

30여 년의 사회생활 동안 경험했던 가장 커다란 기술의 변화는 인터넷과 자율주행차. 1990년대 대중화되기 시작한 인터넷은 사물인터넷을 넘어, 작은 센서 하나로 세상을 연결하는 스마트 더스트Smart Dust로 진화하면서 일하는 방법뿐만 아니라 삶의 방법도 계속 변화시키고 있다. 2020년대 말부터 구매할 수 있었던 자율주행차 역시 마찬가지다. 사람이 직접 자동차를 운전할 필요가 점점 없어지면서 이동하는 동안 새롭게 생겨난 시간과 공간이 새로운 가치와 경험을 제공하고 있다.

예전 같으면 고속철도를 타고 부산까지 왔겠지만, 이번 여행에서는 카셰어링 기업의 SUV 자율주행차를 렌트해 부산까지 내려왔다. 물론 렌트한 자율주행차는 페리에 싣고 일본으로 이동할 예정이다. 렌트한 공유자율주행차의 동력원은 전기다. 아직도 도로에는 적지 않은 가솔린 차량들이 운행되고 있지만, 운전석뿐만 아니라 전기차는 엔진이 없어 공간활용도가 높고 고장도 적어 대부분의 공유자율주행차들은 전기를 활용하고 있다.

여행을 고민하기 시작했을 때는 집에서 일본 숙소까지 짐을 배송해주는 국제 딜리버리 서비스를 이용할까도 생각했다. 하지만 일본 지인들 선물과 6명이나 되는 가족들의 짐이 적지 않았다. SUV 자율주행차는 모든 짐을 호텔로 옮기지 않고도 필요한 물품들만 챙겨서 이동이 가능해 활용도가 매우 높다.

사실 페리와 공유자율주행차 여행은 인공지능 비서가 제안한 여행방법이다. 여행을 계획할 때 목적지와 일정, 동행자, 예산 등을 이야기하면 모든 것을 알아서 여행계획을 디자인한다. 물론 이번 가족여행에는 그동안의 가족여행 데이터 즉 개개인이 먹었던 음식, 쇼핑 리스트, 즐겨봤던 영화나 TV 프로그램을 분석하고, 우리가 선택한 목적지를 다녀간 많은 사람들의 빅데이터를 활용해 관광지 선정과 최적의 경로, 상세한 일정, 숙소와 음식점 예약 정보 등을 알려주었다.

출발 당일, 일본 지도를 비롯해 우리 가족의 모든 여행정보가 입력된 공유자율주행차가 집 앞에 도착했다. 이동 중 여행에 필요한 정보와 질문을 던지면 언제라도 자율주행차 챗봇이 친절하게 안내해준다. 음성을 통해 커뮤니케이션이 가능한 자동차는 더 이상 인간이 운전해야 하는 대상이 아니다. 태어나서 처음 집으로 올 때부터 세상을 떠날 때까지 모든 추억을 함께하며, 이제는 나와 가족의 거의 모든 정보와 지식을 공유하는 삶의 파트너로 바뀌었다. 스마트홈과 연결되어 차에서도 집안의 상태 확인과 다양한 디바이스 활용이 가능하다. 인공지능 기술과 통신기술, 무엇보다 인간-기계 인터페이스 기술의 눈부신 발전 덕분이다.

자율주행차가 등장하면서 국가마다 달랐던 운전석 위치 표준이 사라진 지도 오래되었다. 더 이상 자동차에 스티어링 휠과 브레이크, 액셀러레이션 페달이 필요하지 않기 때문이다. 자동차에는 사람과 커뮤니케이션하기 위한 인공지능 시스템과 만약의 사태에 대비한 비상정지 버튼만이 있을 뿐이다.

이제 세계 어디서나 완성차, 정보통신, 카셰어링 기업 등이 운영하는 공유자율주행차를 선택해 사용할 수 있다. 2030년 세계 관련기업들이 함께 결성한 세계자율주행차협회 World Autonomous Vehicle Association 가 전 세계에서 통용되는 기술표준과 보험약관 등을 만들었기 때문이다. 세계자율주행차협회는 자율주행차 활용성과 국가들 간의 호환성을 높이는 데 커다란 역할을 했다. 작년에 은퇴한 친구는 1년 예정으로 자율주행차를 이용한 세계일주 여행을 떠나기도 했다.

2. 자율주행차를 사용할 수밖에 없는 이유

🚗 나는 일반인에게 자율주행차를 시판한 지 얼마 지나지 않은 2030년 처음으로 자율주행차를 구매했다. 2020년 시범운행을 위한 자율주행차들이 등장한 후 10여 년이 지난 후로 다른 이들보다는 비교적 빨리 구입한 셈이다.

공유자율주행차도 있시만 직접 구매한 이유는 가끔씩 공유자율주행차를 사용할 때 남아있는 이전 사용자의 흔적이나 쓰레기 때문에 불쾌했던 경우도 있었고, 때로는 제대로 정비되지 않은 차가 있을까 불안했기 때문이다.

하지만 공유자율주행차 전문 관리업체들이 등장하면서 이러한 문제들은 사라졌다. 사용자가 자율주행차 사용을 마치면 CCD, 즉 냄새측정기 등을 활용해 차량 내부 쓰레기와 정리 상태 등을 확인한다. 뿐만 아니라 이동 지역과 네트워크 특성, 사용자, 사용시간대 등의 특성 데이터를 분석해 최적화된 지점에 차량 청소와 정비소를 운영하고 있다. 물론 자동차 진단과 안전 관련 데이터를 실시간으로 전송관리하기 때문에 사용자는 안전하게 사용할 수 있고 자율주행차 기업도 관리비용을 절감하고 있다.

자율주행차를 구매한 지 10년이나 되었지만 주행거리는 얼마 되지 않는다. 하지만 팔고 싶어도 제값을 받고 팔기는 쉽지 않다. 구매 당시에는 15년을 사용한 자동차를 바꿔야 할 시기였고, 자율주행차 가격이 낮아진 것도 구매를 결정한 이유 중 하나다. 사율주행차가 처음 나왔을 때는 고가였던 라이다^{LiDAR}(자율주행차의 핵심부품 중 하나로 사람의 눈 역할을 하며 주행도로 주변의 3D 지형지물 정보를 수집함)가 100달러 수준으로 떨어져 자율주행차 가격도 기존 자동차에 비해 커다란 차이가 없었다.

사용과 관리 측면에서도 직접 구매한 차와 자율주행차 공유기업들이 제공하는 차들과는 커다란 차이가 없다. 스마트폰이나 인공지능 비서로 원하는 시간에 호출하면 현관 앞에 도착해 알려주고, 사용 후에는 알아서 정해진 주차장소로 이동한다. 정기 점검, 소모품과 부품 교체, 수리, 세차, 충전이 필요할 경우에도 차가 전송해 주는 메시지를 승인하면 알아서 서비스 스테이션에 다녀온다. 굳이 사람들이 자율주행차를 직접 구매하지 않는 이유다. 자율주행 소프트웨어는 자동으로 업데이트가 되고 체계적으로 관리할 수 있어 자동차 수명도 예전보다 많이 늘어났다. 덕분에 관리에 많은 시간과 노력을 기울일 필요가 없다. 월정액을 지불하고 자유롭게 사용하는 서비스를 제공하는 기업들도 등장했다.

공유자율주행차의 커다란 장점은 다양한 용도의 자동차들을 목적에 맞게 선택할 수 있다는 것이다. 캠핑과 여행, 업무를 위한 장거리 운행, 어린이와 노인용, 장애인용, 데이트용, 회의용 등 다양한 용도로 인테리어가 설계된 자동차를 선택할 수 있다. 대부분의 차량들은 의자 방향 전환 등 실내 구조를 사용자가 변경할 수 있으며 필요에 따라 침대, 워킹테이블, 조리시설뿐만 아니라 프린터, 스크린, VR 장비, 미니바 등도 미리 주문하면 자동차에 설치해 배송되어 편리하게 사용할 수 있다. 블록체인 기술로 자동차 보안이 강화되어 안심하고 사용할 수 있고, 카셰어링 기업별로 토큰도 발행되어 활발히 이용되고 있다.

도시 내에서 혹은 일정구간에서 운영되는 자율주행셔틀도 많이 늘어나면서 대중교통은 더욱 여유롭고 편안하게 사용할 수 있다. 특히 자율주행차는 주로 장거리 이동에 사용되면서 시내와 시외 경계를 무너뜨렸으며, 다른 도시에 출장을 가는 사람은 현지에서 숙박하지 않고 늦은 시간이라도 자율주행차를 이용해 집으로 귀가하는 사람들이 늘어났다. 편히 쉴 수 있는 소파나 침대가 갖추어진 자율주행차를 활용하기 때문이다.

물론 2025년 정도까지는 전 세계에서 자율주행차 사고가 종종 발생했고 사망자도 발생했다. 안타깝지만 이런 사고들을 통해 자율주행차의 문제점도 발견되고 미처 예상하지 못한 위험상황 발견과 대비책 마련, 사고처리와 분석, 보험문제 해결을 위한 계기가 마련되었다. 개인이 소유한 자율주행차나 공유자율주행차 모두 사고가 나면 과실불문 보험이 적용되어 생산기업과 차량공유 플랫폼 기업에 1차적인 책임이 있다. 물론 주기적인 정기점검과 고장 수리 등을 필수적으로 해야 한다는 전제조건은 있다.

3. 자율주행차가 제공하는 본격적인 도어-투-도어 서비스

많은 사람들이 자동차를 소유하지 않는다. 특히 어려서부터 카셰어링 서비스와 자율주행차를 사용하면서 성장한 2025년 전후 세대들은 자동차가 집에 세워져 있거나 사람이 운전하는 자동차를 보면 신기해 할 정도다. 2004년에 태어나 어려서부터 스마트폰을 사용하기 시작한 세대가 모바일 네이티브Mobile Native라고 불렸던 것과 같이 2030년을 전후로 태어나 어려서부터 자율주행차를 타고 다닌 아이들은 자율주행세대Autonomous Driving Generation라고 부르기도 한다. 이들은 자율주행차에서 하는 공부, 여행, 숙박 등 거의 모든 서비스에 어느 세대보다도 익숙하다.

지금은 완전자율주행차와 부분자율주행차, 공유자율주행차와 개인소유자율주행차, 많지는 않지만 자율주행 기능이 없는 기존 차량들이 도로에 뒤섞여 운행되고 있다. 아직도 자율주행차에 대한 거부감이 있거나, 운전 자체를 즐기는 사람들은 자율주행 기능이 전혀 없는 자동차를 이용한다. 그들이 소유한 자동차는 대부분 올드카나 고가의 수제(手

製) 자동차다. 최근에는 오히려 이런 올드카 시장이 확장되는 경향도 보인다. 예나 지금이나 자동차가 부의 상징인 것에는 변화가 없다. 일부 자동차 운전을 좋아하지만 수동자동차가 없는 사람들은 오토파크 등 수동자동차를 주행할 수 있는 공간에서 취미생활로 레이싱이나 운전의 맛을 즐기기도 한다. 물론 적지 않은 비용이 드는 고급 취미다.

직접 운전하기를 즐기는 사람들을 위해 수동과 자동전환이 가능한 자동차도 구매할 수 있다. 완전자율주행차에 없는 스티어링 휠, 가속 및 브레이크 페달이 장착된 수동자동차를 운전하려면 운전면허가 필요하다. 하지만 운전면허시험장이 점점 줄어들어 면허시험 보러 가기도 번거롭기 때문에 점점 운전면허 보유자와 응시자도 줄어들고 있다.

자동차 소유가 줄어든 이유 가운데 하나는 전 세계에 인구 1,000만 명이 넘는 메가시티가 늘어나면서부터다. 2000년대 들어서 도시가 국가를 대표하는 시대가 되었다. 특히 의료, 교육, 금융, 기술 관련 기능이 집약된 메가시티에 인구가 집중되면서 도시들은 환경보호와 시민들의 건강, 그리고 지속발전 가능성을 확보하기 위해 도시에 차량진입을 본격적으로 제한하기 시작했다.

자율주행차 시장이 본격적으로 확대되기 전인 2030년까지는 출발지와 목적지까지 끊기지 않고 이동수단을 효율적으로 연결하기 위한 통합 앱들이 인기를 얻었다. 출퇴근이나 단거리 이동을 위해서는 자전거, 전기자전거, 전동스쿠터 등 마이크로 모빌리티를 사용해 출발지에서 대중교통 서비스를 위한 버스정류장이나 지하철역까지 연결해주는 퍼스트 마일First Mile 서비스, 대중교통 사용을 마치고 목적지까지 연결해주는 라스트 마일Last Mile 서비스가 핵심이다. 장거리 이동을 위해서는 마이크로 모빌리티뿐만 아니라 택시, 공유 서비스, 지하철, 기차, 셔틀, 트램, 버스 등을 하나의 통합 앱으로 정보를 제공하고 가장 효과적인 모빌리티와 경로를 제공하는 시스템이 인기를 얻었다. 누적된 빅데이터와 실시간 교통데이터를 활용해 최적화된 경로로 목적지에 원하는 시간에 도착할 수 있어 많은 사람들이 사용한다. 도시 접근성과 도시와 도시, 도시 내 이동성을 높이기 위한 전략이나. 도시 역시 도보와 마이크로 모빌리티 이동 네트워크 확대, 셔틀 등 도시 내 이동성 확대를 위해 많은 부분을 정비해 도심의 자동차 진입을 억제했다. 물론 자율주행차가 도로에 늘어났다고 해서 다른 모빌리티 수단들이 사용되지 않는 건 아니다. 오히려 도어-투-도어 서비스 옵션이 늘어나 사용자들은 보다 다양한 모빌리티 서비스를 선택할 수 있게 되었다.

4. 공유와 자율이 가져온 자동차 산업의 서비타이제이션

소비자들의 자율주행차 선택에 있어 제조사 메이커는 예전만큼 중요하지 않다. 자율주행차가 본격적으로 판매되기 시작한 후 2030년을 넘어서면서 자율주행 소프트웨어와 하드웨어 수준이 평준화되었기 때문이다. 스마트폰이 디자인 경쟁 단계로 진입했던 때와 마찬가지로 소비자들은 사용 목적에 맞고 독특하며 새로운 사용자 경험을 할 수 있는 자율주행차를 좋아한다. 사람들은 자동차를 구매하거나 렌트할 때 옛날처럼 차량의 외관 스타일링보다는 인테리어 활용성과 편의성에 더 관심이 높다. 이제는 자동차 기술이 아닌 자동차에서 제공할 수 있는 서비스가 더 중요한 시대이다. 카셰어링 기업들의 서비스 경쟁도 심해졌고, 최저가뿐만 아니라 디테일한 인테리어 등을 비교해 알려주는 앱도 등장해 큰 인기를 얻고 있다.

자동차 업계의 판도는 2030년 즈음 완전히 바뀌었다. 카셰어링 서비스와 2016년부터 본격적으로 자율주행차 개발을 시작한 GM, 포드, 도요타 등 일부 글로벌 자동차 기업들은 과거 완성차 기업의 자존심을 지키고 있다. 하지만 이러한 변화에 대응하지 못한 완성차 기업들은 웨이모, 바이두와 같은 테크 자이언트, 디디추싱 등과 같은 라이드셰어링 기업들에게 공유자율주행차 하드웨어를 공급하거나 라이선스 비용을 지불하고 자율주행기술을 활용하는 기업으로 전락해 자존심을 구겼다.

반면 테크 자이언트들은 오픈 메리지Open Marriage 전략으로 자신들이 개발한 자율주행 툴키트 사용을 원하는 완성차나 카셰어링 기업에게 공급하고 있다. 언제부턴가 시작된 자동차 산업의 커다란 변화는 카셰어링 기업들이 모빌리티 산업 발전과 함께 자동차 업계에 큰 손으로 등장했다는 점이다. 뒤 트렁크 도어에는 과거 완성차 기업들을 상징하던 엠블럼과 함께 웨이모, 바이두 등 테크 자이언트들과 우버, 디디추싱 등 라이드셰어링 업체의 엠블럼과 로고가 붙어있다. 어쨌든 일부 완성차 기업들이 역사의 뒤안길로 사라진 데에는 자율주행차의 등장으로 인해 자동차 산업과 시장이 변화한 영향이 적지 않다는 것을 말해주고 있다.

과거 많은 전문가들은 카셰어링과 라이드셰어링, 자율주행차의 등장으로 차량 대수가 많이 줄 것으로 예상했다. 실제로 전체 자동차 대수는 줄었지만 도로에 운행되는 차들은 반대로 늘어났다. 공유와 자율의 역설이라고 해야 할까? 목적지까지 사용자를 데려다 주고 다음 사용자 픽업이나 대기를 위한 장소로 끊임없이 이동하는 공유자율주행차들과 노인, 어린이, 장애인 등의 이동이 활발해졌기 때문이다. 덕분에 공유자율주행차 공급을 주력으로 하는 기업들은 과거 완성차 기업 시절의 영예는 없지만 자동차 생산 물량이 꾸준히 늘어나 새로운 호황을 맞고 있다. 개인 소유의 자동차들과 달리 끊임없이 사용하는 공유자동차의 특성상 차의 수명이 짧기 때문이다.

커넥티드카 개발을 담당했을 때가 엊그제 같은데 커넥티드 기능은 이미 자율주행차로 흡수되어 더 이상 커넥티드카라는 용어를 사용하지 않는다. 그 다음으로 등장했던 CaaS Car as a Service, MaaS Mobility as a Service, TaaSTransportation as a Service란 단어의 의미가 이해가 된다. 하지만 2018년 자동차 업계에서 일할 때 추진했던 소프트웨어와 하드웨어를 뛰어넘는 자동차 서비스화Vehicle Servitization 프로젝트가 제대로 추진되었다면 우리나라 자동차 기업들의 기술 수준이 더욱 높아질 수 있었을 것이라는 생각이 든다.

5. 싱귤래리티는 없다, 끊임없이 진화하는 삶의 방법

완전자율주행차는 운전자가 자동차 운전에 아무런 신경을 쓰지 않아도 되는 마인드 프리 자동차Mind-Free Vehicle다. 자율주행차가 인간의 기능을 대신하는 수준에 따라 핸즈-핏 프리 자동차Hands and Feet-Free Vehicle, 아이 프리 자동차Eye-Free Vehicle라고도 불렸지만, 더 이상 도로 주변 상황을 파악하고 비상사태에 대응하기 위한 역할이 줄었기 때문이다. 물론 비상상황에서 자동차를 정지시키기 위한 비상 버튼Red Button과 위험상황을 알리기 위한 콜 센터와의 다이렉트 콜 버튼은 법에 의해 필수적으로 장착되어 있다.

덕분에 사고가 획기적으로 줄었을 뿐만 아니라, 교통약자란 단어도 사라졌다. 노인과 장애인, 어린이들을 위해 일부 공유업체들은 사회공헌 차원에서 교통약자들에게 특화된 자율주행차를 운영하고 있으며 정부도 복지정책의 일환으로 유사한 서비스를 제공하고 있다. 많은 논쟁이 있었지만 아이들이 통학버스나 부모 없이 사용할 때 안전사고 예방, 노인과 장애인들의 급작스런 건강 악화 등에 대비한 응급 키트와 밴드

시 한 명 이상 자율주행차 안전관리자가 탑승하도록 법으로 의무화했다. 탑승자와 보호자가 동의할 경우 CCTV나 블랙박스를 통해 가족들과 관련 기관에서 모니터링할 수도 있고, 문제가 발생했을 때 가까운 병원으로 자동 이동해 응급의료진을 대기시키려면 다이렉트 콜 버튼을 사용하면 된다. 물론 일반인도 원하면 건강 모니터링이 가능하고 문제가 생겼을 때 비상 버튼을 사용할 수 있다. 어린이, 고령자, 장애인과 함께 생활하는 가족들의 부담이 줄어든 것은 자율주행차가 가지고 온 커다란 변화 중 하나다.

지난 20여 년 동안 일자리 변화가 가장 빠르게 진행된 분야가 자동차와 모빌리티 분야로 택시기사, 트럭기사라는 직업이 사라졌고 보험업계도 적지 않은 타격을 받았다. 자율주행차 정비원, 안전관리자 등 새로운 직업이 생겨났지만, 자율주행차 관리는 주로 공유업체에서 운영하는 서비스 스테이션에서 담당하기 때문에 개인이 운영하는 정비소, 주유소 등도 대부분 사라졌다.

대부분의 택배기업들도 자율주행차를 이용하고 있다. 인터넷 쇼핑몰에서 배송하는 제품들은 사전에 의무화된 위험성, 위해성 등에 대한 검사 프로세스를 거쳐 배송하고, 개인이 발송하는 택배도 범죄, 테러 등에 대비해 편의점이나 물류 서비스 기업에서 물품 확인절차를 통과해야 배송할 수 있다. 그만큼 산업과 서비스 재편 과정은 쉽지 않았고, 이러한 변화에 미처 대응하지 못한 기업들은 사라져 갔다. 물론 음식배달업계에서 사람이 직접 배송하는 온디맨드 서비스는 사라지지 않았다. 도어-투-도어를 위한 서비스로 인간의 게으른 욕구를 채우기 위해 시작된 사업의 특성이다. 음식을 받기 위해 자율주행차가 도착한 집 밖으로 나가는 것은 아무도 좋아하지 않기 때문이다.

일하는 방식도 변했다. 예전에는 운전 중 업무 전화가 오면 "운전 중입니다"라고 이야기하고 운전에 집중했었다. 하지만 이제는 운전 중에도 마음만 먹으면 언제든지 일을 할 수 있다. 재택근무도 늘어나면서 자율주행차로 여행하면서 일하는 디지털 노마드가 엄청나게 증가하고 있다.

이제 무사히 자율주행차로 일본 여행을 다녀왔다. 사랑하는 가족들의 만족도 역시 매우 높다. 1990년대 말 자율주행차를 연구하며 처음으로 탑승해본 후 40년이 지나서야 구매했다. 그리고 올해 처음으로 자율주행차를 이용해 멋진 해외여행을 다녀왔다.

이미 주변에 플라잉카Flying Car를 구매했거나, 플라잉카 셰어링 서비스를 활용하는 사람들도 있다. 얼마나 더 시간이 필요할지 모르겠지만 플라잉카는 육상뿐만 아니라 항공 모빌리티까지 통합할 것이고, 우리가 생활하는 모습과 기업의 판도 역시 머지않아 다시 바뀌지 않을까 싶다. 누군가는 자율주행차가 본격적으로 상용화되기 시작한 2030년을 싱귤래리티Singularity(특이점)라고 부른다. 기술 변화에 충분히 대응한 개인과 기업들에게는 예상하고 적응할 수 있었던 기술 변화의 물결이었지만 변화를 준비하지 못했던 개인과 기업들은 뒤처질 수밖에 없었다. 하지만 앞으로 이러한 모빌리티의 변화는 끊임없이 더 빠른 속도와 주기로 진행될 것 같다. 싱귤래리티는 없다. 단지 기술의 발전으로 우리가 살아가는 모습이 계속 변할 뿐이다.

Mobility Big Bang,

2

Riding the Future

모빌리티 서비스가
풀어야 할 숙제들

. . .

도시화는 문제가 아니다. 사람들은 먹고 살기 위해 도시로 몰려든다.
도시도 생존을 위해 지속가능성 확보에 집중하고 있다. 출근 전쟁만
사라져도 하루가 편안해진다. 모빌리티 서비스가 중요한 이유다.
하지만 이게 전부는 아니다. 우리나라 교통약자는 전체 인구의 28.9%
인 1,496만 명, 인구 4명 중에 1명이다. 교통약자법에는 어린이, 장애
인, 고령자, 임산부, 영유아를 동반한 사람이 포함된다. 교통약자들이
보다 안전하고 편리하게 일반인과 함께 생활할 수 있는 환경 마련이
진정한 모빌리티 정책이다.

1. 끝없이 확장되는 도시화 문제 해결

세계경제포럼은 2016년 〈직업의 미래〉The Future of Jobs란 제목의 보고서를 발간했다. 현재까지도 언론과 전문가들을 통해 언급되고 있는 2020년까지 4차 산업혁명으로 710만 개의 일자리가 사라지고, 210만 개의 일자리가 새롭게 생겨 총 510만 개의 일자리가 사라진다라는 내용으로 관심을 받았던 보고서다. 하지만 인간 일자리의 변화보다 눈여겨볼 내용은 최근 산업과 비즈니스 모델에 영향을 미치는 기술들과 환경변화 요인들이다.

보고서에서 제시한 대표적인 4차 산업혁명 기술들인 모바일 인터넷과 클라우드 기술, 빅데이터, 사물인터넷, 첨단생산과 3D 프린팅, 로봇과 자율운송수단, 인공지능과 머신러닝, 첨단소재와 생명공학, 유전학 등은 이미 글로벌 시장에서 본격 상용화되었거나 상용화 초기 단계에 접어들어 다양한 비즈니스 모델을 탐색하며 새로운 산업생태계를 만들고 있다. 자율주행차로 대표되는 자율운송수단은 개발하는 기업들이 시장 출시 원년으로 삼고 있는 2020년을 전후로 시장에 진출하기 시작하

● 산업과 비즈니스 모델에 영향을 미치는 요인들의 타임 프레임

이미 영향을 미치고 있는 동인들	2015~2017년 영향을 미칠 동인들	2018~2020년 영향을 미칠 동인들
• 지정학적 변동성 증가 • 모바일 인터넷과 클라우드 기술 • 컴퓨터 파워의 발전과 빅 데이터 • 크라우드 소싱, 공유 경제와 P2P(Peer to Peer) 플랫폼 • 신흥시장 중산층의 부상 • 신흥시장 젊은 세대의 부상 • 급격한 도시화 • 업무 속성 변화와 유연성 • 기후변화, 천연자원의 제약 과 보다 친환경적인 경제 로의 전환	• 새로운 에너지 공급과 기 술들 • 사물인터넷 • 첨단 생산과 3D 프린팅 • 장수와 고령사회 • 윤리 및 개인정보보호문제 에 대한 새로운 소비자 문제 • 부상하는 여성과 경제력	• 첨단 로봇과 자율운송수단 • 인공지능과 머신러닝 • 첨단 소재와 생명공학, 유 전학

출처 The Future of Jobs-Employment, Skills and Workforce Strategy for the Fourth Industrial Revolution, World Economic Forum, 2016. 1.

면서 기업들의 뜨거운 경쟁이 시작될 것으로 예상된다.

하지만 이러한 기술들이 경제사회적으로 왜 필요한지에 대한 이해는 기술을 사회와 개인이 수용하는 데 있어 이해해야 할 중요한 내용이다. 자율주행차는 첨단기술의 집약체로 적지 않은 경제사회 변화를 가져올 이른바 빅뱅파괴Big Bang Disruption Technology 기술이다. 이미 1990년대와 2000 년대에 수없이 많은 개발 시도가 있었지만, 최근의 하드웨어, 소프트웨어, 센서, 빅데이터 수집과 처리기술 발전으로 마침내 시장에 도전장을 던질 수 있게 되었다. 그만큼 새로운 환경변화에 따른 시장 진입의 타당 성을 사회와 사용자에게 이해시키고 기술 수용성을 확보해야 하기 때문 이다. 어느 날 갑자기 전 세계 모든 자동차가 자율주행차로 교체될 수는

없다. 최근에는 카셰어링, 라이드셰어링, 마이크로 모빌리티 등을 중심으로 모빌리티 산업이 재편되고 있기도 하다. 이들이 우리에게 필요한 이유는 무엇일까?

공유경제와 P2P 플랫폼, 친환경 경제로의 전환, 장수와 고령사회, 윤리와 개인정보보호 같은 소비자 문제 등 경제사회 변화 요인들도 자율주행차 활용과 비즈니스에 있어 떼려야 뗄 수 없는 관계다. 특히 급격한 도시화는 자율주행차를 단순히 기술개발 측면이 아닌 존재와 활용가치 측면에서 빼놓을 수 없게 만드는 이슈다.

전통적인 도시화는 인간의 활동이 점진적으로 도시에 집중되어 정주규모와 국가나 지역의 산업구조를 변화시키면서 비농업 부문의 경제활동이 우세해지는 과정이다. 도시화는 생산요소를 집적하고 규모의 경제, 거래비용 절감과 생산성 향상, 투자유치, 기술 흡수를 통해 산업화 기반을 구축해 경제발전을 견인하는 역할도 한다. 도시화와 산업화는 경제발전을 이끄는 쌍두마차로 한국과 중국 등 아시아 국가들이 압축적인 고속성장을 할 수 있었던 이유도 상당한 수준의 도시발전으로 가능했다.

교육, 의료, 금융, 복지, 기술 등 인간이 삶을 영위하며 경제활동을 하기 위한 서비스 인프라와 인력들은 골고루 분포해 있지 않다. 대부분은 전 세계 주요 대도시에 집중되어 있다. 모든 도시에 모든 인프라를 갖추기에는 적지 않은 재원과 경제성에 문제가 발생하기 때문이다. 그렇기 때문에 주요 도시 진입을 위한 이동거리, 교통 인프라, 도시 내 분포 등에 따라 결정되는 기회와 서비스들에 대한 접근성은 주민들의 경제활동, 그리고 도시의 지속가능한 발전을 위해 매우 중요하다. 물론 높은 도시화율은 농촌 노동인구 감소에 따른 공동화, 도시 지역의 인구 증가와 주택 부족, 그리고 교통혼잡과 환경문제뿐만 아니라 범죄율 증가 등 무시할 수 없는 부작용을 동반한다.

하지만 열악한 도시 접근성은 경제활동과 발전에 저해요소가 될 수밖에 없다. 도시 접근성 장벽과 불평등 제거는 UN의 〈지속가능 발전을 위한 2030 어젠다〉The United Nations 2030 Agenda for Sustainable Development에 'Leaving No One Behind(누구도 낙오하게 놔두면 안 된다)'라는 지표에 포함되어 있다.

이러한 현상을 설명하는 지표로 도시화율Urbanization을 사용한다. 선진국들의 도시화율은 개발도상국에 비해 높지만 증가하는 속도는 매우 더디다. 경제발전 초기단계인 개발도상국은 규모의 경제Economy of Scale와 집적경제Agglomeration Economies 등으로 도시화가 체증적으로 진행되지만 도시화가 이미 진행된 선진국들은 도시집중화에 따른 혼잡, 교통, 주거 문제 등 도시화 문제에 따른 체감적 증가 형태를 띠고 있다.

● 세계 도시화율 추이

1980년 (세계인구 : 44억 3,900만 명)	2015년 (세계인구 : 74억 4,900만 명)	2050년 (세계인구 : 97억 2,500만 명)
39.3%	54.0%	66.4%

출처 United Nations, World Urbanization Prospectives, The 2014 Revision, Department of Economic and Social Affairs, 2014.

세계 도시화율은 1980년 39.3%, 2015년 54.0%로 계속 증가했고, UN 은 세계 도시화율이 계속 증가해 2050년에는 66.4%까지 높아질 것으 로 예측하고 있다. 1980년 세계 도시에는 17억 3,000만 명(세계 인구 44억 3,900만 명)이 살았다. 하지만 2015년에는 39억 6,800만 명(세계 인구 73억 4,900만 명), 2050년에는 64억 1,900만 명(세계 인구 97억 2,500만 명)이 도시 에서 생활해 세계 인구 3명 중 2명이 도시인이라는 의미나.

주요 경제협력개발기구^{OECD} 국가들 가운데 도시화율이 가장 높은 국 가는 일본이다. 2000년대 80% 수준에서 2010년 90%를 넘어섰고, 2025 년 96.3%, 2050년에는 무려 97.7%까지 높아져 세계에서 가장 도시화율 이 높은 국가를 유지할 전망이다.

국토교통부가 발표한 2017년 도시계획 현황 통계에 따르면 우리나라 인구 91.82%는 전체 국토면적의 16.6%를 차지하는 도시지역에 거주하 고 있다. 〈국토의 계획 및 이용에 관한 법률〉(국토계획법)에 따른 우리나

● 한국의 도시지역 인구 비율

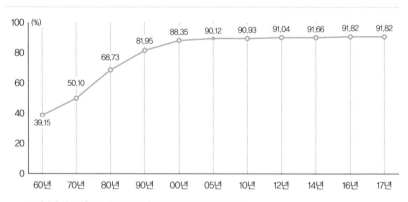

도시지역 인구비율: 도시지역 인구 / 행정안전부 주민등록 인구

출처 우리나라 국토 면적 106,108.8㎢…국민 91.82% 도시거주, 국토교통부 보도자료, 2018. 7. 2.

라 국토 면적은 106,108.8km²이고 도시지역은 1만 7,635.9km², 총인구 5,178만여 명 가운데 4,754만여 명이 도시거주자들이다. 도시지역에 거주하는 인구는 2016년 대비 7만 3,824명 증가한 47,542,961명으로 도시지역 거주자는 계속 증가하고 있다.

우리나라 도시화율은 2015년 82.5%로 2030년에는 84.5%, 2050년에는 87.6%로 계속 상승할 전망이다. 세계 도시화율 평균보다 2015년에는 30.5% 높았고, 2030년 24.5%, 2050년에는 21.2%가 높을 것으로 예상된다. 1970~1980년대 고도성장기 산업화 과정에서 나타나는 전형적인 농촌인구의 도시이동 현상인 이촌향도(離村向都) 현상이 발생하면서 도시화율은 급격히 증가했다. 1990년대 중반까지 진행된 이촌향도 현상은 도시인구 절반 이상을 농촌 유인 인구로 채우면서 도시화율은 급격

● 우리나라와 주요 국가들의 도시화율 비교

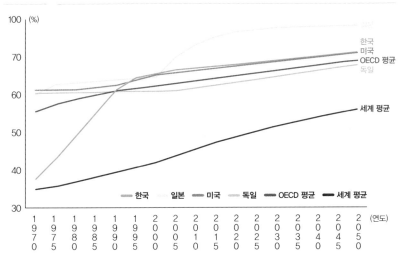

출처 주요국 도시화율 비교. 국가통계포털. World Urbanization Prospects The 2014 Revision, United Nations, Department of Economic and Social Affairs, 2014.

히 상승해 2000년대에는 80%를 넘었다. 이스라엘, 벨기에, 스웨덴, 아이슬란드, 룩셈부르크, 네덜란드, 오스트레일리아보다는 낮고 오스트리아, 독일, 이탈리아, 노르웨이 등과 비슷한 수준이다. 한국은 경제발전 과정에서 지난 40년 만에 도시화의 전 과정 패턴인 초기, 가속화, 종착 등의 단계를 모두 확인할 수 있을 만큼 빠르게 진행되어 왔다.

경제 규모가 글로벌화되고 디지털, 인터넷 기반 경제로 전환되면서 국가 간 경쟁보다는 도시 경쟁이 강조되고 있다. 세계 최고의 혁신 도시인 실리콘밸리, 하드웨어 실리콘밸리로 불리는 중국의 선전, 핀테크 성지인 영국 런던 등 이제는 발전된 도시가 국가를 대표하고 선도하는 시대다.

T2 벤처캐피털의 CEO 빅터 황Victor Hwang은 실리콘밸리를 혁신 클러스터 이론과 다양한 경제이론으로 설명하기 힘든 '혁신의 미스터리'라고 말한다. 단순히 혁신이 성공하기 위한 요소들이 집합한 도시가 아니라 혁신적 기업, 제품, 서비스가 계속 살아있는 환경에서 아이디어, 인재, 자본, 글로벌 시장과 공급망 접근성 등 모든 구성요소들이 유기체처럼 적절히 순환하여 결합하고 변화하면서 창의적 성과를 탄생시키는 열대우림 생태계라는 것이다. 환경오염, 교통혼잡 등 해결이 쉽지 않는 문제가 있음을 알면서도 메가시티, 스마트시티들을 추진하고 있는 이유다.

2. 도시 접근성에 비례하는 경제력

영국의 옥스포드대학, 구글, 유럽연합 공동연구센터EU Joint Research Centre, 네덜란드 트웬테대학University of Twente이 공동 참여한 말라리아 아틀라스 프로젝트Malaria Atlas Project는 구글의 오픈 스트리트맵과 데이터 소스를 활용해 2015년 전 세계 1만 3,840개 도시의 접근시간 분포도를 발표했다.

분석 결과 세계 인구 80%인 약 60억 명이 도시에서 1시간 내 이내 거리에 거주하는 것으로 밝혀졌다. 하지만 상세한 데이터를 보면 대륙별·국가별 도시 접근성은 다르다. 예를 들면 사하라 이남 아프리카 저소득층 50.9%는 1시간 내 도시 접근이 가능한 거리에 거주하지만, 유럽과 북미 등 고소득 국가는 인구 90.7%가 1시간 내 도시 인근 지역에 거주한다. 이는 도시 접근성과 부의 불균형성을 보여준다. 물론 예외적으로 인도는 1인당 GDP는 낮지만 도시가 많기 때문에 북부국경 산악지대를 제외하면 보편적으로 도시접근 시간은 1시간 미만이고, 사막이 많은 사우디는 소득수준은 높지만 도시 접근시간이 가장 긴 국가이기도 하다.

● 도시에 진입하기 위한 접근시간 분포(2015년)

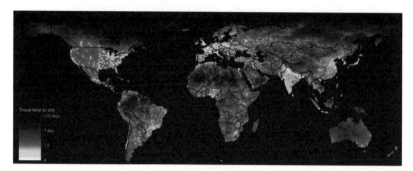

출처 Weiss DJ., Nelson A., Gibson HS., Temperley WH., Peedell S., Lieber A., Hancher M., Poyart E., Belchior S., Fullman N., Mappin B., Dalrymple U., Rozier J., Lucas TCD., Howes RE., Tusting LS., Kang Global Map of Travel Time to Cities to Assess Inequalities in Accessibility in 2015, Nature. 2018. 1.

● OECD 등 주요 국가의 통학 및 통근에 소요되는 시간(1999~2014)

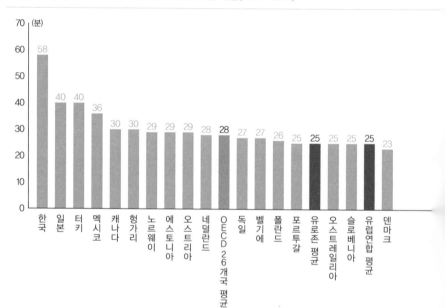

도시 접근성을 가장 쉽게 보여주는 지표는 출퇴근 시간이다. 국가마다 통계조사 시점의 차이는 있지만 1999~2014년 OECD가 집계한 통계를 살펴보면 OECD 26개국 15~64세 통학과 통근시간 평균은 28분이다. 우리나라 평균은 58분으로 OECD 국가 가운데 통근시간이 가장 길다. 2위인 일본과 터키 40분보다 28분이나 길고, OECD 평균의 2배를 넘는다. 중국, 인도, 남아프리카공화국보다도 높고, 가장 낮은 스웨덴 18분, 미국, 핀란드, 스페인 등 20분 대 초반인 국가와 비교하면 3배를 넘는 수준이다.

최근 교통연구원이 수행한 2016년 3월~2017년 3월 주말과 공휴일을 제외한 266일을 대상으로 분석한 데이터에 따르면, 우리나라 전국 평균 출근시간은 34.2분, 퇴근시간은 45.1분으로 출근보다 퇴근이 오래 걸린

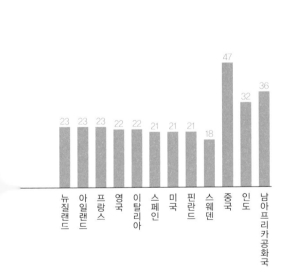

참고 ❶ : 오스트레일리아 2006년, 오스트리아 2008~2009년, 벨기에 2005년, 캐나다 2010년, 중국, 2008년, 덴마크 2001년, 에스토니아/핀란드 2009~2010년, 프랑스 2009년, 독일 2001~2002년, 헝가리 1999~2000년, 인도 1999년, 이탈리아 2008~2009년, 아일랜드 2005년, 일본 2011년, 한국/멕시코 2009년, 네덜란드 2005~2006년, 뉴질랜드 2009~2010년, 노르웨이 2010년 폴란드 2003~2004년, 포르투갈 1999년, 슬로베니아 2001~2002년, 남아프리카공화국 2010년, 스페인 2009~2010년, 스웨덴 2010년, 터키 2006년, 영국 2005년, 미국 2014년

참고 ❷ : 오스트레일리아(15세 이상), 중국/헝가리(15~74세), 스웨덴(15~64세)

출처 OECD – Social Policy Division – Directorate of Employment, Labour and Social Affairs, Time Spent Travelling to and from Work, OECD Family Database, 2016. 1.

다. 출퇴근시간이 가장 긴 도시는 서울로 출근시간은 41.8분, 퇴근시간은 54.6분으로 총 약 1시간 40분, 가장 짧은 곳은 전라남도로 출근시간 28.6분, 퇴근시간 38분이 걸려 1시간 7분이 소요된다.

서울과 인접한 인천과 경기, 그리고 부산, 대구, 광주, 대전 등 대도시의 출퇴근 시간이 전국 평균보다 오래 걸리는 곳이다. 통계청 인구총조사 데이터에 따르면 우리나라 평균 통근시간은 1995~2000년 사이 29.6분에서 32.1분으로 2.5분 늘어났고, 2010년에는 33.7분, 2015년 35.4분으로 계속 증가하고 있다. 전체 통근인구 가운데 통근시간이 1시간 이상인 인구 비율도 1995~2000년 9.5%에서 14.5%, 2010년 15.6%, 2015년 18%로 계속 늘고 있다.

차량 통행량도 늘고 있다. 2016년 전국 통행량은 8,705만 1,000통행으로 2010년 7,886만 8,000통행 대비 10.38% 증가했고, 전국 총 통행거리도 12억 3,900만 인/km로 2010년 12억 2,200만 인/km 대비 1.38% 증가했다. 참고로 인/km는 교통수단을 이용한 인원과 이동거리를 곱한 여객수송실적 측정 단위다. 하지만 1인당 통행거리는 25.16km에서 24.60km로 감소했다. 통행량에 비해 통행거리 증가율이 낮은 것은 단거리 통행이 늘었다는 의미다.

같은 해 전국통행량이 10.38% 증가한 것에 비해 승용차 통행량은 20.5%나 증가한 4,572만 4,000대. 전체통행량 증가보다 승용차 통행량 증가가 이유는 1인당 승용차 통행량이 1.15통행/인으로 2010년 대비 7.2% 증가하고 승용차 평균 탑승인원은 36.5% 감소해 나홀로 차량 비율이 82.5%까지 증가했기 때문이다.

한국교통안전공단이 발표한 2017년도 자동차 주행거리 통계에 따

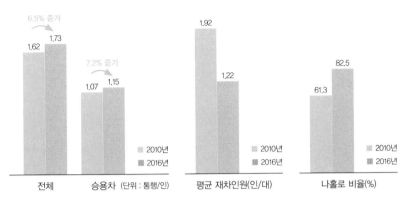

● 1인당 승용차 통행량, 평균 탑승인원, 나홀로 차량 비율(%)

(출처) 국토교통부 보도자료, 수도권지역 출퇴근 시 평균 1시간 30분 이상 소요, 최근 3년간 교통혼잡구간이 늘어난 것으로 나타나-교통 빅데이터를 이용한 국가교통조사 결과, 2018. 5. 6.

르면 2017년 자동차 주행거리는 3,198억km로 전년 대비 2.8% 증가했다. 5년 전인 2013년과 비교하면 무려 15.3% 증가했다. 유일하게 주행거리가 감소한 서울특별시는 대중교통 인프라의 지속적인 확충과 함께 2017년 4월부터 시행한 승용차마일리지 제도 등 자동차 주행거리를 줄이기 위한 정책이 효과를 낸 것으로 보인다.

사용연료별 주행거리는 LPG자동차만 4.3% 감소했고, 전기 52.8%, 하이브리드 31.2%, 경유 5.1%, 휘발유 1.4%순으로 모두 전년과 비교해 증가했다. 전기자동차는 5,500만km로 전년 대비 52.8% 증가하여 가장 높은 증가율을 보였으나, 전체주행거리 중에서 차지하는 비율은 0.02%로 매우 낮은 수준이다. 하이브리드자동차는 4,454만km로 전년 대비 31.2% 증가하였고, 친환경연료 주행거리 증가량 대부분인 93.7%를 차지했다. 경유자동차는 1,568억 2,700만km로 전년 대비 5.1% 증가하였으며, 전체 주행거리 중 49.0%를 차지해 가장 높은 점유율을 기록하며

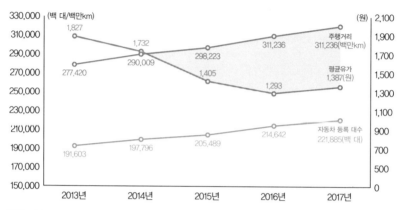

출처 지난해 자동차 주행거리 2.8% 증가, 한국교통안전공단 보도자료, 2018. 6. 28.

최근 5년간 연평균 5.0% 지속적으로 증가했다.

도로등급별 연도별 혼잡구간(24시간 중 한 시간이라도 평균속도가 70km/h 이하로 떨어진 구간) 비율은 고속도로는 2010년 8.39%에서 2016년 11.84%로 2014년 대비 약 3.45% 포인트 증가했고, 일반국도는 감소하고 지방도 · 시군도는 5.89%에서 6.19%로 0.3% 증가했다.

7대 특별시와 광역시를 기준으로 서울특별시, 부산광역시, 대구광역시, 인천광역시는 지속적으로 혼잡구간(혼잡기준속도 : 고속도로 40km/h, 도시고속도로 30km/h, 특별 · 광역시도 15km/h 이하)이 증가했다. 특히 서울시의 혼잡구간 비율 증가율이 가장 높아 2014년 19.47%에서 2016년 22.78%로 증가했다.

같은 기간 자동차 등록 대수는 1,916만 7,000대에서 2,218만 9,000대로 15.8%, 자가용 승용차 등록 대수도 2010년 1,312만 5,000대에서 2016년 1,650만 5,000대로 무려 25.8%나 증가했다. 가구당 승용자 보유 대수도 0.75대에서 0.86대로 14.7%나 증가했다. 특히 인천광역시는 2014년 대비 2016년 승용차 등록 대수가 18만 753대 늘어난 21.2%의 증가율을 보였고, 서울특별시는 8만 7,602대가 늘어나는 등(3.7% 증가) 3년 동안 43만 4,776대가 늘어나 전국에서 승용차가 가장 많이 증가한 도시가 되었다. 그만큼 승용차 사용은 증가했지만 버스와 택시통행은 감소하고 있고, 철도와 지하철 통행도 지하철 노선이 확장된 수도권, 부산울산권, 대구광역권에서만 증가하고 있다.

집에서 직장까지 통행 시간, 이동의 쾌적성은 삶의 질, 도시인의 건강, 생활의 편의성 등을 대표하는 중요한 지표 가운데 하나다. 또한 직장과 주거지 간의 거리 변화, 업무지역과 주거지역의 변화, 토지이용과 지가 변화, 통근시간대 교통 서비스 수준의 변화 등을 직간접적으로 파악할 수 있다. 물론 직장과 주거지 사이의 거리는 가까울수록 편리하지만, 도시의 성장과 토지가격의 상승으로 인한 교외거주의 증가 때문에 통근시간은 불가피하게 증가하는 경향이 있다.

3. 교통안전과 교통약자들의 이동성 향상

교통안전은 2015년 9월 전 세계 유엔회원 국가가 참여해 2030년까지 모든 국가들이 함께 지구의 지속가능한 발전을 위해 합의한 〈지속가능 발전목표〉Sustainable Development Goals에도 포함된 중요한 이슈다. 〈지속가능 발전목표〉Goal 3 '모든 연령대의 건강한 삶의 보장과 웰빙 증진Ensure healthy lives and promote well-being for all at all ages'에는 2020년까지 전 세계 도로교통 사고 사망자와 부상자를 절반으로 감소, Goal 11 '도시와 주거지의 포용적이며 안전하고 복원력 있는 지속가능성 보존Make cities and human settlements inclusive, safe, resilient and sustainable' 목표에는 2030년까지 모두를 위해 안전하고 적정가격으로 접근이 용이하고 지속 가능한 교통 시스템을 제공하고 특히 여성, 아동, 장애인, 노인 등 교통약자들을 위한 대중교통을 확대해 도로 안전을 향상시킨다라는 내용이 포함되어 있다.

세계보건기구 통계에 따르면 매년 전 세계에서 120여만 명이 교통사고로 사망하고 있다. 2017년 전 세계 교통사고 사망자는 124만 7,021명이며, 2018년 6월까지는 67만 2,127명이 사망했다. 교통수단별로 사망

● 교통수단 유형별, 보행자 등 사망자 발생 평균 시간

출처 Death on the Roads based on the WHO Global Status Reports on Road Safety 2015, http://www.who.int/ violence_injury_prevention/road_traffic/death-on-the-roads, 2018년 7월 1일 기준.

사고자는 자동차가 1분 22초, 자전거는 10분 32초, 오토바이는 1분 50 초, 보행자 사망사고는 1분 55초마다 1명씩 발생하고 있다.

우리나라 교통약자법 제2조 제1호에 따르면 교통약자는 장애인, 고령자, 임산부, 영유아를 동반한 사람, 어린이 등 일상생활에서 이동에 불편을 느끼는 사람들을 포함한다. 2017년 말 기준으로 한국 교통약자는 전체인구의 28.9%인 1,496만 명 수준으로 4명 가운데 1명이 교통약자다. 그 가운데 고령자 14.2%, 어린이 6.3%, 영유아 동반자 5.0%, 장애인 2.7%, 임산부 0.8%순으로 고령자가 교통약자의 절반인 49.2%를 차지하고 있다.

국토교통부에서 우리나라 8대 특별시와 광역시를 대상으로 실시하는 교통약자 이동편의 실태조사에 따르면 2022년까지 우리나라 인구는 연평균 0.3% 증가하는 반면, 교통약자는 2.0%씩 증가할 것으로 예측했다. 특히 고령자는 약 200만 명 이상 급증하고, 고령자를 제외한 교통약자는 감소하거나 큰 변화가 없을 것으로 분석했다. 2014년~2016년 3년간 교통약자 사고 현황을 보면, 2014년 1만 7,010건, 2015년 1만 7,424건, 2016년 1만 6,742건으로 영유아와 어린이 사고는 점차 줄어들고 있지만

구분	2014년			2015년			2016년		
	영유아	어린이	고령자	영유아	어린이	고령자	영유아	어린이	고령자
전국	1,056	5,084	10,870	969	4,828	11,627	886	4,355	11,501
서울특별시	192	808	2,131	166	742	2,318	157	643	2,254
부산광역시	48	345	887	43	298	862	37	268	971
대구광역시	47	316	686	46	311	708	56	226	657
인천광역시	52	231	399	44	267	492	41	196	432
광주광역시	27	219	302	30	199	323	27	201	325
대전광역시	24	130	277	24	160	309	16	151	355
울산광역시	20	113	195	17	128	214	17	111	211
세종특별자치시	0	0	15	4	14	23	0	19	17

출처 2017년 교통약자 이동편의 실태조사 연구 최종보고서, 국토교통부, 2018. 3.

고령자 사고는 증가하고 있다.

일반인 600명, 교통약자 906명을 대상으로 조사한 1주일 외출 빈도 및 교통수단을 살펴보면, 지역 내 외출은 외출빈도는 5회가 가장 많았다. 교통약자 가운데 장애인 40.7%, 임산부 30.0%, 고령자 37.5% 등 평균 37.3%로 일반인 46.7%보다 낮았다. 특히 지체장애인은 5~6회 외출이 가장 높게 조사된 반면, 시각장애인과 청각장애인은 매일 외출한다는 응답이 가장 높게 나타났다.

주로 이용하는 교통수단으로 일반인들이 지하철보다 버스를 2배 이상 사용하는 것과 달리 교통약자의 평균 버스와 지하철 사용 비율은 비슷하다. 하지만 임산부는 버스, 고령자는 지하철 사용비율이 높다. 장애인은 버스와 지하철 사용비율이 거의 비슷하지만 지체장애인과 청각장애인의 주요 교통수단이 자가용이란 비율이 상대적으로 높았고 시각장애인들의 경우에는 장애인 택시 이용 비율이 40.7%로 가장 높게 나타났다.

최근 1년 지역 간 외출 빈도도 응답자 특성에 관계없이 5회 미만의 비율이 가장 높았으며, 지역 간 이동을 위한 주요 교통수단으로는 일반인 교통약자 모두 자가용 비율이 가장 높았다. 특히 임산부의 자가용 사용 비율은 92.8%로 매우 높았고, 장애인의 경우 지체장애인은 승용차, 시

● 지역 내 외출빈도(2017년)

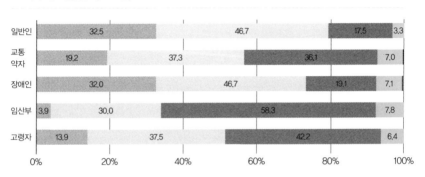

■ 매일 외출힘 ■ 5~6회 ■ 3~4회 ■ 1~2회 ■ 거의 없음 ■ 무응답

(출처) 2017년 교통약자 이동편의 실태조사 연구 최종보고서, 국토교통부, 2018. 3.

● 지역 내 주요 이동수단(2017년)

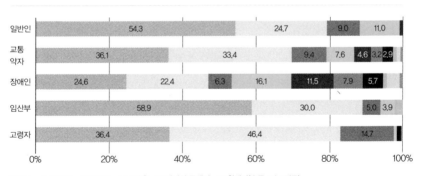

■ 버스 ■ 지하철 ■ 걸어서 ■ 자가용 ■ 장애인 콜택시 ■ 휠체어(수동 또는 전동)
■ 무료 서틀버스 ■ 택시 ■ 특별교통수단(특장차) ■ 기타 ■ 무응답

(출처) 2017년 교통약자 이동편의 실태조사 연구 최종보고서, 국토교통부, 2018. 3.

각장애인과 청각장애인은 기차 비율이 가장 높게 나타났다.

2017년 국내 장애인은 138만 2,760명이다. 하지만 아직까지 교통사고 때문에 장애를 갖게 된 교통사고 장애인에 대한 공식 통계가 없다. 장애인 보행자 사고도 도로교통공단 교통사고분석시스템에서 별도 통계로 산출하지 않기 때문이다. 다만 한 해 등록하는 후천적 장애인 90%가

● 지역 간 외출빈도(2017년)

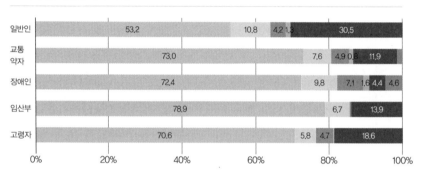

■ 5회 미만 ■ 5~10회 미만 ■ 10~15회 미만 ■ 15~20회 미만 ■ 20회 이상 ■ 무응답

출처 2017년 교통약자 이동편의 실태조사 연구 최종보고서, 국토교통부. 2018. 3.

● 지역 간 주요 이동 수단(2017년)

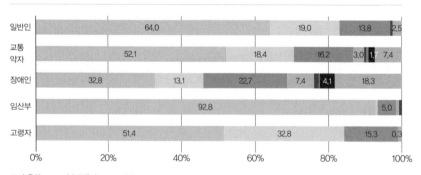

■ 승용차 ■ 고속(시외)버스 ■ 기차 ■ 장애인 콜택시 ■ 비행기 ■ 택시 ■ 여객선 ■ 기타 ■ 무응답

출처 2017년 교통약자 이동편의 실태조사 연구 최종보고서, 국토교통부. 2018. 3.

량이 교통사고로 후유장애를 얻은 것으로 알려져 있을 뿐이다. 보험개발원에 따르면 2016년 교통사고로 후유장애 보험금을 받은 사람은 1만 7,635명으로 하루 평균 50명꼴이며 2014년 이후 매년 늘고 있다. 유의할 점은 장애인 사고발생률은 7.7%, 전체인구 사고발생률은 0.7%로 무려 11배나 높다는 점이다.

늘어나는 고령 운전자 사고

2017년 우리나라 전체 교통사고는 21만 6,335건으로 사망자는 4,185명, 부상자는 32만 2,829명이다. 하루 평균 사망자는 11.5명, 부상자는 884.5명이 발생했으며, 인구 10만 사고 건수는 422.2건, 사망자는 8.2명, 부상자는 6,300명이다.

그 가운데 65세 이상 고령 운전자 교통사고는 2만 6,713건으로 848명이 사망하고 부상자 3만 8,627명이 발생했다. 고령 운전자에 의한 사고는 전체 사고의 12.3%, 전체 사망자의 20.3%, 전체 부상자의 12.0%로 그 비중과 건수는 계속 증가하고 있다. 2011년과 비교하면 사고 건수와 부상자 수는 약 2배, 사망자 수는 1.4배 증가했다. 특히 사망자 5명 가운데 1명이 고령 운전자가 의한 사고다.

전체 운전면허 소지자 수는 2011년 2,725만 1,153명에서 2017년 3,166만 5,393명으로 약 16% 증가했다. 그 가운데 70대 이상 운전자는 같은 해 68만 6,876명에서 145만 4,051명으로 2.1배 증가했으며, 전체 운전자 수에서 차지하는 비중도 2.5%에서 4.6%로 증가했다. 그 가운데

연도	운전자 분류	사고발생 건수	사망자 수(명)	부상자 수(명)
2011	전체	221,711	5,229	341,391
	65세 이상	13,596(6.1%)	605 (11.6%)	19,814 (5.8%)
2012	전체	223,656	5,392	344,565
	65세 이상	15,190 (6.8%)	718 (13.3%)	22,043 (6.4%)
2013	전체	215,354	5,092	328,711
	65세 이상	17,590 (8.2%)	737 (14.5%)	25,734 (7.8%)
2014	전체	223,552	4,762	337,497
	65세 이상	20,275 (9.1%)	763 (16.0%)	29,420 (8.7%)
2015	전체	232,035	4,621	350,400
	65세 이상	23,063 (9.9%)	815 (17.6%)	33,787 (9.6%)
2016	전체	220,917	4,292	331,720
	65세 이상	24,429 (11.1%)	759 (17.7%)	35,687 (10.8%)
2017	전체	216,335	4,185	322,829
	65세 이상	26,713 (12.3%)	848 (20.3%)	38,627 (12.0)

출처 교통사고분석시스템(TAAS), 고령 운전자(65세 이상) 사고 추이, http://tass.koroad.or.kr

80대 이상 운전자는 2011년 5만 9,058명에서 2017년 21만 5,228명으로 무려 3.6배나 증가했다. 2017년 8월 65세 인구가 725만 7,288명으로 총 인구의 14.2%로 집계되면서 우리나라는 UN이 정의하는 고령화 사회에 들어섰으며, 7~8년 후에는 20%가 넘는 초고령 사회에 진입할 것으로 예상된다.

일반적으로 시력과 청력, 자극에 대한 반응 속도와 같은 신체적 기능 뿐만 아니라 정신적 기능이 약해지고 소득이 감소하는 고령자들은 다른 연령층보다 이동 능력이 저하되어 노후 생활을 영위하는 데 많은 문제점에 직면하게 된다. 고령자의 이동성은 생활을 영위하기 위해 필수적인 활동뿐만 아니라 친교활동과 사회활동 참여를 촉진시켜 사회성을 향상시키고 자립과 존엄성을 유지하게 하는 등 고령자의 삶의 질을 높이는 데 많은 기여를 하고 있다. 특히 여러 가지 이동수단 가운데 고령자 스스로 운전하는 자동차는 자신에게 필요한 서비스 등을 보다 쉽게 제공받을 수 있어 독립성과 편의성을 유지시켜주는 중요한 수단 가운데 하나다. 반면 고령 운전자들에게 운전을 포기한다는 것은 이동성 제한뿐만 아니라, 우울증을 유발하는 등 정신적 문제 유발과 함께 사회활동 감소 등으로 주관적인 삶의 만족도가 저하되는 주요 원인이 되기도 한다. 따라서 효과적인 고령층의 모빌리티 수단 확보와 제공은 초고령 사회를 앞둔 우리에게 매우 중요한 사회적 이슈 가운데 하나다.

택시, 버스, 화물차 등 사업용 자동차 고령 운전자 비중도 꾸준히 증가하고 있다. 버스, 화물차는 전체 운전자 가운데 고령 운전자 비중은 각각 2006년 1.5%, 2.0%에서 2016년 6.6%, 7.5%로 약 4배 증가했다. 택시는 전체 운전자 중 고령 운전자 비중이 2006년 3.2%에서 2016년 22.0%로 약 7배가 증가해 사업용 자동차 가운데 고령 운전자 비중이 가장 높다. 2015년 사업용 자동차 사고를 살펴보면, 전체 2만 2,514건 사고 가운데

● 사업용 자동차 업종별 고령 운전자 교통사고 건수 및 사망자 수(2015년)

구분	전체 교통사고		고령 운전자 교통사고		고령 운전자 교통사고 비율	
	사고 건수(건)	사고 건수(명)	사고 건수(건)	사고 건수(명)	사고 건수(건)	사고 건수(명)
택시	22,514	230	4,138	49	18.4	21.3
버스	8,744	189	494	17	5.6	9.0
화물	7,657	273	509	16	6.6	5.9

참고 버스는 노선버스, 전세버스의 사고발생 건수 및 사망자 수를 합산한 수치, 화물은 컨테이너, 콘크리트믹서, 노선화물, 구역화물, 화물, 덤프트럭의 사고발생 건수 및 사망자 수를 합산한 수치임

출처 임서현, 성낙문, 강상욱, 홍성진, 택시 운전자 고령화에 따른 실태분석 및 대책, 한국교통연구원, 2017. 1.

고령 택시 운전자 사고는 4,138건으로 사망자 49명, 교통사고 발생 비율도 18.4%로 사망자 수 21.3%로 건수와 비중이 가장 높다.

사업용자동차 가운데 택시는 다른 업종에 비해 운전자 인원도 많고 고령 운전자 비중도 높아 고령 택시 운전자로 인한 교통사고 비율은 버스의 3.3배, 사망자 수는 2.4배 수준이다. 화물차량도 예외는 아니다. 2017년 11월 2일 8명의 사상자를 내고 본인도 숨진 5돈 트럭 76세 운전자는 최근 2년 동안 10건, 2006년부터 현재 사고 시점까지 46건의 사고를 냈다. 보통 화물차공제조합에 가입된 화물차 기사들이 평균 2.5년에 한 번꼴로 사고를 내는 것과 비교하면 사고 빈도는 매우 높다.

졸음운전으로 추정되는 원인의 대형 버스 사고 역시 자주 발생하고 했다. 7월에는 경부고속도로에서 7명이 사망했고, 9월에는 천안~논산 고속도로 하행선 정안휴게소 부근에서 차량 정체로 속도를 줄이던 산타페 SUV를 뒤에서 들이받아 8중 연쇄추돌사고가 발생해 2명이 숨지고 9명이 부상을 입었다.

2017년 전체 운전면허 소지자 1,000명당 교통사고는 6.8건이었지만, 65세 이상 고령 운전자는 1,000명당 9.5건의 사고가 발생했다. 교통사고 100건당 사망자 수를 나타내는 교통사고 치사율도 고령 운전자는 3.2%로 전체 연령대 치사율 1.9%보다 매우 높다.

고령 운전자 사고와 대형 상용차 사고가 발생할 때마다 언급되는 것이 일본이 시행하고 있는 면허반납제 도입과 첨단운전자보조장치 장착 의무화다. 부산시는 고령 운전자 사고를 줄이기 위해 지방자치단체 중 처음으로 2017년 7월부터 면허증 자진반납 우대제도를 시행하고 있다. 부산에서 최근 5년간 고령 운전자 사고 건수가 54.1% 늘어난 데 따른 조치로 일본이 20년 전 도입한 제도다. 부산시는 면허증을 자진반납한 노인을 대상으로 어르신 교통사랑 카드를 발급하고 지역 내 의료 및 상업시설 이용 시 최대 50% 할인 혜택을 주기로 했다. 지난 7월부터 넉 달 동안 운전면허를 반납한 노인은 3,600여 명으로 2017년 한 해 동안 460여 명이었던 것에 비해 폭발적으로 증가하는 등 효과를 보고 있다.

첨단운전자보조 시스템은 부분 자율주행단계 기술로 주행 중인 자동차를 감지하여 전방 자동차와 충돌을 자동으로 회피하는 전방충돌경고장치, 충돌을 피할 수 없을 때 자동으로 감속하는 자동비상제동장치, 운전자 의도와 무관하게 차로를 벗어나는 것을 방지하는 차선이탈경고장치, 운전자의 의도와 무관하게 차선을 이탈할 때 주행 중인 차로로 복귀하는 차선유지보조장치 등의 기술이 있다.

우리나라는 대형 사업용 차량 운전자의 졸음운전 사고 방지를 위해 2017년 1월부터 길이 9m 이상의 버스와 총중량 20톤을 초과하는 화물과 특수차에 차로이탈경고장치 장착을 의무화했다. 2018년 7월에는 4축 이상 화물차, 특수용도형 화물차, 구난형 특수자동차, 특수작업형 특수자동차 등을 대상으로 새로운 장착을 의무화하는 교통안전법 시행규칙 개정안을 입법예고했다. 여기에는 장착이 불필요한 일부 차량을 제외한 모든 대형 사업용 차량 약 16만여 대가 포함했다.

Mobility Big Bang,

3

Riding the Future

두 바퀴의 반란,
도시를 접수하는
마이크로 모빌리티

· · ·

이제 공유자전거와 전동스쿠터는 전 세계 어느 도시에서나 흔하게 볼 수 있다. 중국 공유자전거와 미국 전동스쿠터 모두 도시와 모빌리티 기업, 시민의 합의를 통해 도심의 교통 시스템 영역에 자리 잡았다. 네 바퀴가 달린 자동차뿐만 아니라 두 바퀴가 달린 모빌리티 수단도 거대한 모빌리티 비즈니스 생태계의 중요한 일원으로 자리 잡은 것이다.

1. 퍼스트-라스트 마일 모빌리티 전성시대

퍼스트-라스트 마일과 마이크로 모빌리티의 약진

2009년 3월 창업한 우버는 65개국 600개가 넘는 도시에서 영업 중이다. 라이더 7,500만 명이 매일 1,500만 건의 호출을 소화하고 있으며, 2017년 전 세계에서 40억 건의 사용자 운송을 담당했다. 이미 미국 공항과 호텔 등에는 택시와 분리된 카셰어링 혹은 라이드셰어링 존이 설치될 정도로 도심 교통 시스템 정책도 변화시켰다. 2010년 400만 달러에 불과했던 기업가치는 2018년 말 1,200억 달러로 언급되는 등 주요 완성차 기업인 GM, 혼다, BMW를 뛰어넘었다.

우버가 성장하면서 거의 모든 것을 온디맨드 혹은 공유하는 우버화 uberfication, 새로운 기술과 기업의 등장으로 기존 산업 시스템을 재편하는 우버 모멘트 uber moment와 같은 용어도 등장했다.

최근에는 우버의 뒤를 이어 다양한 퍼스트-라스트 마일 모빌리티 수단을 활용한 비즈니스에 우버화와 우버 모멘트를 준비하는 기업들이 속

속 등장하기 시작했고, 자연스럽게 퍼스트-라스트 마일과 공유 비즈니스와의 연결이 시작되고 있다.

퍼스트-라스트 마일 전략은 출발지에서 지하철, 버스 등 핵심 이동수단인 대중교통을 사용하기 위한 이동과, 대중교통 사용을 마치고 최종 목적지까지의 이동을 담당한다. 예를 들면 출근을 위해 집에서 지하철역까지의 이동이 퍼스트 마일, 지하철에서 내려 최종 목적지인 회사까지의 이동이 라스트 마일이다.

일반적으로 버스, 지하철, 기차 등 핵심적인 대중교통 이동수단은 공공재 성격을 가지고 있지만, 퍼스트-라스트 마일은 사용자가 스스로 해결해야 할 비교적 짧은 이동거리다. 예를 들면 로스앤젤레스 카운티 메트로 교통 당국Los Angeles County Metropolitan Transportation Authority과 남캘리포니아 도시정부 연합Southern California Association of Government이 발간한 퍼스트-라스트 마일 계획 수립 가이드라인에 따르면, 스케이트보드는 2km(1.3마일), 자전거는 4.8km(3마일), 인라인 스케이트는 3.7km(2.3마일), 도보는 약 800m(0.5마일)를 적정한 퍼스트-라스트 모빌리티 수단과 이동 거리로 제시하고 있다.

도보, 자전거, 스쿠터 등 친환경 저공해 능동적인 이동 수단들은 온실가스 감소와 환경 개선, 시민 건강과 행복감 향상 등 지속가능성 확보를 위해 도시의 관심이 높은 대상이다. 뿐만 아니라 세금을 사용하지 않고

● 퍼스트-라스트 마일 전략

(출처) First Last Mile Strategic Plan & Planning Guideline, Los Angeles County Metropolitan Transportation Authority & Southern California Association of Government , 2014. 3.

● 퍼스트-라스트 마일 이동수단과 적정 이동 거리

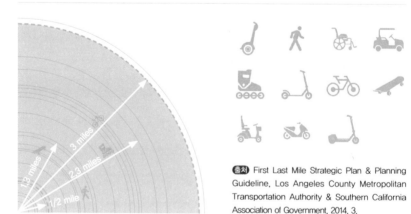

(출처) First Last Mile Strategic Plan & Planning Guideline, Los Angeles County Metropolitan Transportation Authority & Southern California Association of Government, 2014. 3.

대기업이 사회기여를 목적으로 기부하거나, 혹은 사용자가 자기 비용으로 구매한 모빌리티 수단을 이용해 공공비용을 절감할 수도 있다. 이를 친환경 동력원을 활용해 근거리에 적합한 개인용 이동수단인 마이크로 모빌리티라고 부르기도 한다.

특히 라이드셰어링 기업들이 대표적인 퍼스트-라스트 마일 이동 수단인 공유자전거와 전동스쿠터 비즈니스 등에 뛰어들면서 2013년 4건 총 3,000만 달러 규모의 공유자전거 스타트업 투자는 2017년 38건 28억 1,000만 달러 규모로 무려 94배나 증가했다. 공유자전거에 이어 확산되고 있는 전동스쿠터 대표 기업인 버드는 설립된 지 1년도 되지 않아 사상 최단 기간에 기업가치 10억 달러가 넘는 유니콘 기업으로 성장해 관심을 받고 있다.

실제로 자전거 등 퍼스트-라스트 마일 이동수단 확산에 따른 교통량 감소효과도 나타나고 있다. 뉴욕 교통당국^{Metropolitan Transportation Authority} 발표에 따르면, 2015년 뉴욕 지하철 승객은 17억 6,200만 명에서 17억 5,600만 명으로 2009년 이후 처음 감소했다. 교통당국은 감소의 원인을 명확히 분석할 수는 없지만, 시티바이크 등 대체 이동수단 활용이 늘어난 것을 하나의 원인으로 설명하고 있다. 실제로 뉴욕대학 루딘교통센터^{NYU Rudin Center for Transportation}가 분석한 뉴욕 시티바이크 사용패턴 분석 결과를 살펴보면, 공유자전거 이용시간의 50%는 10분 이내로 간단한 업무를 보기 위한 짧은 거리 이동이나 출퇴근을 위해 사용하고 있으며 관광객들의 사용 비중은 매우 낮은 것으로 분석했다. 전체 614개 공유자전거 스테이션 가운데 그랜드 센트럴 터미널^{Grand Central Terminal}, 포트 어소리티 버스터미널^{Port Authority Bus Terminal}, 펜스테이션^{Penn Station} 등 대중교통 허브에 설치된 10개 스테이션이 전체 사용 건수의 7%를 차지했다. 즉 걷기는 멀고 지하철로 이동하기에는 짧은 거리를 위한 이동수단으로 자전거를 선택하고 있다는 의미다.

공유경제, 도크리스, 마이크로 모빌리티의 결합

최근에는 전 세계에서 공유자전거, 공유전동스쿠터의 도크리스^{Dockless} 서비스가 많은 인기와 비난을 동시에 받고 있다. 도크리스 시스템은 픽업과 반납, 주차를 위해 고정된 스테이션 없이 주변에 있는 자전거와 전동스쿠터를 스마트폰으로 검색해 픽업하고 사용 후 주변에 거치하는 시스템이다. 정해진 위치에서 픽업과 반납을 해야 하는 스테이션 시스템과 비교해 스테이션 프리^{Station Free} 시스템으로도 불린다.

도크리스 공유자전거의 개념은 예술가 로버트 재스퍼 루트벨트^{Robert Jasper Grootveld}, 아나키스트인 로엘 판 다인^{Roel van Duijn}과 롭 스톨크^{Rob Stolk}가 1965년 5월 25일 조직한 네덜란드 반체제 운동 조직 프로보^{Provo}에서 처음 제안했다. 프로보 멤버인 산업디자이너 룬트 쉬멜펜닉^{Luud Schimmelpennink}의 주도로 1965년 7월 발표한 하얀자전거계획^{White Bicycle Plan}에 도시 환경보호를 위한 공유자전거 활용방안이 포함되어 있다. 이들은 암스테르담 시내에 전기자동차 택시를 제외한 모든 교통수단을 통제하는 대신 누구나 무료로 사용할 수 있도록 잠금장치가 없는 하얀색 공공자전거 2만 대 운영을 암스테르담 시당국에 제안했다. 환경개선, 공공운송수단 운영 효율 40% 향상, 200만 길더(2002년까지 네덜란드 통화, 1길

더=100센트) 등 비용절감 효과를 주장했지만 결국 거부당했다. 프로보는 암스테르담 시당국의 허가 없이 현재의 도크리스 형태 공유자전거 50대를 직접 무료로 운영했지만, 도난과 파손뿐만 아니라 강이나 운하에 자전거가 버려지는 등 사회적 문제를 일으키며 실패했다. 비록 1960년대의 하얀자전거계획은 실패했지만, 1990년대 코펜하겐에서 다시 시작되어 헬싱키, 암스테르담, 프랑스 빌레르반 등을 포함한 유럽 도시들의 공유자전거 사업의 초기 프로토타입 모델로 평가받고 있다.

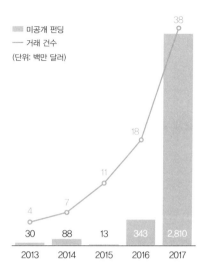

● 도크리스 공유자전거 투자 현황

■ 미공개 펀딩
― 거래 건수
(단위: 백만 달러)

2013	2014	2015	2016	2017
30	88	13	343	2,810
4	7	11	18	38

출처 he Global Bike-Share Boom: Dockless Models Look To Solve Urban Commutes & Transit Access, CBINSIGHTS, 2018. 3. 22.

현재 도크리스 시스템의 핵심은 사물인터넷 기술을 활용해 기존 스테이션 기반보다 편리한 사용자 경험이다. 사용자는 스마트폰 앱으로 자기 주변에 주차되어 있는 자전거나 전동스쿠터를 검색하고, QR코드로 잠금장치를 해제할 수 있다. 탑승 후에는 목적지 주변에 반납(주차)시킬 수 있기 때문에 스테이션 기반 서비스보다 소비자들에게 인기가 높다. 일정한 장소에 설치된 스테이션까지 사용자가 자전거나 전동스쿠터를 픽업하기 위해 이동할 필요가 없어 사용자 접근성도 높다. 뿐만 아니라 서비스 제공자 입장에선 모바일페이, 사물인터넷과 GPS 시스템을 활용한 원격 잠금장치와 위치추적 시스템을 활용해 자전거 도난 등 관리

문제를 해결할 수 있고, 도크 스테이션 기반 서비스와 비교해 적은 자전거 대수로 보다 넓은 지리적 서비스 범위를 확대해 운영 경비도 절감할 수 있다. 도시 입장에서도 버스정류장이나 지하철역 주변의 자전거 도킹 스테이션 마련과 시설 설치 및 유지보수 비용을 절감할 수 있다는 장점을 가지고 있다. 하지만 사용 후 자동차나 보행자들을 방해하는 위치에 마구 버려지는 등 민원 대상이 되어 많은 도시에서 규제가 시작되고 있다.

이러한 도크리스 마이크로 모빌리티와 공유경제의 결합은 단순한 공유경제 개념 확장이 아닌 퍼스트-라스트 마일 전략에 새로운 변화를 이끌고 있다. 최근 관심을 받고 있는 MaaS, CaaS, TaaS 등은 교통수단이 더 이상 물리적인 거리를 이동하는 수단이 아닌 출발지에서 목적지까지 교통수단을 효율적으로 편안하게 연결시켜주는 개념으로 발전하고 있다. 급격한 도시화에 대응해 지속가능한 도시 대안으로 단순히 교통수단을 소유에서 공유로 변화시킬 뿐만 아니라, 미래의 모빌리티 모델을 제시하며 새로운 기업들의 등장과 함께 기존 산업을 변화시키고 있다.

2. 만리장성을 넘은 중국 도크리스 공유자전거

중국에서 실현된 프로보의 하얀자전거계획

2014년 창업한 베이징 기반의 오포와 2015년 창업한 상하이 기반의 모바이크는 2017년부터 본격적으로 글로벌 서비스를 확장했다. 이들은 과거 프로보가 실패한 하얀자전거계획을 실현하듯 도크리스 공유자전거로 새로운 자전거 붐을 주도하고 있다.

자전거 모양과 비슷한 영문 알파벳 조합인 ofo로 회사 명칭을 정한 오포는 세계 최초로 도크리스 공유자전거 플랫폼 서비스를 시작한 것으로 유명하다. 베이징대학교 경제학과 석사과정을 졸업한 창업자 다이웨이(戴维)는 베이징대학 캠퍼스에서 자전거 공유를 시작해 성공적으로 비즈니스와 연결했다. 현재 오포는 오스트레일리아, 오스트리아, 중국, 체코, 프랑스, 독일, 헝가리, 인도, 이스라엘, 이탈리아, 일본, 카자흐스탄, 말레이시아, 포르투갈 등 22개국 250개 도시에서 2억 명 이상의 사용자가 1,000만 대가 넘는 자전거를 활용해, 매일 3,200만 건 이상의 서비스

가 발생하는 등 명실공히 세계 최대 규모의 자전거 공유플랫폼으로 성
장했다.

모바이크는 후웨이웨이(胡瑋煒) 회장이 기자 시절 취재원이었던 자동
차 전문가 시아이핑(夏一平)과 함께 중국의 심각한 대기오염과 교통문제
해결을 통한 미래 모빌리티 산업 재편을 위해 창업했다. 버스, 지하철,
자동차 등의 탑승 후 필요한 라스트 마일 산업을 장악하는 것이 목표다.
현재 중국을 포함한 15개국 200개 도시에서 900여만 대의 공유자전거
서비스를 제공하고 있으며, 서비스 출시 2년 만에 2억 명의 회원을 확보
하고 하루 이용자 수는 3,000만 명을 돌파했다.

오포와 모바이크 두 회사는 중국 공유자전거 시장의 90% 이상을 차
지하고 있다. 중국 빅데이터 분석 업체인 치타랩^{cheetah data} 분석에 따르
면, 2018년 1월 3째 주(15~21일) 주간 사용자 침투율(중국 주간 앱 액티브
사용자 수/중국 주간 전체 액티브 사용자 수, 중국 전체 안드로이드 디바이스 사용자
대상)은 오포가 57.29%, 모바이크가 45.34%를 차지하며 다른 기업들과
비교가 불가능한 격차로 2강 구도를 유지하고 있다. 오포의 주간 사용자

● 중국 내 공유자전거 앱 사용 순위

랭킹	앱	주당 침투율 (2018.1.15~2018.1.21)	랭킹	앱	주당 침투율 (2018.1.15~2018.1.21)
1	ofo	0.5729%	6	Bluegogo	0.0063%
2	Mobike	0.4534%	7	Xiangqi Electric Bikes	0.0061%
3	Hellobike	0.0579%	8	Kuqi Danche	0.0054%
4	Youon	0.0103%	9	Beefly	0.0045%
5	99Bicycle	0.0071%	10	Xiaoming Danche	0.0042%

출처 Report on Global Development of Bike-sharing, Cheetah Lab,, 2018. 4. 16.

침투율은 모바이크의 약 1.3배를 유지하고 있으며, 이들의 경쟁은 2017년 중국의 공유자전거 사용자 보급률을 6배 이상 증가시켰다.

최근 중국의 자전거 생산기업들이 원가를 낮추면서 확산되기 시작한 도크리스 공유전기자전거는 사용자의 피로를 줄이고 빠른 시간에 이동이 가능해 인기가 높다.

이러한 중국의 공유자전거 확산에는 크게 두 가지 이유가 있다.

첫 번째는 규제와 혁신에 관대한 중국의 체제 특징이다. 정부가 주도하면 규제와 상관없이 기업과 국민들이 따르는 중국의 국가자본주의 시스템State Capitalism System이 공유경제 활성화에 기여했다. 공유자전거가 가장 대표적인 아이템이다. 베이징은 2,400만 대의 공유자전거와 등록된 사용자 1,100만 명을 보유하고 있다. 공유자전거 대수는 이미 베이징의 인구를 넘어섰으며, 등록된 사용자는 베이징 인구의 50% 수준이다. 파리 2만 1,000대, 런던 1만 6,500대, 그리고 미국의 최대 공유자전거 기업인 뉴욕 시티바이크가 공유자전거 1만 대, 가입자 23만 6,000여 명 수준임을 감안하면 비교가 불가능한 수준으로 성장했다.

두 번째는 중국 정부의 공유경제에 대한 전폭적 지원이다. 시진핑 주석은 공유혁명을 강조하면서 세제 혜택과 함께 공유 업무공간 제공 등 특혜를 제공하고 있으며, 2017년 6월 개최된 국무원 회의에서 리커창 총리는 공유경제 활성화 지침을 승인하며 다양한 공유경제 신사업 모델에 신중하고 관용적인 규제를 주문하기도 했다. 미국과 유럽 스타트업들은 엄격한 도시와 지방자치단체의 규제와 맞서야 하지만, 중국 정부의 관대한 규제는 중국 내 공유자전거 확산에 커다란 기여를 했다. 이러한 정부의 노력으로 중국의 공유경제 산업은 매년 40%씩 급성장해

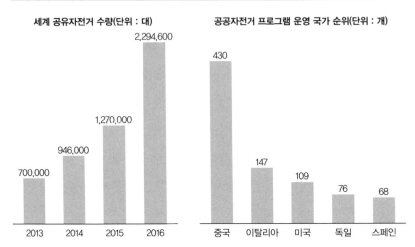

출처) Felix Richter, The Global Rise of Bike-Sharing, statista, 2018. 4. 10.

2020년 중국 국내총생산 10%, 2025년에는 20% 이상을 차지할 것으로 예상되는 신성장동력이 되었다. 2016년 공유경제 사용자는 6억 명, 매출규모는 3조 4,500억 위안(약 569조 원)으로 미국의 9배 수준이며, 관련 분야 종사자는 1,750만 명 규모다.

실제로 2016년 세계 공공자전거 수는 2013년과 비교해 3배 이상 증가했다. 2016년 말 기준 세계 230만 대 공공자전거 가운데 중국에서 190만 대가 운영되고 있으며, 관련 프로그램도 전 세계 국가 가운데 압도적으로 많은 430개가 서비스되고 있다.

물론 문제가 없는 것은 아니다. 성급한 산업 확대로 공유라는 단어만 들어가도 투자를 쉽게 받을 수 있는 공유버블이 발생했고, 낮은 진입장벽으로 과도한 기업들이 출현해 시장이 과열되었다. 2017년 11월에는 70만 대의 자전거와 사용자 2,000만 명을 확보했던 중국 세 번째 공유자전거 기업인 블루고고^{Bluegogo}가 파산하기도 했다. 현재 오포와 모바이크 모두 기업가치 10억 달러가 넘는 유니콘 기업으로 성장했는데, 오포는 알리바바가 주도한 투자 라운드에서 8억 6,600만 달러, 모바이크는 알리바바의 라이벌인 텐센트로부터 6억 달러를 투자받았다. 공유자전거 시장을 장악한 모바이크와 오포의 경쟁은 알리바바와 텐센트의 대리전이기도 하다.

해외에서 페달이 멈춘 중국의 도크리스 공유자전거

전 세계 자전거 수요는 연간 약 1억 1,000만 대, 자전거 인구는 세계 인구의 15%인 11억 명으로 추정된다. 200여 년 전 등장한 자전거는 자동차와 오토바이 등 더욱 빠르고 편리한 교통수단의 등장으로 점차 감소하고 있었다. 하지만 제조강국인 중국에서 시작된 도크리스 공유자전거 비즈니스는 IT와 모바일 기술과 결합해 개인 소유물이었던 자전거를 편리한 사용자 경험을 제공하는 서비스 지향적 퍼스트-라스트 마일 비즈니스로 진화시켰다. 고대 중국의 4대 발명품인 종이, 나침반, 화약, 인쇄술이 인류 발전에 많은 영향을 미쳤던 것과 같이 공유자전거는 고속철도, 알리페이, 온라인 쇼핑과 함께 현대 중국의 4대 발명품으로 불릴 정도다.

오포와 모바이크를 주축으로 중국 공유자전거 기업들이 적극적으로 해외진출을 하면서 글로벌 공유자전거 시장 확대를 이끌고 있다. 중국 시장과 마찬가지로 두 회사는 중국을 제외한 해외 자전거 공유 앱 순위

● 중국을 제외한 세계 시장의 공유자전거
앱 사용 순위

랭킹	앱	주당 침투율 (2018.1.15~2018.1.21)
1	ofo Overseas Edition	0.0187%
2	Mobike	0.0107%
3	oBike	0.0106%
4	Gobee.bike	0.0008%
5	LimeBike	0.0007%

출처 Report on Global Development of Bike-sharing, Cheetah Lab,, 2018. 4. 16.

에서도 1위를 차지하고 있다. 치타랩 분석에 따르면, 2018년 1월 3째 주(15~21일) 주간 사용자 침투율(해외 주간 앱 액티브 사용자 수/해외 주간 전체 액티브 사용자 수, 전체 안드로이드 디바이스 대상)을 살펴보면 오포 앱ofo overseas edition은 0.0187%로 1위, 2위는 모바이크가 0.0107%, 3위는 싱가포르 기업 오바이크(0.0106%)다. 4위는 홍콩 고비바이크Gobee Bike, 5위는 미국 라임바이크Limebike로 1, 2, 3위에 비해 10배 이상 차이가 난다. 전문가들은 오포와 모바이크가 중국을 넘어 해외 진출을 본격화하면서 글로벌 자전거 산업 발전에 새로운 활력을 불어넣고 있다고 분석하고 있다.

물론 부작용도 적지 않다. 가장 커다란 문제는 도크리스 공유자전거가 사용 후 아무 곳에나 버려지고 방치되면서 생겨난 이른바 자전거의 무덤이다. 공유재가 일정한 규칙 없이 활용되면 결국 그 기능을 상실한다는 2009년 노벨경제학상 수상자인 엘리너 오스트롬Elinor Ostrom이 언급한 공유지의 비극The Tragedy of the Commons의 최근 사례로도 볼 수 있다.

하지만 중국에서 발생한 공유자전거의 비극에도 불구하고 기업들의 막대한 자본력과 중국정부가 풀어놓은 규제 덕분에 세계 시장으로 진출하고 있다. 유지보수 최소화를 위한 자전거 기술개발도 서비스 확산에 기여했다. 모바이크의 예를 들면 체인 대신 구동축, 기존 타이어 대신 펑크가 나지 않는 에어리스 타이어를 활용해 파손에 대비하고 유지관리

● 중국 선전 시내 역주변에 거치된 공유자전거와 하천에 버려져 파손된 공유자전거

● 약 12만 대의 공유자전거가 폐기된 중국 푸첸성 샤먼시의 수거 장소

출처 Rebecca Nicholson, Is Shared Cycling in London on a Road to Nowhere?, The Guardian, 2017. 12. 3.

효율성을 높였으며, GPS와 앞면 바구니에 태양광 패널로 잠금장치의 전원을 공급하는 등 첨단기술을 적용하고 있다.

2018년 5월에는 뉴라이트New Lite라는 새로운 공유자전거 모델도 출시했다. 무게를 클래식 모델 대비 28% 줄인 15.5kg으로 기존 자전거보다 손쉽게 이용할 수 있으며 승차감도 향상시켰다. 기존 모바이크 클래식 모델이 유지보수가 쉬운 내구성 중심이었다면, 뉴라이트는 사용 편의성을 향상시킨 모델로 공유자전거 경쟁이 이제는 시장 확대에서 사용자 편의성 중심으로 전환하는 성숙한 비즈니스 영역으로 진화하고 있음을 보여준다.

베이징을 필두로 도크리스 공유자전거 규제도 진행 중이다. 베이징 일부 지역에 배치된 공유자전거의 월 활성 이용률이 50%에도 미치지 못하고, 과반에 가까운 자전거가 방치된 상태에서 발생하는 자전거 무덤과 교통 및 보행자 방해를 줄이기 위해서다. 2017년 9월에는 베이징 공유자전거 규범화 발전 장려 지도의견을 발표하고 공유자전거 총량제를 실시했다. 2018년 4~5월 인력 1,500명을 투입해 시각장애자용 보도블럭을 점거하고 도심에 버려져 있는 자전거 3만 5,000대를 수거하는 등 총 40여만 대를 정리했다. 이러한 노력으로 2017년 최대 235만 대였던 베이징 시내의 공유자전거는 총량 상한선인 191만 대로 20% 가까이 줄었다. 뿐만 아니라 장기 방치된 자전거 회수, 공유자전거 서비스 기업의 질적심사를 실시하고 그 결과를 운영하는 자전거 대수에 반영해 지속적으로 규모를 제한할 예정이다.

이에 모바이크는 공유자전거 사용자가 베이징 지정구역을 벗어나면 알림 메시지를 발송하고, 해당지역을 벗어나 주차하면 계정에서 관리비용 명목으로 벌금 5위안을 차감한다. 오포도 일부 지방소도시에서 지정된 주차구역을 벗어나 공용자전거를 주차하면 계정에서 5위안을 차감하고, 48시간 내 자전거를 지정된 주차구역으로 가져오면 5위안을 보상하는 시스템을 도입해 공유자전거 관리를 강화하고 있다. 지정공간을 벗어나 주차하면 열쇠가 잠기지 않는 전자 울타리 주차장 1,400여 곳도 설치하는 등 도크리스 공유자전거 규제가 서서히 진행되고 있다.

미국 도시교통전문가협회 National Association for City Transportation Officials가 매년 발간하는 공유자전거 보고서에 따르면 2017년 미국 전체 공유자전거 사용 건수는 2016년에 비해 25% 증가한 3,500만 건이었다. 2010년부터 2016년 7년간 전체 사용 건수가 8,200만 건, 2016년 한해 2,800만 건이었던 것과 비교하면 매우 급격한 증가로, 2016년부터 미국 공유자전거 사용이 급속히 확산되며 인기도 빠르게 증가하고 있다. 공유자전거 대수도 2016년 4만 2,500대에서 2017년 말 10만 대 규모로 1년 사이 2배 넘게 증가했다.

이러한 공유자전거 증가의 가장 커다란 이유는 바로 도크리스 공유자전거의 확산이다. 2017년 하반기 스테이션 기반 공유자전거 서비스에 자전거 1만 4,000대가 신규 투입되어 전체 스테이션 기반 공유자전거 대수는 5만 4,000대 규모다. 하지만 2017년 등장한 도크리스 자전거는 같은 기간 무려 4만 4,000여 대가 새롭게 투입되면서 미국 전체 공유자전거의 44%를 차지했다.

2010~2016년까지 미국 공유자전거 서비스는 비사이클 B-Cycle, 모티베이트 Motivate, 소셜 바이시클 Social Bicycle 3개 기업과 소규모 기업인 넥스트바이크 NextBike가 운영되었다. 하지만 2017년 말 모바이크, 오포, 스핀, 점프,

라임 등 5개 도크리스 서비스 기업들이 등장하고 페이스^{Pace}, 동키 리퍼블릭$^{Donkey\ Republic}$, 브이바이크^{VBike}, 레니바이크^{LennyBike}, 라이드^{Riide} 등 6개 기업들이 새롭게 비즈니스를 시작하는 등 본격적인 시장 경쟁이 시작되었다.

2010년 4개, 2016년 55개밖에 되지 않던 공유자전거 서비스 지역은 2017닌 83개로 비약적으로 확대되었다. 하지만 그 가운데 25개 지역에서만 도크리스 서비스가 운영되고 있어 전체 공유자전거 사용 건수 가운데 도크리스 공유자전거 사용 비율은 4%밖에 되지 않는다. 미국 주요 도시들은 중국과 같은 도크리스 자전거의 부작용을 사전에 방지하고, 인도 보행자들의 안전을 위해 기업들이 운영할 수 있는 적정수준의 도크리스 공유자전거 대수를 미리 산정해서 규제하거나 혹은 금지하기도 하는 등 서비스 도입을 위한 정책은 도시에 따라 차이가 있다.

예를 들면 시애틀, 애틀란타 등 도크리스 공유자전거 비즈니스가 허용된 곳이 있는 반면, 뉴욕과 샌프란시스코는 픽업과 반납을 위한 스테이션 설치가 의무화되어 있다. 반면 뉴욕은 도크리스 공유자전거 서비스 검토를 위한 시범 서비스를 시작했다. 현재 뉴욕은 시티바이크와 고바이크 서비스를 운영하는 모티베이트와 다년간 독점 계약을 체결해 공유자전거 서비스를 제공하며, 이들이 운영되지 않는 지역에도 모티베이트가 관

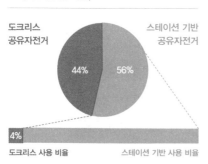

● 미국 공유자전거 유형 및 사용 비교
(2017년 말 기준)

도크리스
공유자전거

스테이션 기반
공유자전거

44% 56%

4%

도크리스 사용 비율   스테이션 기반 사용 비율

출처 Bike Share in the U.S.: 2017, National Association of City Transportation Officials, 2017.

리하는 나이스바이크를 서비스하고 있다. 이와 함께 뉴욕은 2018년 7월 말부터 9월까지 모티베이트, 페이스, 오포, 점프, 라임바이크와 함께 도크리스 공유자전거 시범 서비스를 시작했다. 대상지역은 코니 아일랜드 Coney Island, 퀸즈Queens의 로커웨이Rockaways, 브롱스Bronx의 포드햄대학Fordham University 주변, 스태튼 아일랜드Staten Island의 노스 쇼어North Shore 등 근교 4개 지역이다. 전통적인 자전거뿐만 아니라 점프와 라임바이크는 페달 어시스트 시스템이 장착된 전기자전거도 투입할 예정이다. 이번 시범 서비스를 통해 자전거의 안정성, 가용성, 내구성뿐만 아니라 도크리스 시스템의 사용빈도, 사용자 경험과 도심 교통에 미치는 영향 등을 분석해 앞으로 도크리스 공유자전거 서비스를 계속 제공할 수 있는 방안을 결정할 예정이다.

2017년 7월 시애틀은 도크리스 공유자전거 시범프로그램을 실시했다. 4개 회사의 자전거 9,000대가 투입되어 스테이션 기반 공유자전거와 사용데이터를 비교 분석했는데 결과를 살펴보면 스테이션 기반 공유자전거는 주중에 가장 많이 사용하며, 9 to 5 통근시간과 일치하는 패턴을 보였다. 사용 건수 76%가 평일에 발생했으며, 48%가 오전 7~9시, 오후 4~6시 러시아워에 집중되었다. 반면 도크리스 공유자전거 사용률은 평일보다 주말이 높고, 피크타임은 야간으로 러시아워와 상관없이 사용시간은 모든 시간대에 걸쳐 있었다. 결론적으로 스테이션 기반 공유자전거는 출퇴근을 위한 퍼스트-라스트 마일 수단으로, 도크리스는 레크리에이션용으로 사용된 것이다. 이와 같이 공유자전거 서비스를 준비하는 기업들과 도시들은 사용자의 패턴 등을 면밀하게 고려한 연구와 정책 설계가 필요하다.

반면 댈러스에서는 도크리스 공유자전거 2만 대를 운영하던 오포, 모바이크, 스핀이 서비스를 시작한 지 불과 한 달 만인 2017년 7월 자진 철수했다. 댈러스는 도크리스 공유자전거 서비스를 아무런 규제 없이 시장의 선택에 맡기는 정책을 추진했다. 하지만 중국과 같이 인도와 도심에 공유자전거가 파손되고 버려지면서 댈러스시의회는 공유자전거와 전동스쿠터 서비스 기업에게 사업 등록수수료 808달러, 자전거 1대당 등록비용 21달러, 그리고 보험과 안전을 위한 보증금을 의무화했는데 이것이 결정적인 철수의 원인이다. 오포는 같은 시기 워싱턴 DC와 시카고에서도 사업을 철수하는 등 미국 공유자전거 시장에서 중국 기업들은 중국과 달리 조심스러운 시장접근을 보이고 있다. 이에 따라 미국에서 중국의 도크리스 공유자전거 페달 속도는 점차 늦춰지고 있고 호주와 인도에서도 사업을 축소하고 있다.

● 미국 공유자전거 유형별 허용 지역 분포(2017년 말 기준)

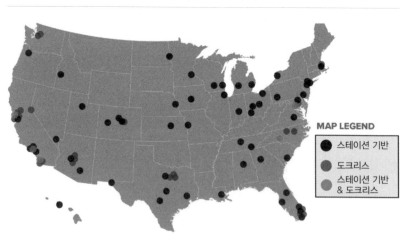

MAP LEGEND

● 스테이션 기반
● 도크리스
● 스테이션 기반 & 도크리스

출처) Bike Share in the U.S.: 2017, National Association of City Transportation Officials, 2017.

모바이크와 오포는 우리나라에도 진출했다. 모바이크는 2018년 1월 도크리스 공유자전거 200대를 수원 시청역, 매탄 권선역, 광교 중앙역부근에 배치했다. 1,000대 규모로 운영하고 있으며 단계적으로 공유자전거 대수와 지역을 확대할 예정이다. 보증금은 5,000원, 요금은 30분마다 300원으로 책정했다. 하지만 중국과는 달리 도크리스 형태가 아니라 공공자전거 거치대 또는 수원시에서 마련한 자전거 주차구역에서 픽업과 반납을 해야 한다. 운영지역인 수원 이외 지역에 주차하면 경고메시지와 함께 5,000원의 회수요금이 부과되지만, 24시간 내 자전거를 운영지역 내로 이동시키면 해당 금액은 반환된다.

반면 2018년 1월 부산에 진출했던 오포는 2018년 9월 철수를 결정했다. 명확한 이유를 밝히지는 않았지만 KT와 시범사업을 시작했던 서울에서는 서울시가 운영하는 따릉이와의 경쟁이 부담스럽고, 글로벌 포트폴리오 차원에서 수익성 높은 시장에 집중하기 위해 수익성 낮은 미국, 독일, 호주, 이스라엘 등과 함께 철수 전략을 선택한 듯하다. 부산에서는 2018년 1월에서 6월까지 1만 5,000회가 사용되었으며, 도크리스의 한계인 무질서한 주차와 일부 사유화 문제가 발생하기도 했다.

3. 공유자전거 바통을 이어받은 미국의 전동스쿠터

📡🚗 공유전동스쿠터 종주국이 된 미국

중국에서 공유자전거가 주춤하는 사이 미국 전역에서는 혁명으로 불릴 정도로 공유전동스쿠터 열풍이 불고 있다. 공유전동스쿠터 붐을 처음 일으킨 기업은 버드다. 버드는 2017년 4월 캘리포니아 산타모니카에서 설립된 신생기업으로, 우버의 글로벌 드라이브 성장 담당 부사장^{VP} of Global Driver Growth을 역임하고 리프트의 COO 출신인 트라비스 밴더젠덴 Travis VanderZanden이 설립했으며 우버 멤버들도 합류했다.

2017년 9월 사업을 시작한 버드는 1년이 지난 2018년 8월 미국 19개주 29개 도시와 영국 런던에 진출했다. 2018년 3월 1억 달러, 6월에는 세콰이어캐피털이 이끄는 투자자 그룹에서 3억 달러를 투자 받는 등 총 4회 투자 라운드에서 창립 이후 4억 1,500만 달러를 펀딩 받았다. 이미 시장가치가 20억 달러를 넘어서는 등 최단 기간에 시장가치 10억 달러 이상의 유니콘 기업으로 등극해 스쿠터의 우버Uber of Scooters로 불린다.

버드의 최대 라이벌은 버드보다 두 달 늦은 2017년 6월 캘리포니아 산 마테오^{San Mateo}에서 출발한 라임^{Lime}이다. 2018년 7월에는 구글 벤처스가 주도한 3억 3,500만 달러 투자를 포함해 설립 후 5번 투자라운드에서 총 4억 6,700만 달러를 투자 받은 기업가치 11억 달러 규모의 유니콘 기업이다. 당시 투자에는 우버도 참여해 우버와 공유자전거 비즈니스를 협력하고 있으며, 우버 앱을 이용해 라임 전기자전거와 전동스쿠터도 사용할 수 있다. 미국의 매사추세츠 주와 캘리포니아 주를 중심으로 24개 주, 80여 개 도시에서 서비스를 제공하고 있으며 베를린, 마드리드, 프랑크푸르트, 파리, 취리히 등 유럽 주요 도시에서도 사용할 수 있다.

사용방법과 비용은 버드와 똑같다. 스마트폰 앱으로 충전된 주변의 스쿠터를 찾아 1달러를 지불하고 잠금장치를 해제한 후 분당 사용료 15센트를 지불한다. 10분 사용 비용이 2.5달러밖에 되지 않아 비용도 저렴하다. 현재 퍼스트-라스트 마일 운송수단에 대한 커다란 기대로 급성장하고 있는 두 회사는 도시들과 규제로 충돌하면서도 미국 전역으로 도크리스 공유전동스쿠터 서비스를 확산시키고 있다.

그렇다면 전동스쿠터가 이처럼 사용자와 투자자 모두에게 관심을 받는 이유는 무엇일까?

첫 번째는 탑승자의 힘이 들지 않는다는 것이다. 전기자전거도 탑승자는 주행을 위해 계속 페달을 밟아주어야 한다. 하지만 전동스쿠터는 전기자전거와 달리 전혀 힘을 쓸 일도 땀을 흘릴 필요도 없고 속도도 빨라 출퇴근 등 퍼스트-라스트 마일 용도로 효율적이다. 공유자전거 픽업과 사용방법이 똑같아 공유자전거 사용자들이 편리하게 대체 모빌리티로 사용할 수도 있다. 짧은 거리를 통근하는 사람이나 혹은 여행자들의

● 미국 전동스쿠터 사용에 대한 선호도 조사 결과(7,000여 명 대상)

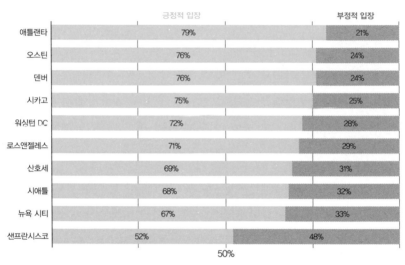

출처 Populus Research, The Micro-Mobility Revolution : The Introduction and Adoptation of Electric Scooters in the United States, A Populars Research Report, 2018. 7.

도시관광을 위한 빠른 이동수단으로 매우 유용하다.

실제로 포플러스 리서치Populus Research가 2018년 초 미국인 7,000여 명을 대상으로 실시한 설문에 따르면 도시마다 차이가 있지만 응답자의 평균 70%가 전동스쿠터 사용에 대해 긍정적으로 생각하고 있음을 알수 있다.

두 번째, 공유자전거보다 관리가 효율적이다. 자전거보다 부피가 작아 도심 공간을 크게 차지하지 않고 무게도 가벼워 스테이션 기반 혹은 도크리스 시스템으로 서비스해도 사용자나 기업 입장에서 편리하다. 버드와 라임은 모두 무게 12.5kg, 1회 충전에 30km 주행 가능한 500달러 수준의 샤오미 미 전동스쿠터Xiaomi Mi Electric Scooter를 사용하고 있다.

하지만 200달러 수준의 전기자전거보다는 고가여서 보다 체계적이며 효율적인 관리 시스템이 필요하다. 이러한 문제를 고려해 공유전동스쿠터 기업들은 독특한 공유자전거 충전과 관리 시스템을 도입했다. 버드는 버드헌터Bird Hunter, 라임은 라임-S 주서Lime-S Juicer라는 독립계약직 관리자들을 활용하고 있다. 이들이 실시간으로 충전이 필요한 스쿠터의 실시간 위치정보를 스마트폰 앱에 보내면 스쿠터를 자신의 자동차로 수거하고 자신의 가정 등에 설치된 개인용 전원으로 충전한 후 버드네스트Bird Nest, 라임허브Lime Hub라는 지정된 장소에 전동스쿠터를 다시 가져다 놓는 시스템이다. 길가뿐만 아니라 쓰레기통, 수풀 등 다양한 곳에 방치된 스쿠터의 수거 난이도에 따라 한 대당 수거와 충전 비용으로 5~20달러까지 차등지급 받는다. 충전시간은 1대당 4~5시간이 소요되며, 라임은 오후 9시 넘어 수거해서 오전 7시까지 정해진 라임허브에 가져다 놓으면 된다. 파손되거나 고장 난 스쿠터 발견도 담당한다.

이러한 관리방식은 일명 돈 받는 포켓몬고라고도 불리며, 우버와 리프트 등 라이드셰어링 서비스가 처음 시작되었을 때처럼 새로운 긱 이코노미Gig Economy 형태의 부수입원으로 많은 관심을 받고 있다. 우버 기사 등과는 달리 별다른 신원조회나 등록절차가 필요 없고 주소, 개인정보, 계좌정보 등 간단한 절차만 필요해 고등학생과 청소년, 대학생, 일반인 등이 일명 차저Charger라고도 불린다. 시간당 20~30달러, 인터넷에 하루에 600달러 수입을 올렸다는 내용이 등장하는 등 일명 현금사냥이라고도 불리며 스쿠터 대수만큼 부수입을 올릴 수 있어 페이스북 도시별 차저 그룹에는 서로 돈을 벌 수 있는 다양한 정보들이 공유되고 있다.

반면 전동스쿠터 대당 상한비용 20달러를 받기 위해 전동스쿠터를 창고, 구석진 장소 등 찾기 어려운 곳에 감추어 놓는 등 부작용도 나타나

● 버드와 라임의 차저용 앱

출처 Bird Charger Facebook Group, https://www.
facebook.com/BirdChargers/

고 있다. 이러한 이들의 활동은 언론에 자주 노출되어 버드와 라임을 일반인에게 빠르게 알리는 마케터 역할을 수행했다. 때문에 기업 입장에서는 언론과 SNS에 적지 않게 노출되어 빠른 시간에 버드와 라임 등을 일반인들에게 알리는 마케터 역할도 하는 등 마케팅 비용 절감에도 효과를 보고 있다.

라임은 라임 주서 200여 명과 함께 자체 충전센터도 운영하고 있다. 40여 명의 직원이 전동스쿠터를 자체 트럭으로 픽업하고 충전해 전동스쿠터 사용량이 많은 일명 핫스팟Hot Spot에 재배치한다. 전동스쿠터 관리는 주서가 70%, 충전센터 직원들이 30% 수준으로 담당한다. 뿐만 아니라 대중교통 탑승위치와 전동스쿠터 반납위치의 일치 여부 등 전동스쿠터 운영 효율 향상을 위한 분석과 실험을 계속하고 있다. 엄청난 물량을 사용하는 중국의 공유자전거와 달리 제한된 물량을 활용하는 미국의 전동스쿠터 서비스 운영에 있어 과학적 데이터 분석 중요성은 더욱 중요하기 때문이다.

2018
위대한 스쿠터의 전쟁

2018년 8월 31일 샌프란시스코와 산타모니카는 공유전기자전거와 전동스쿠터 파일럿 프로그램에 참여할 기업들을 발표했다. 파일럿 프로그램의 목적은 사용자 교육과 보험제도, 도시와 상세 사용자 여행 데이터 공유, 사용자 데이터 보호를 위한 개인정보보호 정책 마련 등 새로운 퍼스트-라스트 마일 수단을 공공교통정책 시스템에 편입하기 위함이다. 더불어 전동스쿠터 총량제 시행의 성격도 가지고 있다.

두 도시의 참여기업 선정 결과는 관련 기업들의 명암을 갈랐다. 샌프란시스코 교통당국San Francisco Municipal Transportation Agency은 공유전동스쿠터 서비스 기업으로 스쿠트Scoot와 스킵Skip을 선정했다. 2018년 10월 15일 공식 허가증이 발급되었으며, 두 기업은 초기 6개월 동안은 각각 625대, 7개월 이후에는 2,500대까지 공유전동스쿠터를 운영할 수 있다. 5월 24일부터 6월 4일까지 접수받은 12개 기업인 스쿠트, 스킵, 버드, 호프Hopr, 점프, 라임, 리프트, 오포, 레이저Razor, 라이드셀Ridecell, 스핀Spin, 유스쿠터스Uscooters 가운데 선발되어 미국 언론에서는 림보Limbo를 통과한 기업으로 표현하기도 했다. 선정된 기업들은 허가증 신청비용 5,000달러, 심사비용으로 매년 2만 5,000달러와 도로유지보수 등을 위한 비용 1만 달러를 납부해야 한다.

샌프란시스코 교통당국은 스쿠트와 스킵이 안전과 책임감 있는 전동스쿠터 공유 서비스를 운영할 수 있는 높은 수준의 역량을 제안서에서 입증했다고 블로그에 포스팅했다. 뿐만 아니라 공공안전, 사용자 교육, 공공 전동스쿠터 운영 문제점 해결을 위한 최고 수준의 독창적, 혁신적 접근방법과 협력방안을 제안했다고 극찬해 교통당국과 협의 없이 공유 전동스쿠터 서비스를 시작한 버드와 라임, 스핀을 선정 대상에서 제외한 이유를 간접적으로 암시하기도 했다.

2018년 3월 샌프란시스코에서 도크리스 전동스쿠터 공유 서비스를 시작했던 버드와 라임, 스핀은 친환경 이동수단으로 주민들의 삶의 행태를 바꾸는 등 도크리스가 제공하는 사용자 경험의 편리함은 전동스쿠터 마니아층을 형성했다. 실제로 사용자들은 4,000여 대로 서비스를 시작한 기업들의 전동스쿠터를 스마트폰으로 걸어서 5분 내 거리에서 찾을 수 있었다. 특히 비좁고 도로 파손이 많으며 교통체증이 심한 샌프란시스코에서 전동스쿠터는 단거리 모빌리티의 새로운 수단이자 모빌리티 혁신으로 환영받았다.

하지만 샌프란시스코 교통당국은 2018년 6월 4일 공식적으로 공유 전동스쿠터 운행을 중단시켰다. 이후 특정 기업의 전동스쿠터가 발견되면 하루에 벌금 100달러를 납부해야 했다. 캘리포니아에서 전동스쿠터 탑승자는 18세 이상으로 신용카드와 운전면허증을 소지해야 한다. 교통 법규를 준수해야 하고 안전을 위해 헬멧 착용도 의무화했다. 전동스쿠터 한 대에 한 명 이상 탑승할 수 없고 인도를 주행하거나 도로나 휠체어, 진입로를 가로 막아서도 안 된다.

하지만 대부분의 탑승자들은 관련 규정과 가이드라인을 따르지 않았다. 2018년 1월에는 헬멧을 착용하지 않은 탑승자가 자동차와 충돌해 심각한 부상을 입었다. 버드가 비즈니스를 시작한 산타모니카에서는 2018년 1월부터 4월까지 사고 11건이 발생했고, 교통법규를 위반한 694대를 단속해 소환장 328건을 발부했다. 필자가 미국과 유럽에서 공유전기자전거나 전동스쿠터 탑승자들을 살펴보면 헬멧을 착용한 탑승자들은 거의 찾아보기 힘들었고, 연인이 함께 타거나 인도로 주행하는 전동스쿠터들도 부지기수였다. 자전거와 달리 속도가 빠르기 때문에 위협을 느낄 수도 있었다. 기업 홈페이지나 전동스쿠터에도 관련 문구가 적혀있지만 대부분의 사용자들은 이를 무시한 채 탑승하고 있다.

뿐만 아니라 버트 헌터나 라임 주서를 활용하고 있지만, 중국의 도크리스 공유자전거 문제가 그대로 발생했다. 인도, 상점 입구, 버스 정류장, 주차장뿐만 아니라 화단과 바다 등 도심 곳곳에 버려진 전동

● 라임 사용자 에티켓

You must be 18+ to ride

Driver's license required to ride

Please wear a helmet when riding

Please park properly by curbside

Always follow local traffic laws

Press handbrake to stop

No stunt riding

Do not block pedestrian walkway

Be mindful of road obstructions such as potholes and rocks

출처 Bird Website, http://https://www.li.me/electric-scooter

스쿠터들은 도시미관을 해치고 주민들의 안전과 상인들의 영업을 방해하고 있다. 중국의 공유자전거 무덤 수준까지는 아니지만, 갑자기 도시에 등장해 주변에 마구 버려진 전동스쿠터에 대한 주민들의 반감이 높아 관계당국에게는 새로운 골칫거리로 등장했다. 기업과 애호가들은 혁신이라고 주장하지만, 모든 주민들에게 혁신은 아니었다.

스쿠트 제안서를 살펴보면 이러한 문제점 해결을 위한 구체적 대안들

● 샌프란시스코 해안 등에 버려진
전동스쿠터

출처 Stanley Rorbers 트위터

출처 Bird Charger Facebook Group, https://www.
facebook.com/BirdChargers

이 담겨져 있다. 전동스쿠터 사용자를 위한 의무교육 비디오 제작, 사용법 직접 교육, 헬멧 제공, 직원들의 안전한 서비스 운영 항목 등이 포함되어 있다. 버드와 라임은 스쿠터를 수거해 충전하는 방식이 아닌 배터리 교환방식을 채택해 버드 헌터와 라임 주서가 유발하는 교통량과 문제점을 해결하겠다는 내용을 제안하기도 했다. 뿐만 아니라 2012년부터 샌프란시스코에서 공유 모페드Mopeds(모터가 달린 자전거로 엔진을 보조동력으로 움직이며 페달로 움직이는 자전거와 오토바이의 중간 형태)를 운영한 경험이 선정에 영향을 미쳤을 것으로 판단된다.

이미 워싱턴 DC에서 운영경험이 있는 스킵도 탑승자 직접 교육, 사용자 안전한 사용과 헬멧 착용을 위한 직원 배치를 제안하는 등 탑승자와 공공 안전에 최우선을 두었다. 또한 모빌리티 서비스가 열악한 샌프란시스코 남동부에 전동스쿠터 20%를 배치하고, 저소득자에게 사용료 50% 할인, 직업교육과 재교육 기관과의 파트너십도 제안하는 등 선정된 기업들은 기존 기업들의 문제점 해결, 도시와의 협력, 사회 기여 등을 제안해 높은 점수를 받았다. 샌프란시스코가 스쿠트와 스킵을 선정한 가장 커다란 이유는 버드, 라임 등이 샌프란시스코 서비스를 운영하면서 논란이 되었던 문제점들의 보완 노력을 높게 평가한 것으로 분석할 수 있다.

점프바이크를 인수한 우버는 2개 회사 선정에 대해 샌프란시스코 주민들의 이동 옵션 제한을 항의하고, 버드는 약 3만 통의 이메일을 샌프란시스코 공무원들에게 보내 항의를 했지만 선정 결과에는 변화가 없었다. 버드와 라임은 샌프란시스코에 공유전동스쿠터를 소개했지만, 규제와 운영 가이드라인 마련을 위한 실제 비즈니스에는 참여하지 못하는 상황이 벌어졌다.

같은 날 산타모니카도 9월 16일 시작되는 16개월 기간의 파일럿 프로그램 참여 기업 선정 결과를 발표했다. 7월 27일까지 모두 18개 기업

● 샌프란시스코 공유전동스쿠터 파일럿 프로그램 참여 제안서 평가 결과

Scooter Share Pilot Program - SFMTA Application Assessments
AUGUST 30, 2018

출처 San Francisco Municipal Transportation Agency Website, 2018. 8. 31.

들이 제안서를 제출했으며, 최종적으로 선정된 기업은 리프트, 점프, 버드, 라임 4개로 리프트와 점프는 전기자전거와 전동스쿠터, 버드와 라임은 전동스쿠터 서비스에 참여한다. 버드와 라임은 각각 750대의 전동스쿠터, 리프트와 점프바이크는 250대의 전동스쿠터와 500대의 자전거를 허가 받았다.

최종 4개 기업의 선정 결과 발표 1주일 전 산타모니카 모빌리티 선정위원회Santa Monica's Shared Mobility Device Selection Committee는 기업 평가와 제안서에 포함된 모빌리티 비즈니스와 운영 경험, 서비스 론칭 능력, 소비자 교육, 규제 준수 여부, 재정 및 보험 계획, 파킹과 안전 대책 등을 고려해 모티베이트를 인수한 리프트와 점프바이크를 인수한 우버에게 가장 높은 점수를 주고, 리프트와 점프를 최종 파일럿 프로그램 참여 기업으로 선정할 것을 산타모니카 시에 권고했다. 점프바이크는 선정 후 자신들의 궁극적인 목표가 개인 자동차 의존도를 줄이고 스쿠터, 자전거, 자동차, 대중교통 등 다양한 모빌리티 수단을 하나의 앱으로 제공하는 것이라고 밝혀 우버가 멀티 모빌리티 기업으로 거듭나기 위한 계획을 간접적으로 시사하기도 했다.

하지만 산타모니카에서 처음으로 도크리스 전동스쿠터 서비스를 시작한 버드와 라임은 선정위원회 권고 결과에 승복하지 않았다. 이들은 도크리스 전동스쿠터 운영 경험이 가장 풍부한 자신들을 배제하고 전동스쿠터 서비스 운영 경험이 전혀 없는 리프트와 점프가 선정된 것을 공개적으로 비난했다. 그리고 산타모니카시의회, 담당 공무원에게 항의메일 발송 캠페인, 시청사 방문 항의시위를 벌이는 등 적극적으로 대응해 결국 최종 파일럿 프로그램 참여 허가를 받아냈다.

● 산타모니카 전기자전거 파일럿 프로그램 평가 결과

	경험	활동	Ability to launch	공교육	준수	가격 및 보험	주차 및 안전	종합
LYFT bike	42	48	44	47	44	46	45	316
Jump bike	46	44	47	41	44	46	45	313
Scoot bike	32	30	32	35	39	37	37	242
Lime Bike	43	32	40	34	22	40	31	242
Drop bike	34	32	36	32	33	36	36	239
Razor Bike	23	29	33	34	37	39	34	229
Hopr Bike	30	33	35	33	31	32	32	226

출처 Shared Mobility Device Selection Committee, 2018. 8. 7.

● 산타모니카 전동스쿠터 파일럿 프로그램 평가 결과

	경험	활동	Ability to launch	공교육	준수	가격 및 보험	주차 및 안전	종합
LYFT scooter	38	48	44	47	44	46	45	312
Jump scooter	44	44	44	41	44	46	44	307
Spin scooter	33	35	35	39	43	32	38	255
Lime Bike	43	32	40	34	22	40	31	242
Scoot scooter	32	32	34	35	39	33	37	242
Drop bike	34	32	36	32	33	36	36	239
Razor scooter	24	30	34	33	37	39	35	232
Gotcha scooter	30	33	34	35	38	33	27	230
Skip scooter	31	33	30	32	37	30	33	226
Bird scooter	33	27	45	28	20	35	32	220
Hopr scooter	22	30	33	32	31	32	32	212
Cloud scooter	7	18	11	19	14	15	18	102

출처 Shared Mobility Device Selection Committee, 2018. 8. 7.

● 라임의 파일럿 프로그램 선정 항의
  캠페인 사이트

출처 https://p2a.co/SKJGcmN 2018. 8. 7.

현재 전동스쿠터는 샌프란시스코와 산타모니카뿐만 아니라 텍사스, 워싱턴 DC, 노스캐롤라이나 등 미국의 거의 모든 주로 서비스 영토가 확장되고 있다. 특히 샌프란시스코에서 2018년 3월부터 8월까지 벌어진 전동스쿠터 금지와 허용 과정은 '2018 위대한 스쿠터 전쟁'Great Scooter War of 2018 혹은 아마게돈과 비교한 '스쿠터-게돈'Scooter-Geddon이라고 불릴 정도로 기업들, 관계당국, 스쿠터 사용자, 주민들의 관심을 끌었다. 텍사스 오스틴에서는 도크리스 전기자전거 서비스를 위해 고트GOAT가 관련 당국이 정한 기준을 충족시키기 위한 협의를 시작했고, 다른 도시에서도 서비스 운영 허가를 취득하기 위해 협력을 강화하고 있다. 포트렌드에서는 스킵과 버드가 전동스쿠터 서비스 운영 허가를 받았다. 스킵은 버드와 라임과 달리 서비스 출시 전 해당 도시, 의회 등과 사전에 협력하는 등 도크리스 전동스쿠터 서비스 기업들은 과거 우버 등의 전략과는 달리 진출 도시와 긴밀한 협력을 통해 서비스를 출시하는 소프트랜딩 전략을 펼치고 있다.

2017년 7월부터 2018년 9월까지 라임 서비스 사용은 1,150만 건, 2017년 9월 서비스를 시작한 버드는 2018년 9월까지 1,000만 건을 넘는 등 두 기업의 경쟁은 뜨거워지고 있다. 샌프란시스코 파일럿 프로그램에서 제외된 버드와 라임의 변화도 눈에 띈다. 버드는 사용자가 군이 앱으로 주변의 스쿠터를 찾지 않아도 되도록 오전 8시까지 전동스쿠터를 사용자 집 앞에 배달하는 버드 딜리버리^{Bird Delivery} 서비스를 실시할 예정이다.

라임은 2019년 산타모니카 매장을 시작으로 미국 내 주요 도시와 해외에 오프라인 매장 오픈도 준비하고 있다. 브랜드 경험과 고객참여를 핵심전략으로 라이프스타일 브랜드 스토어를 지향하며 지역사회 참여, 소비자 안전 교육, 의류와 액세서리 판매 관리, 이벤트 관리뿐만 아니라 재고 관리와 충전까지 담당하여 매장에서 전동스쿠터를 직접 임대할 것으로 보인다.

연봉은 4만 1,000달러에서 7만 4,000달러 수준으로 알려져 있다. 마이크로 모빌리티 시장에서 최초로 배송과 오프라인 매장이 결합한 아마존화^{Amazonification}가 진행되고 있음을 알 수 있다.

현재 비드와 라임만이 미국 내 서비스 경험을 기반으로 다른 국가에 진출했지만, 앞으로 미국 도시들의 전동스쿠터 수용과 서비스 추이가 다른 국가 도시들의 전동스쿠터 도입과 퍼스트-라스트 마일 모빌리티 적합성 판단에 적지 않은 영향을 미칠 것으로 판단된다.

Mobility Big Bang,

4

Riding the Future

라이드셰어링 기업들의
마이크로 모빌리티 경쟁

. . .

자전거와 스쿠터가 진화하고 있다. 배터리를 장착하기 시작하면서 라이드셰어링과 택시 시장을 위협하며 경쟁상대로 자리 잡았다. 예상하지 못한 변화다. 버드는 설립 1년도 안 된 시점에서 최단 기간에 유니콘 기업으로 성장했다. 우버가 점프바이크, 리프트가 모티베이트를 인수한 이유기도 하다.

1. 마이크로 모빌리티 시장에 뛰어든 라이드셰어링 기업들

🚗 멀티모달 운송 플랫폼 기업으로 급전환한 우버

우버는 샌프란시스코에서 2018년 2월 한 달간 우버바이크 파일럿 서비스를 운영했다. 우버 소유 자전거가 아닌 2010년 설립된 점프바이크 Jump Bike 전기자전거 250대를 우버 앱으로 사용할 수 있도록 설계한 도크리스 서비스다. 가파른 언덕으로 유명한 샌프란시스코에서는 일반 자전거보다 전기자전거의 효용성이 높다. 사용 요금은 30분에 2달러로 분당 추가요금을 청구했다.

파일럿 서비스 결과 자전거 한 대가 하루 평균 4회 사용되어 하루에 1,000건, 2월 한 달 동안 약 2만 8,000번 사용되었다. 1회 사용 평균 주행 거리는 약 4.2km(2.6마일)로 우버 라이드셰어링 평균 주행거리와 유사했다. 점프바이크 전기자전거 생산원가는 1,000달러 수준으로 전기자전거 한 대는 하루 10~14달러의 수입을 올렸다. 대당 하루 매출을 10달러로 계산해도 100일 운영으로 자전거 생산원가를 뽑는 매력적인 서비스 모델인 셈이다.

2018년 4월 9일 우버는 점프바이크 인수를 발표했다. 2017년 8월 다라 코스로샤히Dara Khosrowshahi가 CEO로 임명된 후 처음으로 인수한 기업이다. 우버의 전략은 점프바이크가 보유한 공유전기자전거 1만 2,000대를 활용해 그동안 라이드셰어링 중심의 비즈니스를 퍼스트-라스트 마일 전략으로 확대하려는 것이다.

2015년 우버는 미국 애틀랜타 지하철인 마르타marta와 연계한 라스트마일 캠페인을 추진한 적이 있다. 일부 지하철역들과 버스 정류장과의 접근성이 떨어졌기 때문에 우버 라이드셰어링과 마르타역을 연계하려는 전략이었지만, 당시 우버는 자동차만 활용했다. 자율주행차나 자율주행트럭과 마찬가지로 음식배달 서비스인 우버이츠를 제외하면 우버는 처음으로 자동차를 제외한 새로운 운송수단을 비즈니스 포트폴리오에 포함시켰다.

점프바이크 인수는 라이드셰어링 기업에서 다양한 운송수단을 뜻하는 멀티모달 운송 플랫폼 기업Multi-Modal Transportation Platform으로 본격적인 전환을 의미한다. 다라 코스로샤히는 점프 바이크 인수를 알리는 블로그 포스트에서 우버가 지향하는 궁극적인 목표를 언급했다. 전 세계 도시에서 공유를 통해 개인이 자동차를 소유하지 않고도 손쉬운 접근성 향상과 정체, 오염, 주차공간 등을 줄여 쾌적한 도시 라이프의 품질을 향상시키겠다는 것이다. 결국 자동차, 자전거, 지하철 등 가장 빠르고 저렴한 이동방법을 우버 앱에 통합해 스마트 도시를 위한 스마트 모빌리티 기술 선도 기업으로 거듭나겠다는 것이다.

다라 코스로샤히는 점프바이크 인수 직후 새로운 두 가지 서비스 계획을 발표했다. 첫 번째는 P2P 카셰어링 겟그라운드^{Getground}를 우버 앱에 추가해 2018년 4월 샌프란시스코에서 시범사업 후 미국 전역에 확대할 예정이다. 두 번째는 LA 메트로링크^{Metrolink}, 뉴욕 엠티에이^{MTA}, 런던 테임즈 클리퍼스^{Thames Clippers}, 보스톤 엠비티에이^{MBTA} 등 세계 30개 도시에서 서비스를 제공하는 공공운송수단 티케팅 플랫폼 마사비^{Masabi}를 우버 앱과 연결했다. 다라 코스로샤히는 워싱턴 DC에서 개최된 프레스 이벤트에서 도시와 정부와의 협력 강화를 강조하기도 했다. 멀티모달 플랫폼 서비스 기업으로 거듭나려는 우버에게는 서비스의 소프트랜딩을 위한 필수 전략이다.

2018년 7월에는 구글벤처스가 주도하는 약 3억 3,500만 달러 투자 라운드에 참여해 전동스쿠터 기업인 라임에 투자하고 우버 앱에서 라임의 전동스쿠터를 활용할 수 있게 했다. 우버는 산타모니카 파일럿 프로그램을 시작으로 공유전동스쿠터 사업도 시작했고, 라임 바이크는 우버의 투자로 우버 앱을 이용한 호출도 가능해 산타모니카는 우버의 본격적인 퍼스트-라스트 마일 모빌리티 시장 진출과 실험의 전초기지가 될 것으로 예상된다.

이렇듯 우버는 다양한 모빌리티 플랫폼에 직간접적으로 진입해 라이드셰어링 비즈니스와 연계하고 있다. 하지만 우버가 장기적으로 자율주행차를 포기한 것은 아니다. 다라 코스로샤히는 장기적인 관점에서 개인들의 자율주행자동차 소유를 기업의 핵심 솔루션으로 믿고 있다.

모티베이트 인수로
우버에 대응하는 리프트

2018년 7월에는 미국에서 우버의 라이벌인 리프트도 공유자전거 서비스 기업인 모티베이트[Motivate]를 인수해 본격적인 우버와의 퍼스트-라스트 마일 경쟁을 시작했다. 리프트 바이크라는 이름으로 뉴욕, 시카고 등 6개 도시에서 페달 어시스트 모듈을 장착한 도크리스 형태의 전기자전거를 도입해 서비스할 예정이다. 정확한 인수가격은 공개되지 않았지만 약 2억 5,000만 달러로 알려져 있으며, 모티베이트 명칭을 유지하며 독립적인 비즈니스를 추진할 것으로 알려졌다. 뿐만 아니라 우버와 함께 산타모니카 파일럿 프로그램에 전기자전거와 전동스쿠터 참여 기업으로 선정되어 산타모니카를 마이크로 모빌리티 전진기지로 활용할 예정이다.

모티베이트는 주정부나 도시가 운영하는 공유자전거 서비스와, 민간 기업이 브랜드 이미지 제고와 사회 공헌을 위해 지원하는 공유자전거 서비스를 관리하는 기업이다. 캘리포니아 베이 에어리어에서 운영되는 포드 고바이크[GoBike], 뉴저지와 뉴욕에서 시티뱅크가 후원하는 시티바이크[citibke], 포트렌드에서 나이키가 후원하는 바이크타운[BIKETOWN], 시카고의 디비[DIVVY], 오하이오 콜럼버스에서 운영하는 코고[COGO], 보스톤의 블루바이크[BLUEbikes], 워싱턴 DC의 캐피털바이크쉐어[capital bikeshare], 미네소타 트윈시티에서 운영하는 나이스라이드[nice ride] 등을 관리하고 있다.

리프트에 따르면, 2017년 미국에서 사용된 공유자전거의 80%가 모티베이트가 운영 및 관리하는 시스템에 포함되어 있다. 모티베이트 인수를 통해 리프트는 2018년 4월 점프를 인수한 우버에 대응해 퍼스트-라

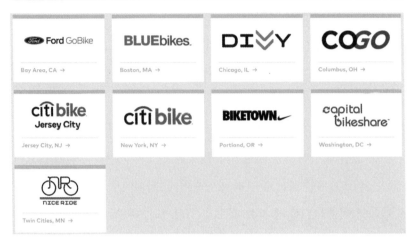

출처 Motivate website, https://www.motivateco.com

스트 마일 비즈니스에서 경쟁할 수 있는 기반을 신속히 마련하고, 리프트 앱을 통해 도시 이동을 위한 연속적인 서비스를 가능하게 하는 기반 또한 마련했다. 뿐만 아니라 우버가 투자한 라임 출신 임원을 영입하는 등 버드-리프트 협력 구도를 구축해 우버와 본격적인 퍼스트-라스트 마일 비즈니스 경쟁이 예상된다.

대륙을 수호하는
중국 디디추싱과 인도의 올라

미국뿐만 아니라 중국에서도 공유자전거는 라이드셰어링 기업들에게 위협적인 존재가 되었다. 중국에서는 2~3km 거리를 자전거로 이용하는 사람들이 많다. 자동차와 비교해 복잡한 중국의 도심 구석구석을 편리하게 통행할 수 있는 모빌리티 수단이기 때문이다.

그동안 디디추싱은 공유자전거 비즈니스에 직접 뛰어들지 않고 2016년 9월 오포에 수백만 달러 규모를 투자하는 등 지분투자 방식으로 참여해왔다. 하지만 2018년 1월 재정난을 겪고 있는 블루고고를 인수해 디디추싱 앱에 통합하고, 중국 사천성(四川省) 수도 성도(成都)에서 보증금 없는 자체 자전거 공유플랫폼인 칭주자전거(青桔单车)를 론칭하는 등 본격적인 공유자전거 시장에 뛰어들었다. 2018년 8월에는 2억 달러의 부채를 포함, 총 14억 달러에 오포의 인수를 추진하는 것으로 알려졌는데, 이는 모바이크의 성장과 경쟁을 미리 막기 위한 포석이다.

2016년 8월 우버차이나를 인수하는 등 등록회원 수 4억 5,000만 명, 하루 2,500만 건이 넘는 거래로 중국 라이드셰어링 시장의 90% 이상을 장악한 디디추싱은 우버, 리프트 등과 같이 본격적인 멀티모달 통합 플랫폼 기업으로의 전환이 예상된다.

2017년 12월 인도 최대의 라이드셰어링 기업인 올라도 공유자전거 올라페달Ola Pedal 서비스를 시작했다. 인도 최초의 자전거 공유 서비스로 대학, 산업단지 등에서 유용하게 활용이 가능하다. 자전거는 인도제품으로 GPS, QR 코드, 스마트잠금장치를 사용하는 도크리스 형태의 서비스다. 2017년 11월 IIT 칸푸르Kanpur와 마드라스Madras 캠퍼스에서 500대 규모로 시범서비스를 시작했으며 인도 전역으로 확대할 예정이다.

뿐만 아니라 스텔라리스 벤처 파트너스Stellaris Venture Partners, 매트릭스 파트너스 인디아Matrix Partners India와 함께 500~700만 달러 규모로 인도 공유자전거 기업 보고Vogo의 펀딩에 참여하고 있다. 보고는 방갈로르Bengalura 지역 기반의 스타트업 스쿠터 공유 스타트업이다. 일정 장소에서 스쿠터를 픽업하고 반납하는 스테이션 기반의 보고는 10~30분 이동 거리에 적합한 서비스를 제공하고 있다.

2. 라이드셰어링 기업들의 2차 대전

우버가 촉발한 라이드셰어링 기업들의 시장 쟁탈전이 1차 대전이라면, 퍼스트-라스트 마일 마이크로 모빌리티 시장을 놓고 시작된 경쟁은 이들의 2차 대전이다.

2018년 7월 우버 연구원인 산토시 라오Santosh Rao의 연구 내용을 보면 알 수 있다. 산토시 라오는 우버 앱에 점프바이크를 통합한 후 변화한 샌프란시스코의 사용자패턴을 분석했다. 분석 대상은 2018년 2월부터 7월까지 평균 일주일에 1회 이상 점프바이크나 우버 라이드셰어링 서비스를 사용한 이들이다. 결과를 요약하면, 우버와 점프바이크 전체 사용 비율은 점프바이크를 도입한 후 15%나 증가했다. 하지만 우버의 주력 서비스인 라이드셰어링 서비스 사용은 10% 감소했고, 평일(월요일부터 금요일) 오전 8시부터 오후 6시까지 업무시간 사용량은 무려 15%나 감소했다.

시간대별 사용패턴을 살펴보면 점프바이크의 69%는 8시부터 6시까지 꾸준히 사용된 반면, 우버 라이드셰어링 서비스의 54%는 업무시간

이외에 사용되었다. 특히 2018년 4월 6일 금요일 비가 많이 왔던 샌프란시스코에서 점프바이크 사용은 평일보다 무려 78%나 감소했고, 우버라이드셰어링 서비스 사용은 40% 증가했다. 결론적으로 점프바이크는 마이크로 모빌리티 시장을 확장시킬 잠재성이 높지만, 사용자들은 상황에 따라 두 가지 모빌리티 수단을 적절히 바꿔가며 사용한다는 것이다. 이러한 데이터를 동해 점프바이크가 라이드셰어링 서비스의 대체재로 자리 잡고 있음을 알 수 있다. 더구나 연구대상 기간 동안 점프바이크가 샌프란시스코 지역에 250대밖에 운영되지 않았던 상황을 고려하면 점프바이크의 잠재력과 위협성은 더욱 커질 수밖에 없다.

전동스쿠터를 살펴보자. 현재 버즈와 라임이 사용하는 전동스쿠터는 샤오미의 자회사로 세그웨이를 인수한 나인봇Ninebot에서 생산하고 있다. 해당 제품은 중국에서 약 1,999위안(약 320달러)에 판매되지만 미국 아마

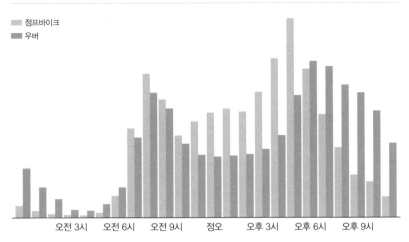

● 시간대별 점프바이크와 우버 사용 비율

점프바이크
우버

오전 3시　　오전 6시　　오전 9시　　정오　　오후 3시　　오후 6시　　오후 9시

출처 Santosh Rao, Understanding Multimodality: An Analysis of Early JUMP Users, Medium, 2018. 7. 13.

존 등의 사이트에서는 500달러에 판매한다. 산타모니카 지역 대상 연구에 따르면 전체 사용량의 53%는 3마일 미만, 18%는 1마일 미만의 이동에 사용되고 있다. 15mph 속도로 12분 만에 3마일을 주행할 수 있으며 사용료는 2.8달러다. 사용요금으로 대당 원가를 뽑으려면 200회 정도만 사용하면 된다. 자전거에 비해 장점이 많은 스쿠터는 시장 확장 잠재성과 우버의 자동차 서비스 시장을 침범하기에 더욱 유리한 조건을 가지고 있다.

미국환경보호국Environmental Protection Agency은 운전자가 1마일 미만의 모든 자동차 여행의 절반을 도보나 자전거로 대체하면 연간 200만 톤의 이산화탄소 배출이 감소하고 9억 달러를 절약할 수 있다고 발표했다. 실제로 미국의 자동차 운행 거리를 살펴보면 2017년 자동차 주행의 59.4%가 6마일(9.7km) 이하이며, 전기자전거나 전동스쿠터 주행거리로 적합해 지속가능성이 중요한 도시 차원에서는 매력적인 선택 대상이다.

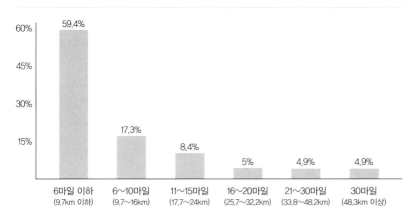

● 2017년 미국 자동차 주행거리 분포

출처 Santosh Rao, Understanding Multimodality: An Analysis of Early JUMP Users, Medium, 2018. 7. 13.

2002년 모빌리티 혁명을 외치며 요란하게 등장했던 세그웨이^{Segway}와는 다르다. 세그웨이가 개인용 모빌리티 대중화에 대한 관심을 끌고 잠시 시장 형성기에 접어들었지만, 휴대하기 어려운 커다란 사이즈, 느린 속도와 4,950달러라는 높은 가격으로 지금은 관광지나 일부 보안담당자들이 사용하는 제품으로 전락했다. 현재 마이크로 모빌리티 기업들이 해결하려는 것이 바로 세그웨이의 성공을 가로막았던 문제점들이다. 현재 200달러 수준의 전기자전거와 500달러 수준의 전동스쿠터는 세그웨이 시판 시점보다 저렴하고 성능은 향상되었으며, GPS와 스마트폰 등을 이용한 운영과 새로운 도크리스 관리 시스템의 등장, 무엇보다 이들의 비즈니스를 가능하게 하는 투자가 늘어나고 있다.

● 주요 공유전기자전거와 공유전동스쿠터 사양 및 이용 가격

구분	최고 속도	1회 충전 주행거리	이용 가격
버드 (Bird)	시속 24km (15mph)	24km (15마일)	최초 1달러 + 분당 0.15달러
라임-S (Lime-S)	시속 23.8km (14.8mph)	59.5km (37마일)	최초 1달러 + 분당 0.15달러
스핀 (Spin)	시속 24km (15mph)	24km (15마일)	최초 1달러 + 분당 0.15달러
스투트 (Scoot)	시속 48km (30mph)	32km (20마일)	최초 15분 4달러 + 분당 0.07달러
점프바이크 (JumpBike)	시속 32km (20mph)	64km (40마일)	최초 30분 2달러 + 분당 0.07달러
라임-E 바이크 (Lime E-Bike)	시속 23.8km (14.8mph)	99.7km (62마일)	최초 1달러 + 분당 0.15달러
포드 고우 전기바이크 (Ford GoBike e-Bike)	시속 28.9km (18mph)	비공개	최초 30분 3달러 + 15분당 3달러

출처 Sean Hollister, Patrick Holland, Mark Serrels, Morgan Little, The Electric Scooter War Continues. Here's How They Work (FAQ), cnet, 2018. 5. 31.

물론 지속적으로 발생하고 있는 도시들의 규제, 주민들의 수용성도 고려해야 하는 상황에서 공유전동스쿠터 등 새로운 서비스가 퍼스트-라스트 마일 모빌리티 수단으로 안착할 수 있을지, 아니면 세그웨이의 말로를 재현한지는 예측하기 힘들다. 하지만 라이드셰어링 기업 입장에서는 각종 규제나 법률 등과 좌충우돌하며 어렵게 만들어 놓은 글로벌 라이드셰어링 시장에서 공유전기자전거나 공유전동스쿠터 등과 경쟁하기보다는, 이들을 흡수해 퍼스트-라스트 마일을 품는 멀티모달 통합 플랫폼 기업으로 전환하는 것이 보다 합리적이다. 수동 혹은 전기자전거, 전동스쿠터 기업들도 단독 비즈니스보다 퍼스트-라스트 마일을 연결해 주는 이동수단과의 결합이 비즈니스 측면에서 유리하기 때문에 라이드셰어링 기업들과의 협력과 연계가 단독 비즈니스보다는 한층 유리하다.

결국 라이드셰어링 기업들의 전략적 선택권은 둘 중 하나다. 전기자전거, 전동스쿠터 등 퍼스트-라스트 마일 모빌리티 서비스를 제공하는 기업들과 경쟁하거나, 혹은 자본력을 동원해 관련 기업을 인수하거나 투자를 통해 비즈니스를 통합하는 것이다. 라이드셰어링 기업들은 두 가지 대안 가운데 퍼스트-라스트 마일 모빌리티 기업들과 비즈니스를 통합해 공유자동차의 보완재로서 비즈니스 포트폴리오를 새롭게 갖추는 전략을 선택하고 있다.

우버의 움직임이 가장 발 빠르다. 점프바이크 인수 후 한 번도 운영해본 경험이 없는 전동스쿠터 공유 서비스 파트너로 산타모니카 파일럿 프로그램에 참여했고 라임, 겟그라운드, 티켓 예약 플랫폼인 마사비를 우버 앱과 연결하는 등 라이드셰어링 기업의 한계를 극복하고 멀티모달 통합 플랫폼 기업으로의 전환을 본격적으로 추진하고 있다. 리프트도 마찬가지로 공유자전거와 전동스쿠터 서비스 비즈니스에 진출을 본격화하면서 우버와의 새로운 마이크로 모빌리티 경쟁에 본격적으로 뛰어들었다.

3. 높아지는 도시의 관심, 혁신과 안전을 위한 타협

도시의 관심도 높다. 대표적인 서비스는 핀란드 헬싱키와 런던에서 MaaS 글로벌MaaS Global이 운영하고 있는 whim 서비스다. whim 앱은 헬싱키 시내의 트림, 버스 등 대중운송수단들과 렌터카 및 택시, 카셰어링과 라이드셰어링, 오토바이와 공유자전거 등 모든 교통수단을 조합해 최적화된 경로와 지불 정보를 제공한다. 더불어 다양한 모빌리티 수단을 편리하게 사용할 수 있는 통합 인터페이스를 제공하는 등 멀티모달 모빌리티 서비스Multi-Modal Mobility Service 실현 가능성을 타진하고 있다. 사용자가 원하는 경로를 선택하면 카셰어링과 라이드셰어링, 오토바이와 같이 예약이 필요한 모빌리티 수단이 도착시간에 맞춰 대기해 모빌리티 교체를 위한 시간을 단축하면서, 끊기지 않는seamless 모빌리티 수단 연계 서비스를 제공받을 수 있다.

모빌리티 수단을 이용할 때마다 요금 지불도 가능하지만 무료 혹은 월정액으로 지불액에 따라 차별화된 서비스를 이용할 수 있다. 도시차원에서는 교통혼잡을 줄여 이동 효율성 향상과 함께 환경개선이 가능하고, 운송기업은 사용자 이동과 모빌리티 수단의 선택 데이터를 활용해 보다 효율적이고 개인별 선호도를 기반으로 한 서비스를 제공할 수 있다. 미국의 스마트폰 앱 트랜짓Transit은 2017년부터 워싱턴 DC와 함께 라임바이크, 모바이크, 점프바이크, 스핀 등 도크리스 공유자전거 위치 정보를 통합해 하나의 앱에서 제공한다. 자전거 예약과 잠금해제 기능을 지원허지는 않지만 다른 교통수단들과 함께 출발시에서 목적지까지 모빌리티 수단의 연결정보를 제공해 사용자에게 인기가 높다.

도시 성장과 지속가능성을 위한 혁신은 공공정책, 주민들의 안전과 적절한 균형이 필요하다.

경사가 높은 언덕의 도시 샌프란시스코의 명물은 도심 언덕을 넘나들며 운행하는 케이블카다. 1873년 앤드류 스미스Andrew Smith가 케이블카를 발명해 설치했고 우버가 처음으로 운행한 샌프란시스코는 미국 교통

● Whim 서비스 유형

구분	Whim To Go	Whim Urban	Whim Unlimited
Monthly payment	Free	49€	499€
Local Public transport	Pay per ride	Unlimited Single Tickets	Unlimited Single Tickets
Taxi(5km radius)	Pay per ride	10€ per ride	Unlimited
Car	Pay per ride	49€ per ride	Unlimited
City Bike	Not included	Unlimited(30min)	Unlimited
Cancel anytime	⊙	⊙	⊙
Add-ons incl regional HSL			
Add-on Car subscription	⊙	⊙	⊙
Add-on HSL Regional	Pay per ride	+50€ per ride	+50€ per ride
Add-on HSL Regional 3	Pay per ride	+100€ per ride	+100€ per ride

출처 whim website, https://whimapp.com

혁신의 대명사로 통하는 도시다. 버드, 라임, 스킵은 전동스쿠터 사용을 명시적으로 허용하거나 금지하지 않은 도시 법들의 허점을 충분히 인지하고 서비스를 시작했고, 도시들은 전동스쿠터들을 경계할 필요도 없었다. 하지만 전동스쿠터 서비스 시작, 시민들의 반발, 운행중지, 파일럿 프로그램 실시 등 '2018 위대한 스쿠터 전쟁'으로 불리는 과정을 6개월 만에 마치고 혁신을 제도권으로 수용했다는 점은 높이 살 만하다.

샌프란시스코는 새로운 혁신을 무조건 반대하거나 금지하지 않았다. 전동스쿠터 기업들 역시 사용자들의 합법적인 제품사용을 유도하고 책임을 질 수 있어야 혁신과 안전 사이의 균형을 이룰 수 있을 것이다.

전동스쿠터 기업들도 거대 자본을 등에 업고 계속적으로 시장을 확대하고 있어 라이드셰어링 시장 초기와 같은 시장 확장 전략과 함께 라이드셰어링 기업, 무엇보다 공공영역과의 협력이 활발히 진행되고 있다. 특히 퍼스트-라스트 마일 모빌리티 기업보다 넓은 시장에서 많은 사용자를 확보한 라이드셰어링 앱을 중심으로 모빌리티 수단의 연결을 위한 플랫폼 통합이 가속화되고 있다.

롤랜드 버거Roland Berger 컨설팅은 2020년 세계 공유자전거 시장이 미국과 유럽을 중심으로 61억 달러 규모로 성장할 것으로 예측했으며, 시장조사기관인 퓨처마켓인사이트Future Market Insight는 전동스쿠터 시장이 2017~2027년 사이 연평균 3.9% 성장하여 2017년 80억 달러 규모 시장에서 2027년에는 120억 달러 시장 규모로 확대될 것으로 예상하고 있다. 이는 전동스쿠터 시장이 확대된다고 해도 도크리스 혹은 스테이션 기반 공유자전거 비즈니스가 멈춘 것은 아니며, 사용자 선호와 특성에 따라 함께 공존하고 있다는 것을 의미한다.

Mobility Big Bang,

5

Riding the Future

더 이상 미래가 아닌
도어-투-도어
자율주행 서비스

. . . .

현재 모빌리티 산업의 핵심 키워드는 ACES(Autonomous, Connected, Electric, Sharing)이다. 웨이모는 자율주행차 유료택시 영업, 스티어링 휠 등 조작기가 없는 완전자율주행차 시범운행을 시작한다. 모빌리티 수단을 끊임없이 연결하는 퍼스트-라스트 마일 전략을 넘어 자율주행차의 등장은 스마트폰을 사용한 본격적인 도어-투-도어 서비스 시대를 열었다. ACES 시대는 이러한 변화를 리드하는 최고(ACE) 기업이 아니면 생존할 수 없는 시대다.

1. ACES가 재설계하는 새로운 모빌리티 생태계

A(Autonomous) : 도어−투−도어 모빌리티 생태계 핵심으로 자리 잡는 자율주행차

최초의 무인차와 자율주행차 콘셉트는 르네상스 시대 천재 예술가이자 과학자였던 레오나르도 다빈치가 1480년대 설계한 자동이동카트^{Self-Propelled Cart}로 거론되고 있다. 수레와 같이 사람이 밀지 않아도 코일형 스프링을 이용해 자체 동력으로 구동되며, 미리 설정한 이동방향과 각도로 스티어링 휠과 브레이크를 조작해 40m 정도를 주행할 수 있다. 2006년 이탈리아 플로렌스의 과학사박물관^{Institute of Museum of the History of Science}은 레오나르도 다빈치의 설계도면을 바탕으로 목재 프로토타입을 만들어 작동시키기도 했다.

1990년대에 들어서는 차량과 도로 인프라 협력을 통해 여러 대의 차량이 고속도로 등 특정 구간 내에서 마치 기차와 같이 일정 간격을 유지하며 군집운행^{Platoon Driving}하는 자동주행 시스템^{Automated Highway System} 개발이 전 세계적으로 활기를 띠었다. 이는 1939년 뉴욕 세계박

(출처) Tom Vanderbilt, Autonomous Car through the Ages, Wired, 2012. 2. 5.

람회New York World's Fair 당시 GM이 전시한 20년 후 미래 도시 퓨처라마 Futurama=Future+Panorama에서 선보인 최초의 자율주행 개념과 유사하다.

1991년 미국의회는 1997년까지 자동주행 시스템과 도로 개발 내용을 담은 복합운송육상교통효율화법Intermodal Surface Transportation Efficiency Act을 통과시켰다. 9,000만 달러의 예산으로 미국연방도로청Federal Highway Administration이 담당했으며 GM, 델코Delco, UC버클리대학, 카네기멜론대학, 록히드마틴 등이 참여하는 자동주행 시스템 컨소시엄National Automated Highway System Consortium이 구성되어 개발을 주도했다. 그 결과로 1997년 샌디에고에서 20여 대의 자율주행차, 버스, 트럭의 데모가 개최되었다. 당시 개발 기술의 핵심은 자율주행을 원하는 자동차가 고속도로 등에 진입해 자율주행모드로 전환하면 주변 자율주행 군집에 합류하고, 목적지 주변을 지날 때 군집에서 이탈해 목적지까지 운전자가 직접 운전해 도착하는 형태의 시스템이다. 자동주행 시스템은 미국뿐만 아니라 1990년대 일본^{PWRI test track, 1995; Joshinesu Express, 1996; Smart Cruise 21-Demo 2000, 2000}, 네덜란드^{N11 Highway, 1998}, 한국^{자동차부품연구원, 1998}, 독일^{Hegau Expressway, 1999} 등에서 시연을 통한 기술적 검증이 실시되었다.

당시 미국 자동주행 시스템 컨소시엄 등에서 연구한 결과에 따르면 31~85%의 고속도로 사고 감소, 최소 50% 수준의 치명적 사고 감소와 2~3배의 교통효율 향상, 약 25%의 연료 사용 감소가 가능한 시스템으로 평가되었다. 하지만 미국에서는 교통부의 예산 문제로 후속 과제까지 연결되지는 못했고, 예상 효과에 비해 막대한 도로와 차량의 통신 인프라 설치 및 유지보수 비용 등을 이유로 상용화가 지체되었다. 2000년대 들어 전자제어 기술 등의 발전에 따라 완성차와 하이테크 기업 주도하에 자율주행차량으로 연구 방향이 전환되고 있지만, 물류 트럭과 공항 등 특정 공간 내에서 활용하는 공공운송 수단 등의 용도로 미국, 유럽 등에서 연구개발이 다시 활기를 찾고 있다.

SARTRE^{Safe Road Trains for the Environment} 프로젝트는 2009년부터 2013년까지 유럽연합에서 수행된 자동주행 시스템 개발 프로젝트다. 6~8대의 트럭과 승용차들이 로드 트레인^{Road Train}이라는 명칭의 군집을 만들어 주행한다. 1990년대 자동주행 시스템 개발 당시에는 차량과 도로시설 등과의 통신이 필요했으나, SARTRE 등 현재 개발중인 시스템들은 별다른 도로시설과의 통신 및 역할과 상관없이 차량 간 통신을 통해 운행이 가능하다. SARTRE 프로젝트는 차량들의 군집주행으로 차간 거리가 좁혀져 교통 체증을 개선시키고 사고 발생률을 감소시키며, 공기 저항 감소로 최대 20% 연비 개선과 배출가스 절감도 가능하다.

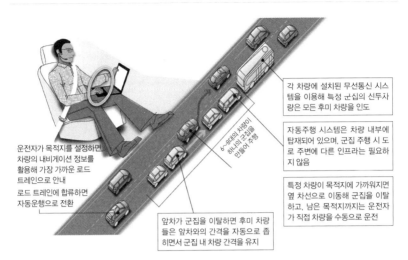

각 차량에 설치된 무선통신 시스템을 이용해 특성 군집의 신두차량은 모든 후미 차량을 인도

자동주행 시스템은 차량 내부에 탑재되어 있으며, 군집 주행 시 도로 주변에 다른 인프라는 필요하지 않음

특정 차량이 목적지에 가까워지면 옆 차선으로 이동해 군집을 이탈하고, 남은 목적지까지는 운전자가 직접 차량을 수동으로 운전

운전자가 목적지를 설정하면 차량의 내비게이션 정보를 활용해 가장 가까운 로드 트레인으로 안내
로드 트레인에 합류하면 자동운행으로 전환

6~8대의 차량이 하나의 군집을 만들어 주행

앞차가 군집을 이탈하면 후미 차량들은 앞차와의 간격을 자동으로 좁히면서 군집 내 차량 간격을 유지

출처 SARTRE 프로젝트 웹사이트, http://strtre-project.eu

　　자동주행 시스템이 도로 혹은 주변 차량들과 연결된 협력형 자동주행 시스템Cooperative Autonomous Highway System이라면, 최근의 개별 차량 기반 자율주행 시스템Autonomous Driving System은 출발지에서 목적지까지 운전자 개입 없이 차량에 장착된 전자장비 등을 활용해 차량 스스로 주행한다. 물론 첨단 운전자 보조 시스템Advanced Driver Assistance System을 기반으로 레벨 2~레벨 3 부분자율주행 시스템부터 상용화를 시작한 테슬라나 대부분의 완성차 기업들, 그리고 처음부터 완전자율주행 시스템 개발을 목표로 하는 웨이모 등과 같이 각 기업들의 개발 전략은 상이하다. 따라서 자율주행차라는 의미가 완전한 자율주행 시스템이 아니라 레벨 0부터 레벨 5~6단계의 자동화 수준으로 구분되어 있다는 것을 유의해야 한다.

　　최근까지 자율주행차기술 수준의 구분은 미국고속도로교통안전국에서 제시한 5단계(레벨 0~레벨 4)를 주로 사용했다. 그러나 2016년 9월 미국 교통부와 고속도로교통안전국이 공동으로 발간한 〈미연방 자율주행차 정책-도로 안전의 차세대 혁신 가속화〉Federal Automated Vehicles Policy-Accelerating the Next Revolution In Roadway Safety에는 향후 미국 연방정부의 자율주행차 정책 수립 과정에서 자동차공학회Society of Automotive Engineers가 분류한 6단계(레벨 0~레벨 5) 분류를 채택하겠나는 내용이 포함되어 있다. 그동안 자율주행기능에 대한 여러 가지 분류가 존재했지만, 많은 기업들이 상용화 준비에 들어선 시점에서 기존 교통과 자동차 관련 법규의 제도 정비를 위해 일관성을 가진 명확한 표준이 필요하기 때문이다.

● 미국자동차공학회(SAE)의 자율주행차 레벨 분류

자동화 수준			인간과 시스템 역할 분담			
레벨	정의		차량제어 (조향 · 가속 · 감속)	자동차와 주변환경 모니터링	돌발상황 대응	자동주행 기능 적용 모드
0	수동	EYES ON HANDS ON	인간 운전자	인간 운전자	인간 운전자	–
1	운전자 보조		인간 운전자 & 시스템	인간 운전자	인간 운전자	특정 주행모드
2	부분 자율주행	TEMPORARY HANDS OFF	시스템	인간 운전자	인간 운전자	특정 주행모드
3	조건부 자율주행		시스템	시스템	인간 운전자	특정 주행모드
4	고도화된 자율주행	EYES OFF HANDS OFF	시스템	시스템	시스템	특정 주행모드
5	완전 자율주행		시스템	시스템	시스템	모든 주행모드

출처 Driving Automation Definition, Society of Automotive Engineers, 2014. 1. / SAE J3016-2018(Taxonomy And Definitions For Terms Related To Driving Automation Systems For On-Road Motor Vehicles) 등 종합

미국자동차공학회의 분류는 미국고속도로교통안전국 5단계 분류에서 레벨 4 완전 자동화 단계를 고속도로 등 특정 구간에서 자율주행이 가능한 수준으로 고도화된 자율주행(레벨 4)과 완전자율주행(레벨 5)으로 구분한 것이 특징이다. 레벨 0[No Automation]은 수동 단계로 운전자가 주변상황 모니터링, 판단, 차량 조작까지 모든 기능을 수행하며 시스템 개입은 전혀 없다. 레벨 1은 운전자 보조[Driver Assistance] 단계로 인간 운전자가 모든 기능을 수행하지만 일부 특정 상황에서 시스템이 차량의 조향, 가속, 감속 등을 담당한다. 레벨 2는 부분자율주행[Partial Automation]으로 조향, 가속, 감속은 시스템이 담당하며, 운전자는 돌발 상황에 대비해 항상 주행 상황을 모니터링한다. 레벨 3는 레벨 2 기능들뿐만 아니라 주변환경 모니터링을 시스템이 담당하는 조건부 자동화[Conditional Automation] 단계로, 운전자가 항상 주행상황을 모니터링할 필요는 없다. 하지만 만약의 상황에 대비해 운전자는 항상 자동차를 직접 조작할 수 있는 준비를 해야 한다. 레벨 4는 고도화된 자동주행[Highly Automated] 단계로 운전자는 고속도로 등 특정 환경에서 완전자율주행이 가능하며, 마지막 레벨 5는 완전자동화[Full Automation] 단계로 운전을 위한 모든 기능을 시스템이 수행하는 단계다.

자율주행차는 단계별로 인간 운전자 기능을 대신하는 수준에 따라 핸드-핏 프리 자동차[Hands and Feet-Free Vehicle], 아이 프리 자동차[Eye-Free Vehicle]라고 할 수 있으며, 레벨 5의 완전자율주행차는 운전자가 자동차 운전에 아무런 신경을 쓰지 않아도 되는 마인드 프리 자동차[Mind-Free Vehicle]로 재정의할 수 있다. 그렇기 때문에 자율주행차는 자동화 수준이 높아짐에 따라 휴먼에러가 원인의 90%를 넘는 기존의 교통사고 감소가 가능하다.

자율주행차는 모든 자동차 기업들의 꿈이다. GM, 포드, 메르세데스 벤츠, 도요타, 아우디, 볼보 등 거의 모든 완성차 기업들과 콘티넨탈, 오토리브, 보쉬 등 부품업체들, 그리고 세계 주요 대학들은 오랜 시간 꾸준히 자율주행차 개발을 준비해 왔다.

2000년대 들어 자율주행차 시장의 형성에는 국방고등연구계획국 Defense Advanced Research Projects Agency이 커다란 역할을 했다. 국방고등연구계획국은 미국 국방부 산하기관으로 민간과 국방 기술의 격차를 해소하기 위한 고위험 혁신적 연구 지원을 담당한다. 이미 1960년대부터 군사용 무인차 개발을 주도했던 국방고등연구계획국은 1983년부터 1993년까지 일본의 5세대 컴퓨터 프로젝트Fifth Generation Computer Project 위협에 대응한 전략적 컴퓨팅 이니셔티브Strategic Computing Initiative를 추진했다. 칩 설계와 생산, 컴퓨터 아키텍터 설계부터 기계지능과 인공지능 소프트웨어 개발을 목표로 했으며 자율육상자동차Autonomous Land Vehicle 개발 내용도 담고 있다.

자율육상자동차 개발 미션은 1990년 산간지역, 비포장 도로, 굴곡이 심한 도로나 사막 등 다양한 도로환경에서 정해진 목적을 수행하면서 자율주행이 가능한 자동차를 개발하는 것으로, 자율주행을 위한 센싱기술, 상황판단, 경로계획 기술개발과 상용화, 센서 테스트베드 개발이 주요 목표였다. 비록 프로젝트 전체 목표 달성에는 실패했지만 카네기멜론대학의 내브랩NavLab과 1995년 록히드마틴으로 합병된 마틴 마리타 Martin Marietta 등이 참여해 자율육상자동차 개발 단계에서 탄생한 비디오 카메라, 레이저 스캐너, 관성항법 장치는 현재 자율주행차기술의 중요한 기반기술이라는 평가를 받고 있다.

국방고등연구계획국은 2004, 2005, 2007년 3번의 자율주행차 경주 대회인 그랜드 챌린지를 개최했다. 미국 의회는 2015년까지 지상군 병력의 3분의 1 자동화를 위한 로봇 개발을 촉진하기 위해 첫 번째 그랜드 챌린지에 상금 100만 달러를 승인했다. 2004년 3월 개최된 1차 대회는 모하비 사막지역 I-15번 고속도로의 캘리포니아 주 바스토Barstow와 캘리포니아-네바다 주 경계의 프림Primm 사이 240km(150마일) 모하비 사막 지역에서 개최되었다. 카메기멜론대학 레드팀Read Team에서 험비를 개조한 샌드스톰이 가장 많은 11.78km를 주행했지만 완주한 팀이 없어 우승팀은 뽑지 못했다. 2005년 10월 개최된 상금 200만 달러의 2차 챌린지에서는 5개 팀이 212km 코스를 완주했으며 스탠퍼드대학의 스탠리Stanley가 1위, 카네기멜론대학 레드팀의 샌드스톰과 하이랜드Highlander가 각각 2위와 3위를 차지했다. 2007년에 개최된 제3차 대회는 시가지를 가정해 어번 챌린지Urban Challenge로 불렸으며 1, 2, 3등에 각각 200만 달러, 100만 달러, 50만 달러의 상금을 걸고 당시 캘리포니아 빅터빌 소재 조지 공군기지에서 개최되었다. 1위는 쉐보레 타호Chevy Tahoe를 개조한 카메기멜론대학 타탄레이싱팀의 보스Boss, 2위는 폭스바겐 파삿웨건PASAT Wagan을 개조한 스탠퍼드대학의 쥬니어Junior가 차지했다.

그랜드 챌린지 참가 멤버들은 현재 미국 자율주행 개발의 중추역할을 하고 있다. 2005년 대회에 참여했던 스탠리, 2007년 우승자로 주니어 개발을 주도한 세바스찬 스런Sebastian Thrun과 멤버들, 그리고 상위권 성적을 보였던 카메기멜론 연구팀 등이 구글로 영입되어 본격적인 자율주행차 기술 경쟁이 시작되었다. 이렇듯 그랜드 챌린지는 군사용 목적으로 초기에 추진했지만 자율주행차 관심 증가와 기술개발, 개발자 네트워크

형성 등 최근 진행되고 있는 상용화에 이르기까지 그 출발점을 만들어 주었다.

그렇다면 모빌리티 생태계에서 자율주행차의 가치는 무엇일까?

2017년 개최된 45회 도쿄모터쇼 슬로건은 비욘드 더 모터[Beyond the Motor]였다. 비욘드 더 모터는 자동차가 단순한 이동수단이 아니라 도시의 핵심 모빌리티 수단이란 의미로 2015년 개최된 44회 모터쇼 주제인 스마트 모빌리티 시티[Smart Mobility City]와도 연결된다. 도쿄라는 거대 메가시티의 지속가능성 확보를 위한 모빌리티의 중요성을 대변한다.

미래 메가시티 모빌리티 관점에서 더 이상 자동차는 운송수단의 전부가 아니다. 다양한 모빌리티 수단 가운데 하나다. 뿐만 아니라 사물인터넷을 활용해 도로와 주변 인프라, 주변의 차량들, 차량 외부의 모든 사물들 그리고 사회와 연결된 하나의 새로운 시공간이다. Tokyo Connected Lab 2017에서는 이러한 미래도시 모빌리티의 핵심 가치와 역할을 여섯 가지로 제시했다.

① 자율주행차의 등장으로 교통체증이 해소되며, 신호등과 표지판 등 교통설비 등이 사라져 친환경 도시가 되고 사고감소로 도시가 안전해지는 등 사회 문제를 극복하는 공공재[Social Good]

② 노인과 장애인 등 교통약자의 자유로운 이동이 가능해져 모든 사람들이 평등하고 편리하게 생활할 수 있는 유니버설[Universal]

③ 자율주행차 활용에 따른 도심 혼잡감소, 무인트럭과 드론을 활용한 물류 배송으로 사람과 물류 이동이 원활해져 경제발전을 촉진하는 무브[Move]

④ 자율주행차가 등장해도 운전을 좋아하는 사람은 인공지능 기술과 결합된 첨단 차량을 혼잡이 감소한 도로에서 더 즐겁게 직접 운전할 수 있는 드라이브^{Drive}

⑤ 자율주행차가 시간과 공간의 제약을 없앰으로써 개인이 원하는 모든 것을 할 수 있는 새로운 사적인 시공간으로 탄생하는 프라이빗^{Private}

⑥ 개인이 자동차를 소유하지 않고도 경제적이고 효율적으로 여행, 캠핑, 업무 등 용도에 맞는 카셰어링 혹은 라이드셰어링 서비스를 활용하는 공유^{Share}

이상의 여섯 가지 미래 도시 모빌리티의 핵심에는 자율주행차가 포함되어 있다. 물론 미래 도시의 모빌리티는 6가지 모습 가운데 하나로 귀결되는 것이 아니라 상호 보완적인 모습의 효과적 설계가 필요하다.

인텔은 자율주행차가 가져오는 변화를 패신저 경제^{Passenger Economy}라고 정의하고, 2035년 8,000억 달러, 2050년에는 7조 달러 규모로 급속히 확장될 것으로 분석했다. 2050년 가장 많은 매출이 발생할 분야는 B2B 분야의 약 3.7조 달러로 선진국들이 물류배송과 장거리 운송에 자율주행기술을 투입해 만성적인 운전자 부족을 해소할 것으로 예상했다.

다음으로는 기차, 지하철, 트램, 버스 등 현재 대중교통수단을 대체하거나 급격한 변화를 유도하는 모빌리티 서비스다. 도시 집중 현상으로 늘어난 통근시간을 줄이거나 소비자의 편안한 이동 욕구를 충족시켜 주거지를 다시 교외로 분산하는 등의 효과로 약 3조 달러 규모의 시장이 형성된다. 나머지 2,000억 달러는 자율주행기술이 인간 운전자 기능을 대신하며 새롭게 생겨나는 연 2억 5,000만 시간 동안 제공되는 서비스와 어플리케이션의 시장 규모다. 2035년부터 2045년까지 약 58만 5,000명의 생명을 구할 것이란 내용도 포함되어 있다. 자율주행차에 많은 투자를 하고 있는 인텔의 장밋빛 보고서이기는 하지만, 자율주행 모빌리티 서비스의 미래 가치를 제시하면서 해당 비즈니스의 중요성과 파괴력을 파악할 수 있다.

C(Connected) : 자율주행차로 진화하는 커넥티드카

커넥티드카에 대해 합의된 정의는 없다. 하지만 기존의 정의들을 종합하면 스마트폰과 연결 혹은 스마트폰과 같이 다양한 정보와 기능을 제공하는 인포테인먼트Infortainment 시스템과 연결해 긴급출동, 차량 위치 추적, 원격 차량관리, 진단, 사고 감지, 교통정보 및 경로안내, 소프트웨어 업그레이드, UBIUse Based Insurance(운전습관 연계보험)를 통한 실제 보험료 조정과 운전행동 개선 등 자동차에 특화된 서비스를 제공하는 텔레매틱스Telematics, 자율주차와 레벨 2~3 수준의 자율주행 기능이 결합된 서비스라고 정의할 수 있다. 즉 차량과 차량Vehicle-to-Vehicle, 차량과 도로시설물Vehicle-to-Infrastructure 통신기술을 활용해 안전하게 이동하고, 인터넷 연결을 통해 스마트폰처럼 자동차가 다양한 서비스를 제공하는 디바이스 혹은 플랫폼화시킨 개념이다.

현재 자동차는 20대의 컴퓨터로 구성된 컴퓨팅 성능으로 약 1억 라인의 프로그래밍 코드를 탑재했으며, 시간당 최대 25GB의 데이터 처리가 가능하다. 자율주행차 개발 속도가 가속화되면서 커넥티드카 기능을 포함해 개념 차이가 모호해지기도 했지만, 대부분 자율주행차에 포함되고 있는 기술들을 활용하고 있어 완전자율주행차의 전 단계 개념으로도 볼 수 있다.

매킨지에 따르면 2017년 판매된 자동차의 60~80%가 텔레매틱스 기능을 탑재했고, 2020년에는 신차의 90% 이상이 인터넷에 연결될 것으로 분석했다. 2016년 기준 텔레매틱스 장착률이 20%를 넘는 국가는 없

● 주요 국가별 텔레매틱스와 UBI 장착률

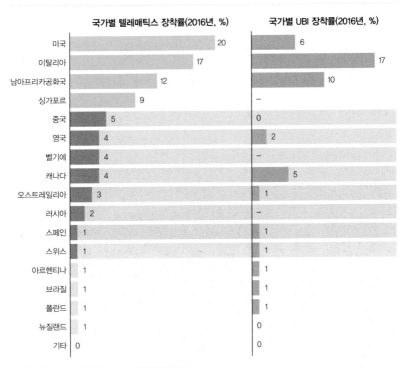

▨ 성숙 시장   ▨ 급성장 시장   ▨ 성장률이 낮은 시장
텔레매틱스 장착률이 0~1%인 국가는 프랑스, 독일, 일본, 멕시코, 노르웨이, 포르투갈, 카타르, 스웨덴 등

출처 Shafiq Dharani, Tom Isherwood, Diego Mattone, Paolo Moretti, Telematics: Poised for Strong Global Growth, McKinsey&Company, 2018. 4.

지만, 유럽연합과 러시아 등에서 특정 텔레매틱스 기능을 의무화하는 정책 추진과 함께 자동차 지능화에 대한 소비자 욕구 증가로 2030년까지 7,500억 달러 규모의 시장이 형성될 것으로 예측하고 있다.

2017년 12월 포드 자동차에서는 아마존 클라우드 기반 음성 서비스인 알렉사^{Alexa}를 자동차 업계 최초로 서비스하기 시작했다. Ford SYNC ®3 AppLink™와 연동해 운전내 음성인식 버튼을 선택한 다음 '알렉사'를 호출해 질문이나 명령을 할 수 있다. 오디오북 청취, 내비게이션 목적지 변경, 뉴스 요청, 음악 재생, 주변 지형지물 검색, 아마존 쇼핑 리스트 등을 추가할 수 있으며 조명, 보안 시스템, 온도조절, 차고 도어 오픈 등도 가능하다. 반대로 집안에서는 자동차의 원격 시동, 도어 개폐, 전기차 배터리 충전 상태 및 주행가능 거리, 연료 수준과 차량 마일리지 정보 등 차량 정보조회를 할 수 있다.

● GM 마켓플레이스 앱 화면

출처 Peter Valdes-Dapena, New GM App Lets You Order Starbucks While You Drive, CNN Business, 2017.12.5.

2017년과 2018년 쉐보레, 뷰익, GM, 캐딜락 모델 차량들은 전장 모니터에 내장된 GM 마켓플레이스 앱GM Marketplace App을 사용해 운전 중 스타벅스, 던킨도너츠, 치킨업체 윙스톱Wingstop의 사전주문과 애플비applebee, 티지아이프라이데이TGI Fridays, 아이합IHOP과 같은 레스토랑 예약, 그리고 음식배달 업체 앱인 딜리버리닷컴Delivery.com, 호텔비딩사이트인 프라이스라인Priceline.com, 주차장 검색 앱인 파크피디아Parkopedia와 쉘Shell, 엑손모빌ExxonMobil 등에도 접속할 수 있다. 머신러닝을 사용해 스마트폰의 스타벅스나 던킨도너츠 앱에서 주문패턴을 분석해 메뉴를 추천하기도 한다.

벤츠도 2017년 4월부터 미국에서 2016, 2017년 출시 차량을 대상으로 알렉사 및 구글홈과 연동해 차량 시동과 개폐, 내비게이션에 주소 전송 등이 가능하며, 현대차도 2017년 1월 자체 텔레매틱스 서비스인 블루링크와 구글 어시스턴트 연동 음성비서 서비스를 시작하는 등 인공지능 스피커와 차량의 연동, 더 나아가 스마트홈 등 가능한 모든 시스템들의 연결이 확대되고 있다.

자율주행차에 활용하기 위한 완성차 기업들의 인공지능 개발도 진행 중이다. 도요타의 4륜구동 전기 자율주행 콘셉트 차량인 콘셉트-아이concept-i는 인공지능을 활용해 탑승자 감성을 인식하고 선호사항들을 평가할 수 있는 인간에 대한 이해LEARN, 자율주행기능으로 운전자의 편안함과 안전PROTECT, 에이전트 기술로 운전자 감정을 예측해 운전의 즐거운 경험 향상INSPIRE을 기본 콘셉트로 설계했다. 콘셉트-아이는 자연어 기반 상호작용과 인공지능을 활용해 운전자의 감성을 파악하고 상황을 판단하는 등 완전자율주행이라는 기능성보다 자동차와 운전자와의 파트너 관계를 강조했다.

현재 커넥티드 연결 서비스 판매의 70%는 프리미엄 브랜드에서 발생하고 있으며, 본격적으로 자율주행차가 보급되기 시작하면 인공지능 등 기본옵션으로 장착되어 커넥티드카라는 개념은 사라질 수도 있다.

E(Electric) :
제2의 전성기를 꿈꾸는 전기차의 부활

전기자동차는 가솔린 엔진 차량이 등장하기 전부터 판매되었다. 다양한 시도가 있었지만 최초의 전기자동차는 1830년대 스코틀랜드의 사업가 로버트 앤더슨Robert Anderson이 개발한 전기로 구동하는 마차로 보는 시각이 우세하다.

이후 영국의 토머스 파커가 1884년에 개발한 모델이 1890년대 초반 양산되기 시작했고, 미국의 뉴욕시티 택시에 전기차가 투입되면서 1912년에 전기차는 최고의 호황을 맞는다. 하지만 비싼 가격에 비해 느린 속도와 짧은 주행가능 거리는 사람의 이동이나 물건의 배송에서 지리적 범위가 한정되었다. 더불어 가솔린 차량의 폭발적 성장세와 텍사스에서 대량의 원유 발견이 가져온 휘발유값 하락, 특히 1920년대 포드의 모델 T 대량생산은 내연기관 자동차 전성시대를 견인했다.

하지만 최근 내연기관과 전기차의 운명은 서로 뒤바뀌고 있다. 세계의 주요 메가시티는 통근시간이 100분을 넘었고, 교통체증, 주차 등 공간부족, 그리고 무엇보다 환경오염으로 몸살을 앓고 있다.

파리는 심각한 대기오염 문제 해결을 위해 2014년 3월부터 대기오염이 심한 날에 승용차 2부제를 시행하고 있으며, 디젤차의 도심진입을 금지시켰다. 런던도 도심지역 진입 시 혼잡통행료를 부과하고 있으며, 이탈리아 로마는 도심지역에 ZTL(교통제한구역)을 설정해 미등록 차량 진입 시 과태료를 부과하고 있다. 이미 경유차량의 신규 번호판 발급을 하지 않는 중국 베이징도 2018년 9월 21일부터 베이징 순환도로 내 경유 화물차량 진입을 제한하는 등 2020년까지 베이징 전 지역 내 경유 화물차 금지를 선언했다. 2017년 파리에서 개최된 세계도시정상회의^{C40 Cities}에서는 〈화석연료 없는 거리 선언문〉^{C40 Fossil-Fuel-Free Streets Declaration}을 발표하고 영국 런던, 프랑스 파리, 미국 로스앤젤레스와 시애틀, 덴마크 코펜하겐, 스페인 바르셀로나, 에콰도르 뷔토, 캐나다 벤쿠버, 멕시코 멕시코시티, 이탈리아 밀란, 남아프리카공화국 오클랜드와 케이프타운 12개 도시는 파리기후협약 목표 달성을 위해 2025년부터 도심 내 무공해 버스만 공급하기로 합의하는 등 공공운송 수단에 전기차 도입은 계속 확대되고 있다. 또한 노르웨이와 네덜란드는 2025년 화석연료 차량 판매를 금지하고 전기차와 플러그인하이브리드차량^{PHV}만 판매, 프랑스와 영국도 2040년부터 휘발유와 경유차 판매 금지, 독일은 2030년부터 화석연료 사용 차량의 등록을 전면금지하는 등 세계 주요 국가들과 도시들의 환경개선을 위한 노력은 정책으로 실현되고 있다.

　네덜란드 금융 투자업체 ING는 유럽 국가들의 정책과 배터리 가격 하락 등에 따라 2035년 유럽의 신차 판매는 전기차가 100%를 차지할 것으로 전망했다. 이들만이 아니다. 2019년부터 개발하는 신차를 모두 전기차로 출시하겠다는 볼보, 디젤차 관련 스캔들과 환경을 강조하는 독일 정부의 압력으로 6년 내 폭스바겐, 다임러, BMW 등 독일 완성차 기업들이 새로운 내연기관 개발을 중단하고 전기차와 자율주행차 기술개발에 집중할 것이라는 발표, 그리고 테슬라의 약진 등으로 향후 거의 모든 자동차 기업들은 전기차 모델 개발에 집중할 것으로 판단된다. 세계 4위 자동차 시장인 인도도 2030년까지 시판 자동차를 모두 전기자동차로 바꾸겠다고 발표했고 중국은 2019년부터 전기자동차 의무생산제를 도입하는 등 전기차를 중심으로 한 친환경차량이 도시문제 해결을 위한 새로운 내안으로 자리 잡았다.

애플의 아이폰 출시로 휴대폰 산업이 급격하게 변화한 아이폰 모멘트 iPhone Moment처럼 전기차는 자동차 업계에 적지 않을 파장을 불러올 것이다. 2022년까지 100억 유로를 투자해 벤츠의 모든 모델을 전기차로 개발하겠다고 발표한 다임러, 2022년 세계 1위 전기차 브랜드 목표를 선언한 르노-닛산 그룹, 2022년 전고체 배터리 장착 전기차 출시를 선언한 도요타, 2022년까지 110억 달러를 투자해 전기차 16개 모델과 하이브리드 및 PHEV 14개 차종을 출시하기로 한 포드, 2022년까지 수소연료전지차 넥쏘를 1만 대 이상 판매하겠다는 현대차그룹 등 2022년은 완성차 기업들의 전기차 전쟁이 본격화될 것이다.

블룸버그 뉴에너지파이낸스 Bloomberg New Energy Finance는 전 세계 전기자동차 판매가 2017년 110만 대에서 2025년 1,100만대, 내연기관 자동차보다 가격이 낮아지는 2030년에는 3,000만 대 규모로 급상승할 것으로 예측했다. 2040년에는 약 6,000만 대 규모의 시장이 형성되어 신차 시장의 55%를 점유하고 전 세계 자동차의 33%가 전기차로 운행되어 하루 730만 배럴의 연료가 절감된다는 분석이다.

내연기관 자동차 판매는 2020년 중반부터 감소하기 시작할 것으로 예측된다. 그러나 2020년대 초반 즈음 예상되는 코발트 부족이 배터리

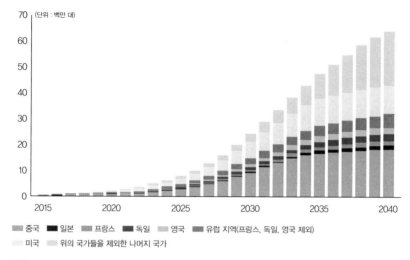

출처 Electric Vehicle Outlook 2018, Bloomberg NEF(BNEF), 2018. 5. 21.

● 글로벌 연간 신차 판매량과 전기차 비중

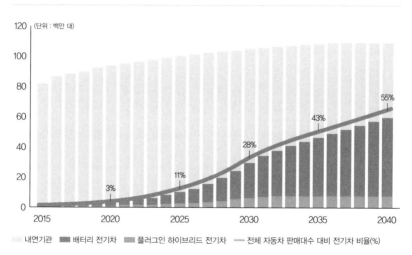

출처 Electric Vehicle Outlook 2018, Bloomberg NEF(BNEF), 2018. 5. 21.

완성차 회사	판매 목표 및 전략	비고
BMW	• 연간 판매 10만 대(2017년) • 전기차 비중 15~25% 달성(2025년)	• i5(2018년) • MINI-BEV(2019년)
Daimier	• 연간 판매 10만 대(2017년) • 8개 신규 모델 출시(2020년)	• EQ Series(2019년)
Ford	• 신규 모델 13개 출시(2020년) • 소형 SUV 전기차 출시(2020년)	• Mondeo-Energi(2018년) • Model-E(2018년)
Honda	• 2/3 이상을 HEV, PHEV로 판매(2030년) • BEV 판매 비중 15% 달성(2030년) • HEV, PHEV 판매 비중 50% 달성(2030년)	• 2017년 9월 2개 모델 공개
Renault-Nissan	• 누적 판매 150만 대 달성(2020년) • 주행거리 550km 신차 출시(2020년)	• Leaf 2세대(2017년)
Tesla	• 연간 판매 50만 대(2018년) • 연간 판매 100만 대(2018년)	• Model Y(2019년)
Volkswagen	• 30개의 신규 BEV 출시(2025년) • 연간 판매량 200~300만 대(2025년)	• BUDD-e(2019년)
Volvo	• 출시하는 신차에 전기모터 장착(2019년) • 누적 판매 100만 대 달성(2025년)	• 전기차 브랜드 'Polestar' Launching • 2019년 첫 BEV모델 공개
Kia	• 11개의 신규 BEV, PHEV, FCV 출시(2020년)	• NIRO-EV(2018년)
Hyundai	• PHEV, BEV 모델 14개 추가(2020년)	• KONA-EV(2018년)

출처 곽병근, 글로벌 전기차 시장 성장 요인 분석 및 시사점, 산은조사월보 제740호, 2017. 7 .

가격 하락에 걸림돌이 되는 것과 빠른 충전 인프라스트럭처 확산 문제가 전기차의 아이폰 모멘트를 이끌기 위한 중요한 변수다. 특히 전기차 시장 확산에 영향을 미치는 것은 카셰어링과 자율주행차다. 전기차가 기존 내연기관차를 대체하는 과정에서 일반자동차보다 택시, 전기버스 등 공공 운송수단과 공유경제의 높은 성장이 시장을 키울 것으로 예상된다.

우버는 런던에서 우버X 서비스 차량들을 2019년까지 하이브리드나 전기차로 운행하고, 라이벌인 리프트도 2025년까지 10억 건의 서비스를 전기 자율주행차로 제공할 계획을 가지고 있다.

S(Sharing) :
새로운 모빌리티 라이프 스타일을 창조하는 공유 서비스

2008년 세계 경제위기 이후 우버를 시작으로 확산된 차량공유는 크게 카셰어링Car Sharing과 카헤일링Car-Hailing으로 구분할 수 있다.

일반적으로 카셰어링은 서비스 기업이 보유한 차량을 특정 시간 단위로 여러 사람들이 사용하는 서비스이며 스마트폰 앱으로 검색, 예약, 비용지불 등을 할 수 있다. 일반적으로 렌터카가 일단위로 계약하는데 비해 시간 혹은 분 단위로 사용 시간만큼 비용을 지불하는 시간 단위 렌터카로도 볼 수 있다. 대여와 반납 위치에 따라 지정된 주차장 어디에서나 반납할 수 있는 원웨이방식과 대여한 장소에 다시 반납해야 하는 투웨이 방식으로 나뉘며 미국의 짚카ZipCar, 한국의 쏘카와 그린카 등이 해당된다. GM의 메이븐Maven, 다임러의 카투고Car2Go, 폭스바겐의 퀵카Quickcar, BMW의 드라이브 나우 등 완성차 기업의 서비스도 포함된다.

P2P 방식으로 자신이 차량을 사용하지 않을 때 다른 사람들에게 공유하는 투로Turo와 겟어라운드Getaround 등의 기업도 있다. 차량공유 틈새시장을 파고든 투로는 현재 미국 1,500개 도시에서 약 500만 명의 회원과 20만 대의 차량을 확보했으며, 다임러와 에스케이 홀딩스로부터 7억 달러의 기업가치를 평가받는 등 새로운 차량공유 서비스로 관심을 받고 있다. 참고로 우리나라에서 P2P 차량 공유는 여객자동차 운수사업법에 따라 불법이다.

카헤일링 서비스는 사용자가 차량을 호출하면 플랫폼 기업이 사용자와 운전자를 매칭 혹은 연결해 원하는 목적지까지 이동하는 실시간 차량호출 서비스로 모빌리티 온디맨드로도 불린다. 호출수단은 전화, 앱 등을 포함하며 택시와 플랫폼 기업이 제공하는 차량이 활용된다.

카헤일링은 라이드셰어링^{Ride Sharing}이나 라이드헤일링^{Ride Hailing}과 유사한 개념으로 사용된다. 라이드셰어링은 주로 목적지가 같은 사람들끼리 자동차를 함께 사용하는 것을 의미한다. 카풀과 유사한 개념이지만 이용자는 경제적 이익이 아니라 환경보호와 비용감소 등 사회적 가치와 철학을 우선한다.

대표적인 라이드헤일링 기업으로는 전통적인 콜택시, 우버, 리프트, 중국의 디디추싱, 인도의 올라, 브라질의 99, 북아프리카와 남아시아 등에서 영업하는 카림^{Careem}, 블랙래인^{Blacklane}이 있다. 이들은 자신들을 라이드셰어링 기업이라고 이야기하지만 실제 비즈니스 모델과 수익구조, 라이드셰어링 철학과 비교하면 라이드헤일링 기업으로 보는 것이 적합하다. 하지만 많은 언론 등에서는 차량공유 혹은 라이드셰어링 기업으로 부르고 있다. 한국의 풀러스나 럭시 등 출퇴근 경로에 맞춰 카풀형태로 운영하는 기업들의 비즈니스 모델은 라이드셰어링에 가깝다.

이미 세계의 주요 대도시에서는 탈자동차 현상이 시작됐다. 한국자동차산업연구소가 발간한 〈글로벌 메가시티의 모빌리티 생태계 변화〉 보고서에 따르면 뉴욕과 런던, 파리, 도쿄 등 전 세계 주요 대도시에서 자동차가 감소하고 있는 것으로 나타났다. 영국의 경우 전체 인구 기준 1,000명당 자동차 보유 대수는 지난 2002년 540대에서 2012년 562대로 증가했지만 런던만 놓고 보면 335대에서 321대로 감소했다. 높은 유지비, 주차난, 정부의 자동차 증가 억제 정책 등이 복합적으로 작용하면서 자동차를 구매하지 않는 사람들이 늘어난 것이다. 젊은층을 중심으로 운전면허를 취득하는 인구도 줄고 있다. 런던교통청에 따르면 지난

1991년 60%가 넘었던 20~24세의 운전면허 취득률은 2011년 40% 수준으로 떨어졌다.

반면 차량공유 인구는 꾸준히 증가하고 있다. 미국의 카셰어링 기업 짚카 이용자는 지난 6년 동안 두 배나 증가했고, 우버의 이용자는 10억 명을 돌파했다. 특히 라이드셰어링이 활성화된 북미와 독일 등에서는 지난 5년간 서비스 이용자 수가 매년 30% 이상씩 증가하고 있다. 뿐만 아니라 셔틀버스를 활용한 라이딩셰어링 서비스를 제공하는 비아^{Via}, 유럽에서 운영되는 버스 네트워크인 플릭스버스^{FlixBus} 등에 대한 관심도 높다. 예를 들면 미국 텍사스 주 엘링턴 시에서는 라이드셰어링 서비스인 비아로 대중교통수단인 버스를 대체하는 테스트를 진행하는 등 개인의 이익과 편리함을 넘어 공공운송 시스템의 새로운 변화도 이끌고 있다.

2. 공유자율주행차와
자율주행셔틀이 던지는 의미

🚗 공유자율주행차의
도어-투-도어 시장 잠재성

글로벌 시장조사기업인 IHS Market은 2040년 이후 세계 자율주행차 판매가 매년 3,300만 대를 넘어 신차 중 26%를 차지할 것으로 전망했다. 자율주행차 판매 증가의 주요 원동력은 라이드셰어링 이용자가 가장 많은 중국과 자율주행차에 우호적 규제 환경을 갖춘 미국, 신기술을 적용한 고급차 선호도가 높은 유럽시장이 될 것이며, 이들 지역에서의 판매가 2,740만 대, 나머지 지역의 판매는 630만 대 수준으로 예상했다.

보스턴컨설팅그룹에 따르면 2030년 미국 자동차들의 주행거리 가운데 공유자율주행전기차 Shared Autonomous Electric Vehicle가 차지하는 비중은 23~26%인 약 8억 마일에서 9억 2,500만 마일 수준이다. 버스와 택시 수요가 많은 대도시, 고가의 보험료, 주차공간 부족, 교통체증 등의 이유 때문에 자가용을 이용하기 어려운 인구 100만 명 이상 대도시를 중심으로 2020년부터 보급이 활성화될 전망이다. 자가용 운전자가 연간 1만

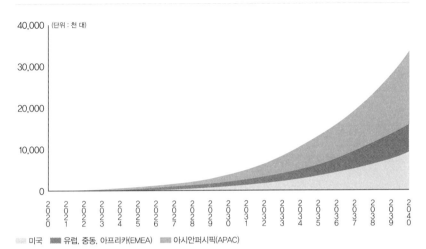

40,000 (단위 : 천 대)

30,000

20,000

10,000

0

2020 2021 2022 2023 2024 2025 2026 2027 2028 2029 2030 2031 2032 2033 2034 2035 2036 2037 2038 2039 2040

▨ 미국　■ 유럽, 중동, 아프리카(EMEA)　▨ 아시안퍼시픽(APAC)

출처 Autonomous Vehicle Sales Forecast 2018-Autonomous Service,　IHS Market, 2018. 2. 1.

마일을 주행한다고 가정하면 공유자율주행전기차 사용으로 연간 7,000 달러가 절감될 것으로 전망된다.

앞서 살펴본 A^{Autonomous}, C^{Connected}, E^{Electric}, S^{Sharing}를 조합하면 공유자율주행전기차가 된다. 특히 전기차는 내연기관보다 제어가 쉽고 부품 수가 적기 때문에 고장이 적고 유지보수가 용이할 뿐만 아니라, 충전시설이 갖춰진 곳이라면 어디서나 충전할 수 있어 관리가 편리하다. 기존의 내연기관에 비해 파워트레인 구조도 간단하고 고장도 적다. 또한 엔진이 없어 내연기관 차량보다 여유공간이 많아 차량 용도에 따라 디자인할 수 있는 자유도가 높다. 이처럼 전기차는 첨단기술을 대표하는 다양한 용도의 공유 서비스와 자율주행차에 활용하기 위한 최적의 조건을 가지고 있다.

현재 공유차량 활용을 위해서는 앱으로 호출하거나 정해진 장소에 가서 차량을 픽업하고 사용 후에는 다시 원위치에 가져다 놓아야 한다. 그러나 자율주행차가 공유차량 시장에 투입되기 시작하면 그럴 필요가 없다. 사전 예약을 통해 원하는 위치와 시간에 대기가 가능하며, 수요와 공급 데이터가 쌓이고 네트워크 학습이 심화되어 서비스 성숙기에 들어가면 대기 시간도 짧아질 수밖에 없다. 군이 차량 소유를 위해 적지 않은 돈을 지출할 필요도, 차량을 주차하기 위한 공간 확보의 부담도 필요 없다. 무엇보다 적지 않은 유지비용 등이 사라진다. 교통약자인 노인과 장애인, 어린이들의 활용도가 높아지고 기존 택배와 배달 등 O2O 시장의 활용도도 무궁무진하다.

현재의 퍼스트-라스트 마일 전략이 출발지에서 목적지까지 끊임없는 효과적 모빌리티 수단의 연결에 목적을 두었다면 A^{Autonomous}, C^{Connected}, E^{Electric}에 S^{Sharing}가 추가될 경우 비로소 본격적인 도어-투-도어 서비스가 실현될 수 있다.

아직은 넘어야 할 시장 진입 허들

새로운 혁신적 기술이 시장에 진입할 때 가장 커다란 장벽은 소비자와 사회의 수용성이다. 확실하게 증명되지 못한 안전과 합의되지 않은 보험 등의 문제로 실제 도로에서 주행하기까지 적지 않은 시간이 걸릴 것이란 주장도 적지 않다.

아직까지 개인에게 자율주행차를 판매할 계획을 구체적으로 밝힌 기업은 없다. 하지만 최근 로보택시라 불리며 많은 기업들이 준비하고 있는 공유자율주행차 서비스는 초기의 내연기관 차량에서 전기차 활용이 늘어나고 있고, 자율주행셔틀을 도입하는 도시들 역시 늘어나고 있다. 공유자율주행차와 자율주행셔틀이 자율주행차의 본격적인 상용화와 개인 판매 전 단계의 비즈니스 모델로 자리 잡고 있는데 그 이유는 다음의 세 가지로 볼 수 있다.

첫 번째는 개인과 사회의 자율주행차 수용성 확보다

자율주행차와 연관된 사고는 작은 것이라도 전 세계 언론과 일반인들의 관심을 받는다. 2018년 3월 애리조나 템페Tempe에서 우버 자율주행차와 충돌한 일레인 허즈버그Elaine Herzberg가 사망하는 사고가 발생했다. 이는 세계 최초로 자율주행차에 치여 발생한 사망사고이다. 사건 발생 후 미국 자동차협회AAA, American Automobile Association가 실시한 설문 결과를 비교해보면 자율주행차에 대한 두려움이 얼마나 급격히 악화되었는지 알 수 있다. 2017년 말 미국 성인 대상 조사에서는 63%가 자율주행차 탑승을 두렵다고 답했으나, 위의 사고 직후인 2018년 5월에는 73%가 두렵다고 답했다. 뿐만 아니라 응답자의 63%는 자율주행차가 도로에 다닐 때 보행자나 자전거 이용자도 불안할 것이라고 응답하는 등 실제 소비자들의 자율주행차 안전성에 대한 두려움은 적지 않다. 법과 규제의 장벽을 어렵게 넘은 아무리 좋은 기술이라도 소비자와 사용자가 받아들이지 않아 수용성이 낮다면 시장에서 실패할 수밖에 없다. 법과 규제보다 소비자와 사용자 수용성이 중요하다고 하는 이유다.

1886년 2인승 4륜 마차를 개조한 차체에 4기통 가솔린 엔진을 장착해 시속 16km 속도로 주행했던 페이턴트 모터바겐이 출현한 후 자동차는 130년이 넘는 시간 동안 끊임없이 진화했다. 자동차의 진화는 운전자의 기능을 점차 기계로 대체하는 과정이고, 끊임없이 안전에 대한 문제가 발생하고 해결하는 과정이다.

적기조례Red Flag Act는 자동차 역사와 규제 정책에 있어 가장 많이 인용되는 역사적 사건이다. 1861년 시행된 적기조례는 영국의 시외에서 시속 6.4km, 시내에서는 시속 3.2km까지 속도를 제한했다. 1865년부터는 자동차 전방 55m 앞에서 마차를 끄는 말이 놀라지 않도록 낮에는 빨간 깃발을 흔들고 밤에는 랜턴을 든 사람이 반드시 자동차가 지나갈 예정이라는 것을 알려야 했다. 이른바 적기조례로 불리는 이유다. 적기조례는 세계 최초의 도로교통법이란 타이틀을 달았지만 자동차 속도를 사람 걸음 속도로 제한한 대표적인 악법으로도 유명하다.

하지만 적기조례 제정 당시 사용된 증기자동차의 기술적 한계도 인정해야 한다. 스팀보일러 폭발사고가 자주 발생했고 증기기관이 뿜어내는 공해와 도로파손, 그리고 마부 실업자의 증가는 일반 시민들의 반감을 불러일으켰다. 1834년 영국 페이즐리Paisley 주변에서 5명이 사망하고 부상자들이 발생한 증기자동차 보일러 폭발사고는 시장경쟁자인 기차 운송업자들과 마차운송조합이 본격적으로 적기조례 제정을 위한 로비에 임하게 되는 도화선이 되었다. 결과적으로 적기조례가 시행되기 전 시속 40km 속도를 자랑한 영국의 자동차기술은 독일, 프랑스, 이탈리아 등 주변국과 비교해 커다란 격차로 뒤처졌고, 1922년 오스틴 자동차회사가 개발한 오스틴 7Austin 7 모델이 출시되기 전까지 70여 년은 영국 자동차산업의 돌이킬 수 없는 암흑기로 기록되었다. 이렇듯 경제 시스템의 핵심 역할을 하는 자동차의 발전사는 새로운 기술이 개발되고 이에 대한 문제점 발견과 그 해결을 위한 반복의 과정이다.

한국교통연구원이 919명을 대상으로 한 설문조사에 따르면 완전자율주행차를 공공도로에서 일반 차량들과 구분해야 한다는 응답이 80% 수준으로 자율주행차가 운전자 없이 도심에서 운전할 수 있느냐는 질문에 일반인 60% 이상이 운행할 수 없다고 응답했다. 또한 일반 차량들과 분리되어 자율주행차만 다닐 수 있는 전용차선이 필요하다는 질문에는 일반인 운전자 63%, 비운전자 64%, 직업운전자 57%, 전문가 46%가 필요하다고 답했으며, 자율주행차와 공공도로에서 마주쳤을 때 일반인 운전자 37%, 비운전자 34%, 전문가 38%, 직업운전자 50%가 옆으로 접근하지 않겠다고 했다. 완전자율주행차를 사용하겠다는 응답은 일반인 운전자 56%, 일반인 비운전자는 51%인 반면 전문가 집단은 67%가 사용 의사가 있다고 밝혀 일반인보다 자율주행차 지식이 높은 전문가 집단의 사용 의사가 높았음을 알 수 있다.

이러한 설문조사의 결과로 볼 때 우리나라에서 자율주행차 수용성은 그리 높지 않음을 알 수 있다. 실제로 모 개발업체는 필자가 참여하는 정부위원회에 참석해 자율주행차 전용 도로 설치 검토를 요청하는 등 아직까지 소비자들뿐만 아니라 기업에서도 기술을 수용하기 위한 더 많은 준비가 필요하다.

웨이모는 실제도로주행 시험뿐만 아니라 매일 2만 5,000대의 가상 자율주행차로 800만 마일의 시뮬레이션을 실시하고 있고 다른 기업들 역시 시뮬레이션을 강화하고 있다. 포드는 니렌버그 뉴로사이언스와 아르고 에이아이 같은 인공지능 기업을 인수합병하는 등 인공지능으로 인간

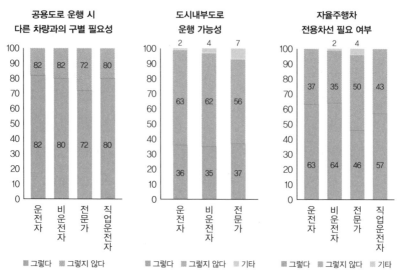

출처 김규옥, 문영준, 조선아, 이종덕, 자율주행자동차 윤리 및 운전자 수용성 기초연구, 한국교통연구원 보고서, 2016. 11.

운전자 역할을 대신하는 기술도 개발하고 있다. 하지만 현 시점에서 공유자율주행차 서비스와 자율주행셔틀 운행은 소비자와 사회 수용성 확보를 위한 보다 적극적인 방법일 수도 있다.

2016년 8월 싱가포르 스타트업인 누토노미[nuTonomy]가 미쓰비시 전기차 i-MiEV와 르노 조이[ZOE]를 개조해 세계 최초의 자율주행택시를 운행했다. 누토노미는 소프트웨어 개발 회사로 미국 MIT와 싱가포르 정부가 지난 2007년 공동 프로젝트를 시작하면서 만들어졌고, 당시 싱가포르라는 도시국가의 혁신성이 전 세계에 보도되며 적지 않은 관심을 끌었다.

자율주행셔틀은 대부분 전기차를 활용해 저속으로 운행하는 시스템으로 소비자의 자율주행차에 대한 막연한 거부감을 감소시키고 수용성을 높일 수 있다. 개발 기업들은 일반도로에서 운행되기도 하지만 자동차가 시설물로 인정되어 상용화 과정에서 필수 인증절차가 필요 없는 놀이공원, 골프장, 군부대, 실버타운 등 제한된 공간들이나 택시 등 대중교통수단 등에 먼저 제품을 투입하여 개인과 사회의 수용성을 향상시키는 노력에 집중하고 있다.

더불어 도시의 혁신성을 자랑하기 위한 수단으로 자율주행셔틀 도입에 적극적이다. 스위스 시온에서는 스위스연방기술원^{EPFL}에서 분사한 베스트마일^{BestMile}, 워싱턴 DC에는 로컬 모터스$^{Local\ Motors}$가 개발한 인공지능버스 올리^{Olli}, 일본 지바, 싱가포르 가든 바이 더 베이$^{Gardens\ by\ the}$ ^{Bay}, 샌프란시스코 주변 도시인 산라몬$^{San\ Ramon}$에서는 프랑스 이지마일^{EasyMile} 셔틀이 운행 중이다. 스웨덴 스톡홀름에서는 자동차, 자전거, 보행자와 자율주행차가 실제 도로에서 어떻게 상호작용을 하는지 실험하기 위해 이지마일셔틀 2대를 운행하고 있다. 이지마일셔틀 1대 가격은 25만 달러로 시속 45km까지 주행이 가능하며 12명이 탑승할 수 있다.

일본의 자율주행차 운행 법규는 각종 공공시설, 상업 시설, 테마파크, 공장 등의 사유지 내부에서 자율주행셔틀 운행을 허가했다. 2016년 3월 가나가와 현에서 전자상거래 전문 기업 디엔에이^{DeNA}와 자동차 기술개발사인 지엠피^{ZMP}의 조인트벤처인 로보택시$^{Robot\ Taxi\ Inc}$가 자율주행차를 활용한 택시시범사업을 시작했고, 2020년 올림픽 개최 시점까지 국내외 관광객들을 대상으로 상용 서비스 도입을 준비할 예정이다. 한국에서도 판교 제로셔틀과 서비스 기반 자율주행사업 협의체인 자율주행 스프링카얼라이언스에서 도입한 나브야 자율주행셔틀을 운영하는 등 호주, 미국, 중국, 일본, 스위스 등을 중심으로 점차 확산되고 있다.

두 번째는 자율주행차 상용화를 위한 데이터 축적 과정이다

자율주행차는 자동차 운전을 위해 인간이 수행하는 인지 ⇨ 판단 ⇨ 제어 과정뿐만 아니라 인공지능을 활용한 상황예측과 판단 등 인간의 두뇌 역할까지 담당한다. 하지만 이러한 과정을 자동차가 모두 수행하기에는 아직 학습 데이터가 부족하다. 기업들은 2019년을 기점으로 조직기 없는 자율주행차 시범 서비스와 상용화를 준비하고 있다. 하지만 일반 차량들과 상호작용, 예상하지 못한 주행 중 위험상황, 햇빛 반사, 폭우, 폭설, 야간 운행 등 센서 기능이 제대로 작동하기 어려운 상황 등 다양한 주행 환경에서 자동차와 운전자가 어떻게 작동하고 대응해야 하는지에 대한 유즈케이스와 데이터를 완벽하게 준비하지 못했다. 언제 어디에서 어떤 상황을 맞이할지 알 수 없기 때문에 제조사 입장에서 초기시장 형성을 위한 사용자 접근 전략은 매우 중요하다.

자율주행차와 부품 개발업체들은 레이더, 카메라, 라이다 등 핵심부품에 대한 개발과 유지보수 엔지니어들을 보유하고 있다. 하지만 일반인들이나 자동차 정비사들은 정기점검 주기와 항목 등 차량 관리, 차량 고장과 이상 발생 시 대응 방법과 수리 방법, 사고 발생 시 대응 절차와 방법 등에 대한 정보를 알 수 없다. 정비사들도 현재의 지식과 경험, 자격증으로는 대응이 불가능하다. 하지만 전기자율주행차 공유 서비스 비즈니스 모델의 기업이라면 기존 자동차 B2C 비즈니스를 B2B로 전환할 수 있다. 이 과정에서 개인소유 자율주행차 등 시장 확대를 위한 다양한 문제점과 대응방안을 구체적으로 준비할 수 있는 시간도 확보할 수 있다.

세 번째는 아직은 판매가 어려운 고가의 가격 때문이다

보스톤컨설팅그룹은 기존 차량에 부분자율주행 기능은 5,000달러, 자동주차 기능은 7,000달러, 2025년 즈음 완전자율주행 기능은 1만 달러 정도가 기존 자동차 구매가에 추가될 것으로 예측했다. 하지만 자율주행차에 관심을 가진 1,510명을 대상으로 조사한 결과를 살펴보면 부분자율주행을 위한 개별 기능과 완전자율주행 기술을 사용하기 위해 응답자 50% 이상이 비용을 지불할 의사를 가지고 있다고 답했으며 그 가운데 24%는 4,000달러, 17%는 5,000달러 이상의 비용을 지불할 의사가 있는 것으로 조사되어 예상 구매가와 소비자가 원하는 가격과는 차이가 있음을 알 수 있다.

자율주행차의 핵심부품 중 하나는 주행 도로 주변의 3D 지형지물 정

● 자율주행차 부품가격(2015년)

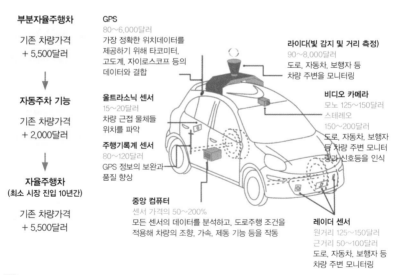

출처 Turn Out the Hardware in Self-Driving Cars is Pretty Cheap, Wired, 2015. 4. 22.

보를 수집하는 라이다다. 사람의 눈 역할을 하는데, 초기 구글에서 사용하던 300m 범위에서 360도를 커버하는 벨로다인 최고 스펙의 64채널 라이다 단가는 최대 8만 5,000달러로 구글이 자율주행차 베이스 모델로 운용하던 렉서스 RX 450h의 가격과 비슷하다. 라이다는 그동안 자율주행차 가격 경쟁력의 가장 커다란 걸림돌이었으며, 라이다의 가격이 자율주행차 가격을 좌우하고 있다. 2014년 벨로다인은 모델명 VLP-16 Puck 제품을 7,999달러로 출시했다. 64채널 스펙이 10인치, 29파운드인 것에 비해 16채널 4인치 1.3파운드 무게로 자동차에 장착하기 유리하지만 16채널로 수직시야가 64채널±26.8도인 것에 반해 ±15도로 좁아지며, 낮은 해상도와 초당 데이터 포인트가 64채널 130만 개에 비해 30만 개로 떨어지는 단점이 있다.

2017년 1월 웨이모는 자체 연구개발을 통해 가격을 기존 원가의 10% 수준인 7,500달러로 낮추었다고 발표했다. GM 크루즈도 스트로브^{Strobe} 시스템을 사용해 모든 센서를 칩 하나에 통합 개발한 라이다 비용을 99% 수준으로 낮추고 있다. 라이다 전문업체인 벨로다인도 웨이모와 협력을 통해 레이저 채널 수에 따라 8,000~3만 달러 수준으로 낮춰 자율주행차 대량생산에 조금 더 접근했다. 하지만 적정 라이다 가격은 500 달러로 현재도 높은 수준이다. 라이다를 사용하지 않는 테슬라는 2016년 10월 완전 자율주행 기능의 가격을 8,000달러 수준으로 책정하고 생산하는 모든 차량에 완전자율주행을 가능하게 하는 하드웨어와 소프트웨어를 그림자 모드^{Shadow Mode}로 적용하고 있다.

2012년 JD Power가 1만 7,400명을 대상으로 조사한 결과에 따르면 자율주행 자동차의 가격이 현재 차량 가격과 비슷할 경우 구입할 의향이 있는 미국 소비자 비율은 약 37%다. 이 비율은 3,000달러 비용이 추가될 경우 20%로 감소하는데, 전기자동차 연평균 가격 하락률 8%를 적용해도 3,000달러 수준이 되기 위해선 15년, 가격차이를 거의 느끼지 못하기 위해선 20년 이상의 시간이 필요하다. 자율주행기술 개발기업들이 높은 개발비용을 감수하면서도 초기시장 선점을 위한 브랜드 이미지 제고를 위해서 공유자율주행차와 자율주행셔틀에 투자하고 시장을 확대하고 있는 이유이기도 하다.

Mobility Big Bang,

6

Riding the Future

대격전의 서막,
완성되어가는 자율주행차와
모빌리티 협력 구도

. . .

공유경제와 자율주행기술은 자동차 역사상 가장 커다란 변화를 가지고 왔다. 모든 완성차 기업들은 스스로를 모빌리티 서비스 기업이라고 부른다. 본격적인 자동차의 서비타이제이션(Servitization) 시대에 돌입한 것이다. 더 이상의 라이벌도 동지도 없다. 혁신과 도전이란 단어도 식상하다. 살아남기 위해서는, 그리고 시장을 리드하기 위해서는 그 어느 때보다도 민첩함과 트랜스포메이션 능력이 필요한 시기다.

1. 오픈 메리지 라이선스 전략을 펼치는 테크 자이언트

📡🚗 최고의 자율주행 기술, 카풀 중심 모빌리티를 설계하는 구글

구글은 2009년 자율주행차 연구개발에 본격적으로 뛰어들었다. 지속적인 투자와 시험운행을 통해 최근 전개되고 있는 자율주행차 개발과 상용화 경쟁을 이끌어 온 구글은 2016년 12월 지주회사 알파벳^{Alphabet} 산하에 12번째 사업부로 자율주행차 개발을 전담하는 웨이모를 설립했다. CEO는 그동안 구글에서 자율주행차를 담당했던 존 크라프칙^{John Krafcik}이 맡았으며 자율주행기술의 안정성, 효율성, 접근성을 확보해 전 세계 자동차와 물류 산업 재편을 목적으로 한다.

웨이모 블로그에 따르면 더 많은 사람이 빠른 시간 내에 자율주행기술을 접할 수 있게 한다고 밝혀, 기존 완성차 기업 차량을 이용해 자율주행차 상용화를 가속화하고 있음을 알 수 있다. 웨이모의 설립은 구글이 자율주행차를 더 이상 연구개발 대상이 아닌 본격적인 비즈니스 대상으로 전환했음을 보여준다.

구글은 자체 자율주행차 브랜드 개발을 백지화하고 기존 완성차 브랜드와의 협력에 초점을 맞추고 있다. 2017년 6월에는 그동안 구글과 웨이모를 대표했던 자율주행 시험차량인 파이어플라이Firefly의 운행도 중단했다. 2015년 12월 구글은 우버에 대항하기 위해 포드와 새로운 자율주행차 회사를 설립할 계획이며 이를 2015년 라스베이거스 소비자가전전시회CES에서 발표한다고 해 화제를 모았다. 이 계획은 테크매체 더 버지The Verge가 오픈 메리지Open Marriage라고 표현할 정도로 관심이 높았으나 끝내 결렬되었다.

웨이모의 첫 협력 대상은 피아트-크라이슬러 오토모빌스Fiat-Chrysler Automobiles다. 2016년 5월부터 하이브리드 미니밴인 퍼시피카를 레벨 4 수준의 자율주행차로 개조하는 작업과 함께 200시간의 극한 기후 상황에서 시험운행을 마쳤다. 웨이모는 2017년 4월부터 미국 애리조나 주 챈들러Chandler 피닉스Phenix 지역의 100제곱마일 범위 400여 가구를 대상으로 얼리 라이더 프로그램Early Rider Program을 실시하고 있다. 퍼시피카 100대를 시작으로 현재 약 600여 대를 운영 중이다. 서비스 확대를 위해 2018년 5월 웨이모는 피아트-크라이슬러 오토모빌스에 퍼시피카 6만 2,000대를 추가 주문했고 2018년 말부터 인도가 시작된다.

웨이모 자율주행차에 장착된 카메라, 센서, 레이더, 레이저 기반 라이다를 사용해 360도 전방을 대상으로 온보드 컴퓨터가 축구장 최대 3개 너비까지 파악이 가능하며, 모든 기술들은 웨이모가 직접 개발했다. 뿐만 아니라 앞으로 더 많은 사람이 빠른 시간 내에 자율주행기술을 경험하게 할 것이라고 밝혔는데, 이는 이미 상용화된 차량을 이용하여 자율주행차의 상용화를 가속화하기 위한 전략으로 풀이된다.

퍼시피카를 활용한 자동차와 자율주행 플랫폼 협력이 일반인들을 위한 협력이라면 재규어 랜드로버와의 협력은 럭셔리 마켓을 위한 전략적 협력이다.

2018년 3월 27일 웨이모는 재규어 랜드로버와 전기 SUV 아이-페이스i-Pace를 향후 2년간 2만 대 납품하기로 계약을 체결했다. 2018년 말 웨이모 솔루션을 이용해 자율주행 시험운행을 시작하고, 2020년부터 웨이모의 라이드셰어링 서비스에 투입할 계획이다. 피아트-크라이슬러 오토모빌스에 이은 두 번째 완성차 기업과의 협력으로 필요에 따라 추가 생산도 가능하다. 월스트리트저널은 두 기업의 자율주행차 개발 협력이 잠재적으로 10억 달러의 가치가 있다고 평가했다. 2018년 두 번째 상용화를 위한 테스트 시장으로 확장하고 해외 진출도 고려하고 있다고 CEO 존 크라프칙은 밝혔으며 혼다, 폭스바겐, 현대차그룹 등과도 대화

● 웨이모의 자율주행용 피아트-크라이슬러 오토모빌스 퍼시피카 하이브리드 미니밴

출처 Waymo Safety Report-On the Road to Fully Self-Driving, Waymo, 2017. 10.

● 퍼시피카의 자율주행 센서 배치

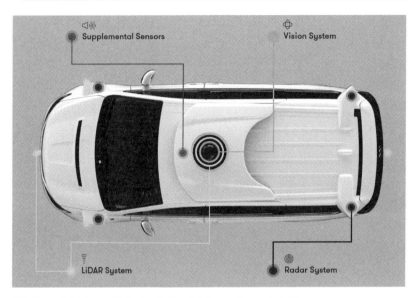

출처 Waymo Safety Report-On the Road to Fully Self-Driving, Waymo, 2017. 10.

● 미국 CBS 뉴스에서 공개된 구글 자율주행택시 내부

출처 First Look Inside Self-Driving Taxis as Waymo Prepares to Launch Unprecedented Service, CBS News, 2018. 10. 12.

가 진행되고 있다고 언급했다.

현재 웨이모 자율주행차들은 매일 2만 4,000마일 이상 운행하고 있다. 누적 주행거리는 2017년 11월 400만 마일, 2018년 7월에는 800만 마일, 8월 말에는 900만 마일, 드디어 10월에는 1,000만 마일을 돌파했다고 발표했다. 그동안 자율주행기능을 해제한 평균 거리는 2015년 1,244마일, 2016년 5,128마일, 2017년 5,596마일로 주행거리 증가에 따라 꾸준히 향상되고 있음을 알 수 있다.

테슬라의 자율주행차 사고들과 우버의 시험운행차 사고로 인해 자율주행 시뮬레이션의 중요성은 매우 중요해지고 있다. 웨이모 시뮬레이션 소프트웨어는 2만 5,000대 가상 자율주행차가 24시간 쉬지 않고 매일 전 세계 자동차들이 주행하는 수준인 800만 마일을 시뮬레이션하고 있다.

웨이모는 시뮬레이션을 통해 사고 재현과 운전자가 제어권을 상실한 상황이나 보행자, 자전거 탑승자, 주변 차량 등의 위치와 상황 등 다양한 환경에서 자율주행차의 행동을 예측하고 있다. 현재까지 60억 마일이 넘는 거리를 시뮬레이션했으며, 이러한 시험운행과 시뮬레이션을 통해 자율주행 소프트웨어와 센서, 하드웨어 기능을 개선하고 2만 개가 넘는 시나리오 데이터를 구축한 것으로 알려졌다.

2018년 10월에는 미국 최초로 캘리포니아 마운튼 뷰Mountain View, 서니베일Sunnyvale, 로스알토Los Altos, 팔로알토Palo Alto 등 주변에서 스티어링 휠, 브레이크 페달 등 조작기가 없는 자율주행차 40대의 시험운행을 시작했다. 캘리포니아 교통당국이 보조운전자가 탑승하지 않는 자율주행차 운행 규칙을 2018년 2월에 개정했으며, 4월에 웨이모가 최초 시험운행 허가를 신청했다. 도심과 외곽지역에서 시속 65마일까지 주행이 가능하며 주야간, 안개와 비가 오는 상황에서도 시험운행이 가능하다. 캘리포니아에서 시험운행 10년 만에 조작장치가 없는 자율주행차 시험운행을 허가받은 구글은 시험 초기에는 웨이모 직원이 탑승하고 2019년부터 애리조나로 지역을 확대할 예정이다.

운전자가 탑승하지 않는 대신 원격 운영자가 차량 상황을 모니터링하고 문제가 발생하면 제어권한을 이양 받는다. 웨이모는 닛산, 스타트업 죽스Zoox, 팬텀오토Phantom Auto, 스타스키 로보틱스Starsky Robotics 등과 운전석이 없는 자율주행차 핵심기술인 원격제어기술을 개발해 왔다.

효율적인 차량 관리를 위해 카메라와 마이크를 통해 지속적으로 차량 상황을 파악하고 탑승자와 상호작용할 수 있어야 하며, 500만 달러 규모의 보험가입과 함께 연방규정 준수여부, 도로탐색 기능, 정해진 지역에서 시험운행 여부를 증명할 수 있어야 한다. 또한 관련 법을 기반으로 안전 계획을 제출해야 한다.

현재 60개가 넘는 기업의 자율주행차 300여 대가 시험운행하고 있는 캘리포니아에서 포드, GM 등 운전석이 없는 자율주행차 개발기업들의 새로운 시험운행 경쟁이 벌어질 것으로 예상된다.

모빌리티 산업에도 적극적이다. 2018년 10월 웨이즈 카풀Waze Carpool을 미국의 모든 주로 확대한다고 발표했다. 웨이즈는 이스라엘 스타트업 웨이즈 모바일Waze Mobile이 제작한 사용자 참여형 내비게이션 앱을 개발, 운영하는 기업으로 구글이 2013년 6월 13억 달러에 인수했다.

웨이즈 카풀은 출퇴근 경로가 비슷한 사람들을 연결해주는 앱으로, 운전자와 탑승자 프로필, 별점, 친구 수, 성별, 같은 회사 동료 및 동문 여부 등의 필터를 제공해 베스트 매치^{Best Match}를 유도한다. 또한 운전자와 사용자는 페이스북과 연동해 같은 목적지로 운전하고 있는 친구를 확인하거나 도착과 픽업 시간 등을 변경할 수도 있다. 다른 운전자들이 제공하는 경찰 단속, 사고와 위험한 도로, 교통정체 정보 등을 실시간으로 공유할 수 있어 사용자가 많은 지역일수록 지도의 정보력과 정확성이 높아지는 장점이 있다.

탑승자는 우버나 리프트와 마찬가지로 운전 스타일, 정시 도착 여부, 청결 등에 따라 최대 5개의 별점으로 운전자를 평가할 수 있다. 2016년 캘리포니아 베이 지역을 시작으로 이스라엘, 텍사스, 워싱턴 DC, 매사추세츠, 일리노이, 네바다 등에서 파일럿 테스트를 실시했으며, 전 세계에 월간 1억 1,000만 명이 넘는 활성 사용자 커뮤니티를 보유하고 있다.

웨이즈가 우버, 리프트 등 라이드셰어링 서비스와 다른 점은 운전자와 탑승자 모두 하루에 2번까지만 사용이 가능하며, 플랫폼 업체가 중개비용을 가져가지 않고 카풀 탑승자가 서비스 제공자에게 구글페이로 직접 지불하는 구조다. 1마일당 요금은 54센트로 상업목적이 아닌 개인이 차량을 함께 사용할 때 국세청에서 세금감면을 허용하는 비용 상한^{The Maximum IRS Mileage Reimbursement Rate}이다. 일반적으로 우버풀이 시애틀 도심지역 30마일을 사용하면 50달러 정도 비용이 발생하는 반면

● 웨이즈 앱

출처 웨이즈 웹사이트, https://www.waze.com

웨이즈 카풀은 약 7달러 수준으로 매우 저렴하다.

웨이즈 비즈니스 모델은 운전자에게 수익을 제공하기 위한 서비스가 아니라 카풀 철학에 부합되는 서비스다. CEO 노암 발딘^{Noam Bardin}은 미국은 교통체증이 심하고 약 75%의 통근을 위한 운전자가 나홀로 차량을 운행하고 있어 국가 차원에서 카풀을 촉진하고 운전 습관을 변화시키기 위해 50개 주 전체 서비스를 시작했다고 밝혔다. 100명이 매일 카풀을 사용한다면 1년 동안 일산화탄소 1,320파운드와 이산화탄소 237.6파운드의 감소가 가능하다.

물론 웨이즈와 같은 내비게이션 앱들이 빠른 경로 안내를 위해 주거지역 골목길까지 경로에 포함시켜 주거지역 교통량 증가와 안전을 위협한다는 비판과 갈등이 있고, 대중교통과 도보를 대신해 카풀과 라이드 셰어링을 사용하기 때문에 일부 도심의 교통혼잡을 악화시킨다는 연구 결과도 있다.

현재 웨이즈는 서비스 확장을 위해 아마존 주문처리센터^{Amazon Fulfillment Center} 50개와 파트너십을 맺고 직원들의 카풀을 연결하고 있으며 기업, 도시, 대중교통기관, 시민단체 등과의 파트너십 확장에도 적극적이다. 뿐만 아니라 데이터베이스 스타트업 업체인 웨이케어^{Waycare}과 협력해 이동 경로상에 가장 저렴한 주유소 정보를 실시간으로 제공하며, 200개 도시와 미국 교통부가 도로분석, 도로 계획, 비상 시 인력 배치 등에 사용하는 무료 데이터 공유플랫폼인 커넥티드 시티즌 프로그램^{Connected Citizens Program}을 활용해 도시들과 긴밀하게 협력하고 있다. 여기에 구글은 웨이즈 카풀 플랫폼을 통해 경로, 통근, 교통정보, 운전자와 탑승자 경로 정보 등을 중심으로 크라우드 소스 데이터에 접근할 수 있어, 단기적인 수익이 아니라 향후 자율주행차의 카풀 혹은 라이드셰어링 네트워크 투입을 위한 막대한 소비자 행동 및 선호 데이터를 확보하고 있다. 이는 장기적으로 우버와 리프트 등과의 경쟁우위 확보를 위한 무서운 무기로 활용할 수 있을 것이다.

그동안 구글은 우버와 리프트 등 대표적인 플레이어들과 글로벌 시장 장악을 노리는 소프트뱅크 등이 격전을 벌인 라이드셰어링 비즈니스에 직접 참여하지 않았다. 하지만 2024년까지 110억 달러를 넘을 것으로 예상되는 글로벌 카풀 비즈니스에 본격 진출한 구글의 행보는 웨이즈 카풀의 성공여부에 따라 미래 글로벌 모빌리티 시장 판도에 적지 않은 영향을 줄 것으로 판단된다.

자동차의 안드로이드를 꿈꾸는
바이두 자율주행 플랫폼 아폴로

BMW와 함께 자율주행차를 개발하던 검색업체 바이두는 2016년 양사의 개발 속도와 전략 방향 차이를 극복하지 못하고 파트너십을 해체했다. 대신 바이두는 포드와 공동으로 라이다 업체인 벨로다인에 1억 5,000만 달러를 투자하고 엔비디아, 중국의 완성차 기업인 베이징자동차그룹, 체리, 비야드^{BYD} 등과 본격적인 협력을 추진하고 있다. BMW도 인텔, 피아트-크라이슬러 오토모빌즈, 델파이, 콘티넨탈 등과 연합을 재구성해 자율주행차 개발에 매진하고 있다.

현재 중국의 자율주행차 기술을 주도하고 있는 바이두는 2017년부터 본격적으로 자율주행기술 개발을 시작해 개방형 플랫폼인 아폴로^{Apollo}

를 운영하고 있다. 아폴로라는 명칭은 바이두 자율주행차가 달 착륙에 필적할 만한 기술적 도전이란 믿음으로 만들었다.

턴키 솔루션, 클라우드 서비스 플랫폼, 개방형 소프트웨어 플랫폼, 하드웨어 개발 플랫폼, 개방형 차량 인증 플랫폼 등 5개가 오픈되어 있다. 바이두는 개방형 플랫폼을 통한 리소스 공유와 생태계 구축이 자율주행차 인공지능 혁신과 상용화를 가속화하는 최선의 방법이라는 인식하에, 세계에서 가장 개방적이고 완벽한 자율주행 생태계를 구축해 2020년까지 모든 도로 환경에서 완전자율주행이 가능한 기술을 공개하는 것을 목표로 하고 있다.

2018년 라스베이거스 소비자가전전시회에서 바이두는 아폴로 2.0 발표와 함께 엔비디아, ZF와의 공동개발 계획을 밝혔다. 아폴로 2.0은 1.0과 비교해 위치인식, 인지, 계획, 제어와 클라우드 시뮬레이션이 크게 향상되었다. 2017년 7월 미국 스타트업 오토노모스터프Autonomoustuff는 아폴로 1.0을 사용해 자율주행차를 만들고 1주일 만에 2.0으로 업데이트한 후 단순한 도시 지형에서 주야간 주행을 실시해 아폴로 2.0의 유연성과 유용성을 증명하기도 했다.

향후 바이두는 엔비디아의 드라이브 자비에NVIDIA DRIVE Xavier™, ZF의 차량용 컴퓨터 프로에이아이ProAI와 아폴로 플랫폼을 통합할 예정이다. 엔비디아 드라이브 자비에는 안전 시스템의 핵심인 자율주행 머신 프로세서로 30와트의 전력을 소비해 30딥러닝 TOPS(초당 테라 연산) 수행이 가능하다.

ZF는 차량용 컴퓨터와 센서 시스템 통합 전문성이 높은 독일 자동차부품 기업이다. 자비에를 기반으로 한 ZF의 프로에이아이는 다양한 카메라,

● 바이두의 아폴로 플랫폼 웹사이트(apollo.auto)

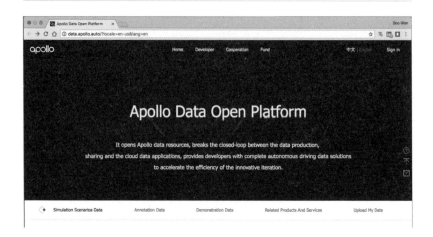

라이다, 레이더 입력 정보를 처리하고, 차량 주변 360도 환경을 HD맵에 표시해 주행 안전성을 확보한다. ZF는 엔비디아 드라이브 자비에 기반의 프로에이아이를 업그레이드함으로써 바이두 아폴로에 탑재가 가능해졌다. 협력기업인 마이크로소프트는 클라우드 서비스 애저[Azure]를 통해 아폴로 플랫폼과 파트너를 대상으로 중국 이외 지역에서도 지능형 클라우드와 애저 글로벌 시뮬레이션 기능을 제공하고, 탐탐[TomTom]은 HD 지도를 아폴로에 미리 통합해 자율주행차 생산 기간을 단축할 수 있다.

2020년을 목표로 개발 중인 플랫폼은 자율주행 레벨 2에서 레벨 5까지 확장할 수 있으며, 중국에서 판매하는 차량을 생산하는 모든 기업들은 활용이 가능하다. 바이두는 2018년 7월까지 중국 버스 생산기업인 킹룽[King Long]과 함께 자율주행셔틀을, 2020년까지 체리자동차[Chery Automotive]와 레벨 3 자율주행차를 대량생산하고, 미국 공공보조 대중교통 서비스 제공기업인 액세스 서비스[Access Service]와는 2018년 말까지 장애인과 고령자를 위한 단거리 자율주행셔틀 서비스 파일럿 프로젝트를 진행 중이다.

　가장 대규모로 협력을 하고 있는 기업은 베이징자동차그룹이다. 2017년 10월 양사는 아폴로를 활용해 2019년까지 레벨 3 자율주행차 생산, 2021년까지 완전자율주행차를 대량생산하기로 합의하는 등 협력 속도를 가속화하고 있다. 베이징자동차그룹은 자사 자동차에 바이두가 개발하는 사이버보안, 이미지인식, 자율주행기술, 듀러운영체제DuerOS 등을 탑재할 계획이다.

　2018년 7월 발표한 아폴로 3.0은 레벨 4 수준의 자율주행차 대량생산을 위한 플랫폼으로 자율주차, 무인자율주행셔틀 서비스, 자율주행배달의 3가지 프로그램이 포함되었으며, 개발자와 파트너가 3개월 내 자율주행차를 개발할 수 있는 프로그램도 탑재되었다. 카메라와 초음파 레

● 바이두-엔비디아-ZF가 개발한 파일럿 자율주행차

출처 NVIDIA DRIVE Xavier Powers ZF ProAI with Baidu Apollo Pilot, nVIDIA New Room, 2018. 1. 7.

이더를 추가하면 모든 자동차가 1,509달러의 비용으로 자율주차기술을 활용할 수 있으며 자동조종 키트, 보안 시스템, 운영 스케줄링 솔루션도 활용할 수 있다. 뿐만 아니라 음성인식 소프트웨어, 얼굴인식기술, 운전자 피로감지 모니터링기술 등도 내장되어 있다. 생산기업인 킹롱King Long 과 제휴해 만든 최대 14명이 승차할 수 있는 레벨 4 자율미니버스 아폴론Apulong은 핸들과 브레이크 페달이 없고 승객용 좌석만 있는 모델로 베이징, 선전, 펑탄, 우한을 포함한 중국의 여러 도시에서 자치 버스 서비스를 시작할 계획이다.

2018년 1월에는 싱가포르 기업인 아시아 모빌리티 인더스트리즈Asia Mobility Industries와 조인트 벤처 아폴로 사우스이스트 아시아Apollo Southeast Asia 설립을 발표했다. 2억 달러 규모의 펀드를 마련하여 동남아 지역의 자율주행과 지능형교통시스템을 대상으로 직접 투자, 기술 교환, 연구 지원 등을 통해 아폴로 플랫폼의 동남아 진출을 위한 전략적 파트너를 유치할 계획이다. 더불어 베이징, 선전, 실리콘밸리, 시애틀의 바이두기술센터를 활용해 글로벌 자율주행차 인재 육성을 위한 아폴로 글로벌 인스티튜트Apollo Global Institute를 설립했으며, 유다시티를 통해 아폴로 관련 인력의 교육도 시작했다.

2018년 2월 15일에는 중국 관영 CCTV가 주최한 설날 특집 프로그램 춘절연환만회(春節聯歡晚會)에서 비야드BYD 전기차에 아폴로 플랫폼을 활용한 자율주행차 100여 대가 세계에서 가장 긴 해상교량인 강주아오(港珠澳) 대교에서 다양한 주행기술로 퍼레이드를 펼쳐 많은 관심을 받았다.

2018년 7월 현재 중국의 완성차, 부품, 인공지능 기업들뿐만 아니라 다임러, 현대차그룹, 포드 등 완성차 기업, 보쉬, 콘티넨탈, 델파이, 파이오니아, 엔비디아 등 부품업체, 그랩, 탐탐, 마이크로소프트, 유다시티 등 다양한 관련기업 119개 기업들이 참여하고 있다. 일본 수출을 위해 소프트뱅크 자회사인 에스비드라이브^{SB Drive}와 2020년 하네다 공항 운영을 목표로 협력하는 등 바이두는 글로벌 시장에 진출해 자율주행차 선두그룹으로 자리 잡기 위한 전략을 끊임없이 펼치고 있다.

2. 실리콘밸리를 뒤좇는 디트로이트 기업들의 대반격

🚗 공격적 인수합병과 투자로 퓨처라마 명성을 되찾는 GM

1939년 개최된 뉴욕 세계박람회 참가자들에게 가장 인기 있는 전시품은 GM이 전시한 1960년 미래 도시 콘셉트인 퓨처라마였다. 특히 차량들이 안전 확보를 위해 일정한 거리를 두고 시속 80km로 주행하는 미래 교통 시스템 콘셉트인 자동주행 시스템은 일반인들의 관심뿐만 아니라 향후 개발을 촉진하는 중요한 계기가 되었다.

2017년 나비간트 리서치 평가에서 포드에 이어 2위를 차지했던 GM은 2018년 1위로 등극해 퓨처라마의 명성과 자존심을 되찾은 듯하다. GM은 2016년 3월 크루즈 오토메이션Cruise Automation 인수합병을 기점으로 본격적인 자율주행 시스템 연구개발에 나섰다. 2013년 설립된 크루즈 오토메이션은 기존의 아우디 차량에 장착하면 자율주행차로 사용할 수 있는 자율주행 툴킷을 1만 달러에 사전 주문을 받고 있던 대표적인 자율주행솔루션 개발 스타트업이다. 임직원 50명 규모이며 인수가격은

10억 달러로 알려졌지만 실제로는 5억 8,100만 달러였다. 자체 자율주행차를 개발하던 GM은 크루즈 오토메이션 인수합병으로 자율주행 센서기술과 수급안정성을 확보했고, 현재는 GM 크루즈GM cruise라는 자율주행 기술개발 전담조직 형태로 운영되고 있다.

2017년 10월에는 라이다 개발을 위해 전문 스타트업인 스트로브도 인수했다. 크루즈 오토메이션 CEO인 카일 보그트Kyle Vogt에 따르면, 스트로브가 개발 중인 칩스케일 라이다는 기존 라이다들의 고질적 문제점(돌출형 디자인과 사이즈, 기계적 복잡성, 햇빛 간섭, 젖은 도로의 이미지 반사, 심야에 검은 옷 입은 사람 등 희미한 물체 인식, 카메라 기반 솔루션 고장 상태에서 자율주행기능 여부)들을 극복할 것으로 기대하고 있다. 특히 자율주행 부품 가운데 가장 고가인 라이다 가격을 99% 절감, 자율주행차 대량생산으로 도심지역뿐만 아니라 교외지역까지 공유 서비스를 운영해 초기 자율주행차 시장 선점을 기대하고 있다.

뿐만 아니라 2019년 상용화를 목표로 스티어링 휠과 가속페달, 브레이크가 없는 4세대 크루즈 자율주행차 생산 준비도 시작했다. 현재 시험운행 중인 GM 크루즈 3세대 200여 대를 조립한 미시건 오리온타운십Orion Township 공장과 라이다, 카메라, 센서 등 자율주행용 특수 장비를 통합한 루프 모듈을 생산하는 브라운스톤Brownstone 공장의 시설 및 장비 업그레이드를 위해 1억 달러 이상을 투자할 계획이다.

자율주행차 공유 서비스를 위한 사전 준비도 적극적으로 진행하고 있다. 2016년 1월 자체 브랜드인 메이븐Maven을 론칭해 GM의 새로운 공유 비즈니스 플랫폼으로 자리 잡기 시작했다. 샌프란시스코, 뉴욕, 워싱턴 DC, 보스턴 등 미국 11개 도시에서 운영하고 있으며, 2018년 2월 처

● GM이 인수한 스트로브 라이다 프로토타입

출처 Kyle Vogt, How We're Solving the LIDAR Problem, Medium, 2017. 10. 3.

● 샌프란시스코에서 시험운행 중인 크루즈 오토메이션 자율주행차(쉐보레 볼트 EV)

출처 The Cruise AV: the First Production-Ready Car With No Steering Wheel or Pedals, GM Corporate Newsroom, 2018. 1. 12.

음으로 해외에 진출해 캐나다 토론토에서 서비스를 시작했다. 우리나라의 쏘카, 그린카와 같이 스마트폰을 활용해 정해진 장소에서 차량을 받아 반납하는 렌트형 카셰어링 서비스로 가입비 없이 요금은 시간당 SUV 14달러, 전기차, 콤팩트, 세단은 8달러(세금 제외)다. GPS와 온스타[OnStar], 와이파이, 애플 카플레이, 안드로이드 오토를 지원한다.

B2C 모델로는 장기렌탈 형태인 메이븐 리저브[Maven Reserve]와 일정 커뮤니티 대상의 메이븐 홈[Maven Home]이 있고, B2B 형태로는 우버와 리프트 등 라이드셰어링 운전자들과 음식 등 배송 플랫폼 종사자들에게 차량을 렌트하는 메이븐 긱[Maven Gig], 아파트 등 주거단지에 공유자동차를 배치해 연료, 보험, 청소와 유지보수 서비스를 제공하는 등 거주자들이 생활편의시설과 같이 활용할 수 있는 카셰어링 모델인 메이븐 홈[Maven Home] 등이 있다.

메이븐 긱^{Maven Gig}은 로디^{Roadie}, 델리브^{Deliv}, 글럽허브^{Grubhub} 등 배송 플랫폼 기업들과도 협력하고 있다. 2018년에는 메이븐에 P2P 기능을 추가시켜 자동차 업계의 에어비앤비라고 불리며 자신의 차량을 쓰지 않을 때 타인들에게 렌트하는 투로, 겟어라운드와 유사한 서비스를 제공할 예정이다.

2016년 1월에는 리프트에 5억 달러를 투자해 리프트 앱으로 GM 자율주행차를 호출하는 서비스를 공동 개발하기로 했다. 같은 시기 우버와 경쟁하다 폐업한 사이드카^{Sidecar}도 인수했는데 정확한 인수조건은 알려지지 않았다. 사이드카가 2002년 등록한 특허 '효율적 교통경로 결정을 위한 방법과 시스템'^{System and Method for Determining an Efficient Transportation Route}의 소유권이 필요했을 것으로 추측된다. 해당 특허는 우버, 리프트 등 대부분 기업들이 활용하는 차량 호출과 데이터 처리 절차 등을 포함한 원천특허다. GM이 해당 특허를 소유함에 따라 현재 카셰어링과 라이드셰어링 서비스 혹은 미래 자율주행차 공유 서비스 기업들 사이 발생 가능한 특허 분쟁에서 충분한 자금력, 법적 대응 능력을 활용해 유리한 고지를 차지할 수도 있다.

그동안 GM도 자율주행차를 미래 핵심가치로 인식했지만 세부적인 연구개발과 비즈니스 계획은 베일에 가려져 있었다. 하지만 2016년 크루즈 오토메이션과 스트로브 인수합병을 시작으로 센서, 소프트웨어, 데이터 서비스 패키지 등 자율주행기술 개발을 위한 인수합병과 투자를 빠르게 진행시키면서 자율주행과 모빌리티 풀스택을 갖춘 거의 유일한 완성차 기업으로 진화했다. 이러한 GM의 전략은 자율주행차 개발기간 단축뿐만 아니라, 상용화 모델인 쉐보레 볼트EV 사용으로 신규투자

와 생산라인 증설 없이 효율적인 자율
주행차 생산이 가능하다. 이를 통해 경
쟁기업들보다 빠른 기간 내 미국 주요
도시에서 자율주행차 공유 서비스 혹
은 상용화를 통해 자율주행차 초기시
장 선점을 하겠다는 의지로 해석할 수
있다.

2017년 12월 샌프란시스코 투자자
회의에서 댄 암만Dan Ammann GM 대표
는 리프트와 쉐보레 볼트EV를 이용
해 2019년부터 순차적으로 전기자율
주행 택시 시범운행을 시작할 것이라
고 밝혔다. 전기차 쉐보레 볼트는 한
번 충전으로 200마일을 주행하며, 판
매가격은 3만 7,500달러다. 쉐보레 볼
트EV를 기반으로 스티어링 휠, 가속과
브레이크 페달이 없는 크루즈 자율주
행차를 2019년 양산하는 계획도 추진
중이다. 현재 애리조나와 캘리포니아,
미시건 등에서 시험운행을 하고 있으

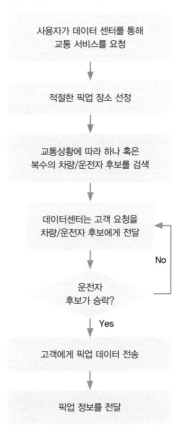

● GM이 사이드카 인수를 통해 획득한
차량공유 서비스 원천 특허

사용자가 데이터 센터를 통해
교통 서비스를 요청

↓

적절한 픽업 장소 선정

↓

교통상황에 따라 하나 혹은
복수의 차량/운전자 후보를 검색

↓

데이터센터는 고객 요청을
차량/운전자 후보에게 전달

↓   No

운전자
후보가 승락?

↓ Yes

고객에게 픽업 데이터 전송

↓

픽업 정보를 전달

출처 Sunil Paul(Inventor), System and Method
for Determining an Efficient Transportation
Route, Sunil Paul, U.S. Patent No. US 6,356,838
B1, Date of Patent: Mar. 12, 2002.

며 앞으로 디트로이트에 위치한 GM과 샌프란시스코에 본사를 둔 크루
즈 오토메이션이 얼마나 효율적으로 협력하느냐는 문제도 성공의 관건
이다.

2019년 사업진출을 위한 사전 작업도 준비 중이다. 샌프란시스코 엠바카데로^{Embarcadero} 인근 주차시설에 전기차 고속충전기 18개를 설치했는데, 우버와 리프트 영업이 활발한 동부해안 인근으로 시험차량들은 자체 앱인 크루즈 어웨이^{Cruise Anywhere} 앱과 차량 관리 시스템을 계속 테스트하고 있다.

2016년부터 적극적으로 자율주행 기술과 모빌리티 시장 지배력을 강화한 GM에 적극적으로 투자하고 협력하는 기업들도 등장하고 있다. 2018년 5월에는 소프트뱅크 비전 펀드^{SoftBank Vision Fund}가 GM 크루즈에 22억 5,000만 달러를 투자했다. 자율주행차 개발 단계에 9억 달러, 상용화 단계에 13억 5,000만 달러를 투자해 독립적으로 운영되고 있는 GM 크루즈 지분 19.6%를 확보했다. GM도 11억 달러를 함께 투자한다. 상호 독점권은 없지만 유동성 확보를 위해 양사는 7년간 파트너십을 유지하기로 했다. 소프트뱅크는 다른 완성차 기업들에게도 투자를 시도했지만, GM이 계획하고 있는 시장 규모와 다른 완성차 기업들과 비교해 빠른 자율주행기술 수준을 보유한 GM을 선택했다. 이미 2016년 1월 GM은 리프트에 5억 달러를 투자했고, 소프트뱅크는 2018년 1월 우버에 92억 5,000만 달러를 투자해 최대 주주로 등극했다. 이번 투자로 글로벌 라이드셰어링과 자율주행차 지배구조는 더 복잡해졌고, 소프트뱅크의 라이드셰어링 시장 지배력은 더 높아졌다. RBC 캐피털마켓에 따르면 GM 크루즈 인력도 2021년까지 1,648명으로 늘려 자율주행 운송네트워크 회사로의 변신을 계획하는 것으로 알려졌다.

2018년 10월에는 혼다가 7억 5,000만 달러를 투자해 지분 5.7%를 확보하고, 향후 12년 동안 20억 달러를 추가 투자해 자율주행기술과 라이드세어링 서비스를 공동 연구개발한다고 발표했다. 혼다의 투자로 GM 크루즈 기업가치는 GM 기업가치의 약 3분의 1인 146억 달러까지 높아졌다.

혼다는 2016년 12월 21일 웨이모와 자율주행차 공동개발을 발표했고, 2017년 6월에는 고속도로 자율주행 레벨 3를 2020년, 레벨 4는 2025년에 출시한다고 발표했다. 하지만 이미지 데이터를 활용한 레벨 4 인공지능 시스템은 개발초기 단계였으며, 본격적으로 웨이모와 협력을 위한 협상을 했으나 높은 비용 때문에 GM을 선택한 것으로 알려졌다. 양사는 2021년을 목표로 조작장치가 전혀 없는 자율주행차를 개발해 미국 GM 공장에서 생산하기로 했는데, 이는 최초의 미국과 일본 기업의 자율주행 기술개발 협력으로 관심을 받고 있다. 소프트뱅크와 혼다, GM의 협력으로 자율주행차 기술의 선두에 선 웨이모와 시장 주도권 경쟁이 본격적으로 진행될 것으로 예상된다.

인공지능 기술로
모델T 부활을 꿈꾸는 포드

2017년 나비간트 리서치 자율주행차 기업 평가에서 1위를 차지했던 포드는 2018년 4위로 밀려났다. 2021년 스티어링 휠, 가속과 브레이크 페달 등 기존 조작기가 없는 상용화 수준의 레벨 4 자율주행차가 출시 목표인 포드는 인공지능과 라이다, 도로지도 등 자율주행차 핵심기술 확보를 위한 인수합병과 투자에 적극적이다. GM과 마찬가지로 포드도 2016년부터 적극적인 행보를 시작했는데 니렌버그 뉴로사이언스

Nirenberg Neuroscience, 사이스^{SAIPS}, 벨로다임, 시빌 맵스$^{Civil\ Maps}$가 대표적인 협력 대상 기업들이다.

2016년 8월 포드는 쉐일라 니렌버그$^{Sheila\ Nirenberg}$ 교수가 설립한 코넬대학 스타트업 니렌버그 뉴로사이언스와 자율주행차 가상운전자에게 인공지능 모듈을 적용해 인간과 유사한 지능을 구현하는 플랫폼 개발을 위한 독점 제휴를 체결했다. 쉐일라 니렌버그 교수는 인공망막 개발, 퇴행성 망막질환 환자의 시력 회복 등 인간 시각 메커니즘 신비에 대한 연구로 세계적인 권위를 인정받고 있다. 포드의 제휴 목적은 인간 두뇌가 이미지를 수신하고 처리하는 메커니즘을 모방해 자율주행차가 효과적으로 다양한 환경을 인식하고 상황을 판단, 반응하는 능력을 향상시키는 것이다. 현재 니렌버그 뉴로사이언스가 개발한 내비게이션, 충돌회피, 물체인식, 얼굴인식 등에 활용하는 학습 알고리즘은 로봇에 활용되고 있으며, 다른 알고리즘보다 매우 적은 작업을 통해 높은 성능을 발휘하는 것으로 알려졌다.

같은 시기 포드는 2013년 설립한 머신러닝과 컴퓨터 비전 전문기업인 이스라엘의 사이스도 인수했다. 설립 초기부터 포드가 눈독을 들였던 기업으로 이미지와 비디오 처리 알고리즘, 입력신호 프로세싱과 분류를 위한 머신러닝, 자율주행차 센서에서 수집된 모든 데이터를 온보드에서 해석하고 가상운전자 시스템에 유용한 정보로 가공해 전달하는 기술, 예외적 상황 탐지, 센서에서 탐지된 물체의 지속적인 추적 기술 등을 개발할 것으로 알려졌다.

한편, 2016년 8월에는 자율주행차 핵심부품인 라이다를 개발하는 대표적 기업인 벨로다인에 중국 바이두와 함께 1억 5,000만 달러를 투자했다. 레이저 센서로 주변의 다양한 데이터를 분석하는 소프트웨어와 알고리즘을 통해 물체인식과 충돌방지를 위한 고해상도 3D 디지털 이미지를 생성한다. 벨로다인 4세대 하이브리드 솔리드 스테이트 라이다 시스템은 오차 범위 1cm 수준의 정확도로 최대 200m 거리에서 초당 30만~220만 개 데이터 포인트를 수집할 수 있다.

벨로다인의 모델 라이다^{HDL-32/42}는 현재 라이다 업계의 표준으로 자리 잡았다. 벨로다인은 늘어나는 라이다 수요 충족을 위해 공급량을 4배로 증설하기 위한 메가팩토리를 구축하고 있다. 최근 루미나^{Luminar}와 같이 대규모 인력과 생산설비를 갖춘 후발 스타트업들이 벨로다인을 맹추격하고 있는 상황에서 포드와 바이두의 투자는 라이다 가격을 낮춰 대량 생산 시기를 앞당길 수 있다. 또한 포드와 바이두의 협력으로 인해 자율주행차 양산기간 단축, 안정적인 라이다 물량과 품질 확보가 가능할 것으로 기대된다.

2016년 7월에는 실시간 3차원 정밀지도 구축 업체인 시빌맵스^{Civil Maps}에 투자했다. 시빌맵은 안전하고 안정적인 자율주행차 운행을 위해 정확한 실시간 지도를 빠르게 생성하는 기술을 보유하고 있다. 카메라와 라이다 고해상도 레이저에서 전송 받은 3D 원시 데이터를 지도로 변환하고, 인공지능을 활용해 다른 자율주행차의 지도 정보와 통합하는 등 크라우드 소스를 활용한다. 이를 통해 시빌맵의 스케이러블 지도 생성 프로세스는 차도뿐만 아니라 오프로드상에 누락, 변형, 시야 밖에 있는 물체들을 판별한 후 지도에 업데이트하고, 실시간으로 공유해 경로상에 어떤 문제가 발생할지를 예측하는 등 마치 자율주행차가 인간 운전자와 같은 역할을 할 수 있도록 지원한다. 따라서 불필요한 정보를 삭제해 저장 데이터 용량도 적고 셀룰러 네트워크보다 저렴하게 전송할 수 있는 장점이 있다.

2017년 2월에는 인공지능 분야의 기술력 강화를 위해 아르고 에이아이Argo AI에 5년간 10억 달러 규모의 투자를 발표했다. 아르고 에이아이는 구글에서 자율주행차 프로젝트를 맡았던 브라이언 세일스카이Bryan Salesky와 우버에서 자율주행차를 연구했던 피터 랜더Peter Rander가 2016년 피츠버그에서 창업했다. 포드는 현재 자율주행차의 두뇌 역할을 하는 머신러닝 소프트웨어인 가상운전자 시스템의 개발 연구진을 아르고 에이아이로 이직시켜 역량을 집중 활용할 계획이다. 아르고 에이아이에서는 800여 명의 연구진이 가상운전자 시스템을 개발하고 있는 것으로 알려졌다. 아르고 에이아이는 초기의 포드 자율주행차 개발과 생산에 집중하고, 향후 자율주행 기능이 필요한 다른 기업들과 산업에 관련 기술을 라이선싱할 계획이다.

마크필드 회장 부임 이래 2018년 1월에는 캘리포니아 팔로알토 기반의 자율주행차 소프트웨어 업체 오토노믹Autonomic과 노스캐롤라이나 기반의 운전경로 최적화 소프트웨어 개발업체 트랜스록TransLoc을 인수하는 등 인간과 유사한 지능 수준의 자율주행차 개발 기술을 보유한 기업들의 인수합병에 적극적으로 나서고 있다.

미래 모빌리티 비즈니스 선점을 위한 기업들 간의 협력에도 적극적이다. 2016년 9월 버스 공유 스타트업인 채리엇Chariot을 인수한 포드는 트랜스록과 공공운송 시스템과의 연동을 위한 앱을 개발할 예정이다. 뿐만 아니라 현재 샌프란시스코, 시애틀, 오스틴, 뉴욕, 콜럼버스 등에서 서비스 중인 채리엇 셔틀 서비스Chariot Commuter Shuttle를 세계 주요 도시로 확대할 예정이다. 새로운 모빌리티 비즈니스 모델 개발을 위해 새로 조직한 포드X팀의 부사장으로 오토노믹 CEO를 임명해 자동차, 교통신호, 교통 인프라들을 네트워킹하기 위한 정보공유 플랫폼인 교통 모빌리티 클라우드Transportation Mobility Cloud도 구축하고 있다.

자율주행차 생산을 위한 준비에도 착수했다. 2017년 1월 미시간 플랫락Flat Rock 조립공장에 700만 달러를 투자하고 700명을 추가 고용해 소형 전기 SUV와 자율주행차를 생산하겠다고 밝혔다. 트럼프 대통령의 리쇼어링과 미국 내 일자리 창출 정책 영향도 있지만, 전 세계 완성차 기업들 가운데 전격적으로 자율주행차 생산설비 구축을 밝힌 기업은 포드가 처음이다.

현재 디트로이트, 피츠버그, 마이애미에 이어 2019년 상반기 워싱턴 DC에서 시험운행을 준비하고 있으며, 2022년 자율주행택시와 택배 상용 서비스를 시작할 것으로 알려졌다. 이를 위해 포드는 인수합병 및 투자 기업을 통해 자율주행차 핵심기술을 확보하고 차량 하드웨어 플랫폼, 시스템 통합, 생산, 인테리어와 외장 디자인, 정책 관리 등에 집중하고 있다. 인수합병과 투자 기업이 대부분인 대표적인 완성차 기업 포드와 기업문화가 상이한 스타트업의 결합인 셈인데, 자율주행차 개발을 위한 포드의 효율적 협력 체계 구축이 매우 중요한 성공의 관건으로 지적되어 왔다.

이에 포드는 2018년 8월 1일 자율주행차 사업을 가속화하기 위해 새로운 자회사인 FAVFord Autonomous Vehicles를 설립했다. 자율주행기술의 개발뿐만 아니라 사용자 경험, 비즈니스 모델 개발, 서드파티와의 협력 등 개발에서 시장진출까지 모든 사이클을 전담한다. CEO는 쉐리프 머락비Sherif Marakby가 맡았으며, 자율주행 플랫폼과 모빌리티 솔루션 조직과의 긴밀한 협력으로 빠른 비즈니스 전개가 중요한 임무다. 새로운 외부 투자 유치와 아르고 에이아이의 포드 지분을 보유하며, 아르고 에이아이의 투자 10억 달러를 포함해 2023년까지 자율주행차 분야에 40억 달러 투자를 계획하는 등 새로운 투자처와 투자자를 찾고 있다. 모든 업무는 포드 회장인 마시 클레본^{Marcy Klevorn}을 이사장으로 하는 이사회에 직접 보고한다. 또한 디트로이트에 있는 미시건 중앙역^{Michigan Central Station}을 전기차와 자율주행차 도시 허브로 조성하기 위해 200여 명의 직원이 주변 사무실로 이주했다.

● FAV의 주요 기능

출처 Michael Martinez, Ford Commits $4 Billion to Autonomous Vehicles, Forms New Subsidiary, 2018. 7. 24.

3. 유럽의 자존심을 지키는 기업

🚗 보쉬와 연합한 자율주행차, BMW와 모빌리티 서비스를 통합한 다임러

메르세데스 벤츠 모회사인 독일의 다임러는 2017년 4월 부품업체 보쉬와 자율주행기술 개발 협력을 시작했다. 개발된 기술은 2년간 다임러와 보쉬가 함께 사용하며 2년 후에는 다른 기업에게도 제공이 가능하다. 보쉬는 안정적인 수요처를 확보해 콘티넨탈, 델파이, ZF 등 다른 경쟁 부품업체보다 기술개발을 빠르게 진행할 수 있다.

독일 쾰른경제연구원Cologne Institute for Economic Research의 분석에 따르면 2010년 1월부터 2017년 7월까지 등록된 자율주행차 관련 특허 5,839건 가운데 보쉬 보유 특허가 958건으로 1위를 차지했다. 그동안 구글의 자율주행차 프로토타입 조향 시스템 개발, 테슬라의 자율제동 시스템 같은 주행 보조장치 개발과 공급에 협력하면서 누적되어온 결과다. 다임러는 풍부한 부품개발과 양산 경험, 현재 자율주행차 기술 관련 특허를 가장 많이 보유한 보쉬의 기술력을 활용해 완성차 업체의 자율주행차 개발 속도를 앞당길 수 있다. 2020년까지 대량생산을 위한 자율주행기술 개발을 목표로 하며, 엔비디아도 인공지능 플랫폼과 소프트웨어 제공을 위해 합류했다.

2019년 하반기에는 벤츠 차량을 이용해 캘리포니아에서 무료 자율주행 호출 서비스를 시작할 예정이다. 보쉬와 자율주행기술 개발을 시작했지만, 기술 노출이 적었던 다임러가 그동안 인수합병한 모빌리티 기업들의 비즈니스 모델과 데이터를 자율주행차와 어떻게 결합하느냐가 다임러 자율주행차의 미래를 판가름할 것으로 보인다.

2018년 7월에는 바이두와 자율주행차 및 자동차 인터넷Internet of Vehicle 분야에서 전략적 협력을 위한 양해각서를 체결했다. 해외 자동차 기업들 가운데 최초로 베이징 자율주행차 도로테스트 면허를 획득했으며, 메르세데스 벤츠 시험차량은 레벨 4 수준의 아폴로 플랫폼을 탑재했다.

● 자율주행차 특허 보유 현황(2010년 1월 ~2017년 7월)

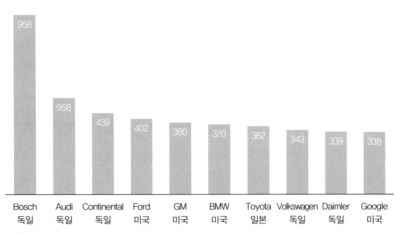

Bosch 독일	Audi 독일	Continental 독일	Ford 미국	GM 미국	BMW 미국	Toyota 일본	Volkswagen 독일	Daimler 독일	Google 미국
958	958	439	402	380	370	362	343	339	338

출처 Felix Richer, Who Leads the Autonomous Driving Patent Race?, Statista, 2017. 8. 29.

양해각서 체결 후 다임러 중국책임자 후버투스 트로스카^{Hubertus Troska}가 언급한 "중국에서 영감을 얻어 중국을 혁신하기"^{Inspired by China, Innovating for China}란 말은 세계 최대 자동차 시장인 중국의 자율주행차 진출을 위한 다임러의 노력을 엿볼 수 있다.

다임러는 완성차 기업 가운데 가장 먼저 모빌리티 시장에 뛰어들었다. 2013년 설립한 자회사 무벨그룹^{Moovel Group}은 최적경로 제공을 위한 무벨 앱^{Moovel App}, 모바일 발권 플랫폼인 무벨 트랜짓^{Moovel Transit}, 차량 및 라이드셰어링과 카셰어링 등을 위한 무벨 온디맨드^{Moovel On-Demand} 등을 운영하고 있다. 앞으로도 모빌리티 기업들의 인수합병과 협력 사업을 추진 중이다. 이미 북미, 유럽, 중국 100개 도시에서 자체 카셰어링 서비스인 카투고^{Car2Go}를 운영하고 있는 다임러는 2014년 오스트리아, 독일, 이탈리아, 폴란드, 포르투갈, 스웨덴, 영국, 아일랜드, 스페인에서 서비스를 제공하는 택시 호출 앱 마이택시^{My Taxi}를 인수하고, 2016년 7월에는 마이택시 라이벌 기업이었던 하일로^{Hailo}를 5억 유로 규모로 인수합병해 마이택시 브랜드로 통합했다. 이를 통해 유럽 9개 국가 50여 개 도시에서 10만 대의 택시와 고객 7,000만 명을 확보했다. 2017년 1월에는 아테네에서 80만 명, 페루에서 1만 5,000명의 기사와 80만 명의 가입자를 보유하고 있는 택시비트^{Taxibbeat}를 4,300만 달러에, 2017년 6월에는 루마니아 최대의 택시예약 앱인 클레버 택시^{Clever Taxi}까지 인수하는 등 유럽 최대의 택시호출 서비스 네트워크를 구축해 우버에 대응할 수 있는 강력한 모빌리티 기업으로 확장을 꾀하고 있다.

카풀과 2017년 7월에는 카셰어링 서비스 부문 강화를 위해 회원 수 50만 명 규모의 독일 P2P 카풀 플랫폼 기업인 플링스^{Flinc}도 인수했다. 정확한 인수가격은 알려지지 않았지만 50여만 명의 회원을 보유한 플링스가 축적한 서비스 노하우와 데이터 획득이 목적으로 보인다.

비아Via에 2억 5,000만 달러를 투자한 것 외에도 두바이에 본사를 두고 북아프리카, 남아시아 등 53국에 라이드셰어링 서비스를 제공하는 카림Careem, 세계 250여 개 도시에서 라이드셰어링 서비스를 제공하는 블랙래인Blacklane, 유럽을 중심으로 영업하는 버스 네트워크인 플릭스버스FlixBus, P2P 차량공유 플랫폼 기업 투로Turo 등에 투자해 유럽뿐만 아니라 글로벌 모빌리티 서비스 시장 지배력을 강화하고 있다.

마이택시 앱을 제공하는 인텔리전트 앱스Intelligent Apps도 1억 달러 수준에 인수했으며, 미국 텍사스 기업으로 공공운송수단과 공유 서비스를 조합해 가장 빠른 경로를 제공하는 앱인 라이드스카우트RideScout와 교통 모바일 솔루션 업체인 글로브세프GlobeSherpa를 인수하는 등 모빌리티 솔루션에도 관심이 높다.

2018년 3월 28일 다임러와 BMW그룹이 모빌리티 서비스 통합을 위해 양사의 모빌리티 서비스 사업부를 조인트벤처 형태로 합병한다고 발표했다. 다임러의 모빌리티 담당 자회사인 무벨그룹Moovel Group과 BMW 모빌리티 브랜드인 리치나우ReachNow의 모든 모빌리티 서비스를 통합한다. 카투고와 리치나우는 유사한 카셰어링 모델로 카투고는 2017년 기준 회원 250만 명, 공유자동차 1만 4,000대를 유럽, 북미, 아시아 26개 도시에서 운영하는 세계 최대의 카셰어링 네트워크이며, 리치나우는 6,000대의 공유자동차를 유럽 9개국과 미국에서 운영하고 있다. 두 서비스를 통합하면 세계 주요 31개 도시에서 공유자동차 2만 대, 400만 명의 회원을 가진 거대 차량 공유 네트워크가 탄생한다.

다임러와 BMW그룹 모빌리티 서비스의 통합으로 카헤일링과 라이드 셰어링 분야에서는 1,300만 명의 사용자와 14만 명의 운전사가 참여하는 세계 최대 모빌리티 네트워크가 탄생했다. 뿐만 아니라 다임러의 파크모바일^{Parkmobile}과 BMW 파크나우^{ParkNow} 통합으로 주차공간 검색 강화, 도로교통량 30% 감소, BMW 차지나우^{ChargeNow}와 다임러 디지털 충전 솔루션^{Digital Charging Solutions} 통합으로 충천 스테이션 14만 3,000개가 단일 네트워크로 통합되면서 앞으로 모빌리티 산업 전반에 걸쳐 적지 않은 단일화 효과가 발생할 것으로 기대된다.

소비자들은 하나의 서비스 프로토콜로 양사의 서비스를 편리하게 사용할 수 있다. 조인트벤처 설립이 최종 승인되면 다임러와 BMW 그룹은 자회사 지분을 각각 50%씩 보유하게 되며 지속가능한 도시 모빌리티 에코 시스템을 점차 확대해 나갈 계획이다.

100년 넘게 전통적 라이벌 기업인 다임러와 BMW그룹의 모빌리티 조직 통합은 전혀 예상하지 못했던 결정이다. 그만큼 우버와 웨이모 등 새롭게 등장한 모빌리티 기업들의 출현과 GM과 포드 등 미국 완성차 업체들의 약진에 유럽 럭셔리 완성차 기업들도 크게 압박받고 있다는 증거다. 앞으로 유럽의 럭셔리 완성차 업체들은 연합전선 전략으로 테크 자이언트 기업들, 그리고 미국 완성차 업체들과 시장에서 부딪히며 완성차와 모빌리티 분야에서 규모의 경제 실현을 위해 경쟁할 것이다.

"자동차 공학의 개척자로서 우리는 미래 모빌리티의 변화를 다른 기업에게 맡기지 않겠다"라는 디터 제체^{Dieter Zetsche} 다임러 AG 이사회 의장 겸 메르세데스-벤츠 승용부문 회장의 말을 다시 한 번 되새길 필요가 있다.

독일의 자존심
BMW-Intel-FCA 연합

2017년 7월 BMW 주도하에 인텔, 모빌아이^{Mobileye} 3개 기업은 2021년까지 완전자율주행 솔루션 생산을 목표로 파트너십을 체결했다. 인텔은 데이터 처리, 클라우드 플랫폼 개발, 머신러닝 시스템 제공을 담당하고, 테슬라 모델S 컴퓨터 칩과 알고리즘을 공급했던 모빌아이는 카메라 센서를 공급한다. 구체적으로 인텔은 도심환경에서 운영되는 자율주행차의 복잡한 로드를 처리할 수 있도록 Intel®Atom™에서 Intel® Xeon™ 프로세서까지 확장이 가능하고, 코드 재작성 없이 전체 100테라플롭^{teraflops}(초당 1조 번 연산) 전력 효율성을 갖춘 강력한 컴퓨팅 성능을 제공한다. 모빌아이는 단일 카메라로 완전자율주행을 위한 주행환경 인식 프로세스를 2022년 양산 예정인 최신 칩셋^{SoC} 아이큐^{EyeQ®}5에 구현하고, 도로경험관리^{Road Experience Management} 기술은 실시간 위치표시와 주행환경 모델링에 활용한다.

이미 웨이모에 자율주행차 시험운행을 위한 퍼시피카를 공급하고 있는 피아트-크라이슬러 오토모빌스는 BMW가 주도하는 모빌아이 파트너십에도 참여해 자사 차량에도 사용가능한 소프트웨어 플랫폼과 스마트폰으로 호출하고 분 단위로 요금을 지불하는 로보택시를 공동개발할 예정이다. 완성차 기업 간의 협력으로 BMW는 북미 자율주행차 시장 진출의 교두보를 확보한다는 전략이다. 피아트-크라이슬러 오토모빌스는 다른 자율주행차 개발 기업들과 유사한 2021년을 자율주행차 생산시점으로 예정하고 있다.

인텔은 2016년 5월 테슬라의 모델S 오토파일럿^{Autopilot} 모드로 주행하던 죠슈아 브라운의 사망사고 원인 공방을 기점으로 테슬라와 결별한 모빌아이를 2017년 3월 153억 달러에 인수하고 본격적인 자율주행차 경쟁에 뛰어들었다. 완성차를 생산하지는 않지만 자율주행차 1대당 400~500달러 수준의 반도체가 사용되기 때문에 자율주행차 시장은 인텔의 미래에 매우 중요하다. 2016년 11월 LA 모터쇼에서 인텔 CEO 브라이언 크르자니크Brian Krzanich는 2017~2018년 2년 동안 자율주행차 개발을 위해 2억 5,000만 달러를 투자한다고 밝히기도 했다.

인텔과 모빌아이가 개발 중인 시스템에는 카메라, 이미지 처리 기능, 마이크로 프로세서, 매핑 기술은 물론 운전 상황, 보행자 및 기타 차량에 대응 방법을 결정하는 소프트웨어가 포함될 예정으로 인텔은 2019년까지 볼보, GM 등 다른 완성차 기업에 자율주행을 가능하게 하는 통합 패키지 제공을 계획하고 있다. 인텔과 모빌아이 플랫폼의 개발과 검증을 위해 100대의 자율주행 테스트 차량을 생산해 미국, 유럽, 이스라엘 등에서 운용할 예정이다.

3개 사가 함께 개발하는 융합 알고리즘은 인텔 컴퓨팅 플랫폼에 구현한다. 델파이와 콘티넨탈은 시스템 통합, 기능 개발, 모션 제어, 시뮬레이션 및 검증 등을 위해 2017년 6월부터 파트너로 새롭게 참여하고 있다. 1차적으로 40여 대의 프로토타입 자율주행차를 개발할 예정이며, 최종적으로는 2021년 출시 예정인 BMW 자율주행차 아이넥스트iNext 개발이 목표다.

이들 위해 독일 자동차 3사는 V2X, 센서, 정밀지도 등 자율주행기술 확보를 위한 협의회를 구성해 관련 기업을 인수하는 등 연합전선을 구축하고, 공동으로 에릭슨Ericsson, 화웨이Huawei, 인텔Intel, 노키아Nokia, 퀄

컴Qualcomm 등 IT기업들과 함께 5세대 이동통신 자동차협회5G Automotive Association를 설립했다. 향후 협회를 통해 정밀 지도 데이터, V2X 등 증가하는 자동차 데이터 송수신을 5G 네트워크를 활용해 관리하고 표준화하는 등 독일 완성차 3사는 단독과 연합전선을 통해 자율주행차 개발전략을 추진하고 있다.

뿐만 아니라 다임러와 벤츠, BMW, 아우디는 구글맵과 경쟁하기 위해 노키아의 히어HERE를 2015년 31억 달러에 공동 인수했다. 히어는 탐탐, 구글맵과 함께 세계 3대 정밀지도 업체로 북미와 유럽의 빌트인 내비게이션 시장의 80%를 장악하고 있다. 히어의 인수로 독일 자동차 3사는 자율주행차의 핵심 기술인 고정밀 디지털 자율주행차용 실시간 지도를 출시할 예정이다. 아우디는 신형 A8 시리즈에 업계 최초로 레벨 3 수준의 자율주행차를 선보였고, 2020년 속도제한이 없는 부분자율주행을 거쳐 2020년에는 데이터 네트워크가 구축되어 있는 공간에 한정해 완전 자율주행을 지원할 예정이다.

2018년 9월 BMW가 미국 뉴욕 존에프케네디 국제공항 화물수송기에서 공개한 아이넥스트 크로스오버 SUV 콘셉트카는 BMW 미래차 비전을 제시하고 있다. 차량 내부 테이블의 터치 스크린 활용, 자율주행 중에는 스티어링 휠과 브레이크, 가속페달이 차량 내부로 사라지는 샤이테크Shy Tech를 적용하는 등 무엇보다 사용자 감성과 편의성, 디자인에 초점을 맞추고 있는 전기자율주행차로 2021년 양산을 목표로 하고 있다.

● 아이넥스트 스타일링과 인테리어

출처 Peter Valdes-Dapena, BMWUnveils Its Vision for a Self-Driving Electric Car, CNN, 2018. 9. 15.

4. 일본을 대표하는 도요타와 르노-닛산-미쓰비시 얼라이언스

📶🚗 인텔리전트 미니멀리즘을 추구하는 도요타

도요타는 인공지능과 자율주행차 등 연구개발을 강화하기 위해 2015년 실리콘밸리에 200명 규모로 도요타연구소Toyota Research Institute를 설치하고 5년 동안 10억 달러를 투자할 예정이다. 도요타연구소는 완전자율주행차량과 운전자 지원 시스템을 중점으로 개발해왔으며, 2017년 3월 자율주행 운영체제 플랫폼 2.0, 9월에는 플랫폼 3.0, 2018년 라스베이거스 소비자가전전시회에서는 렉서스 LS 600hL 모델을 기반으로 레벨 4 수준 자율주행이 가능한 플랫폼 3.0을 선보였다.

플랫폼 3.0의 핵심 개발 원칙과 전략은 세 가지다.

첫 번째, 차량 전방 200m까지 인식 가능했던 루미나 라이다를 업그레이드해 고해상도 라이다 4개가 차량 360도 주변의 어두운 물체까지 모두 커버한다. 앞뒤 범퍼 측면에는 단거리 라이다 4개를 설치해 도로 주변 어린이, 작은 물체, 교통사고 잔해를 인식하는 등 자율주행차 개발 기업 가운데 최고 수준의 인식기술을 개발한다.

두 번째, 오토바이 헬멧에서 영감을 받은 인텔리전트 미니멀리즘Intelligent Minimalism으로 정의한 디자인이다. 2018년 라스베이거스 소비자가전전시회에서 선보인 렉서스에는 볼트 부착형 루프탑에 자율주행 장비들을 탑재했다. 전통적으로 자율주행차를 상징하는 회전형 라이다 등의 장비가 루프에서 사라졌고, 루프탑에 콤팩트한 공기역학적 디자인으로 자율주행 장비를 차량 디자인과 통합했다. 디자인은 도요타연구소 주도로 앤아버Ann Arbor에 위치한 캘티 디자인 리서치CALTY Design Research, 도요타 북미연구개발센터Toyota Motor North America Research and Development가 함께 담당했다.

세 번째는 생산이다. 도요타 북미연구개발센터의 프로토타입 개발센터Prototype Development Center에서는 플랫폼 3.0이 탑재된 렉서스 LS 차량을 부분자율차량인 가디언Guardian과 완전자율주행차량인 쇼퍼Chauffeur 듀얼 콕핏 모델로 소량 생산할 예정이다.

도요타는 양산 품질 수준의 완전자율주행 소프트웨어 개발을 목표로 하여 2018년 3월 실리콘밸리의 도요타연구소 브랜치 형태로 도요타 선행개발연구소Toyota Research institute-Advanced Development를 도쿄 니혼바시에 설립했다. 연구활동과 접근성, 고급 인재 유치를 고려한 전략으로 자율주행차 소프트웨어와 데이터처리 기술개발을 강화하고 실리콘밸리 도요타연구소 연구결과와 통합해 도요타 자체의 완전자율주행 시스템을 개발하고 상용화하는 것이 목표다. 자본금은 5,000만 엔으로 도요타가 90%, 그룹사인 덴소Denso와 아이신Aisin이 각각 5%를 투자했으며, 28억 달러 규모를 연구개발에 투자할 예정이다. 초기 멤버는 3개 회사 직원 300명으로 향후 1,000명 수준까지 확대할 예정이며, CEO는 실리콘밸리 도요타연구소 CTO인 제임스 카후나^{James Kaffner}를 선임했다. 영어를 공용어로 활용하고 일하는 방식과 사내 규칙 등을 새롭게 구축해 새로운 연구개발 모델 케이스로 설계할 예정이다.

도요타는 전기자율주행 콘셉트카 콘셉트-아이^{Concept-i}를 2020년까지 실제 주행테스트가 가능한 수준까지 개발할 예정이다. 2017년 라스베이거스 소비자가전전시회와 도쿄 모터쇼에서 공개한 콘셉트-아이는 1회 충전으로 300km 주행이 가능하다. 인공지능을 탑재해 운전자와 소통이 가능한 수준으로 개발할 예정이며, 도요타는 미래차를 인간과 모든 정보를 공유하는 인생의 파트너로 정의하고 있다.

● 도요타 콘셉트-아이(concept-i)

도요타는 2018년 8월 우버에 5억 달러를 투자했다. 앞서 2016년 5월에는 도요타캐피털과 우버기사가 도요타 자동차를 구매할 때 인센티브를 제공하는 방식으로 제휴했다. 이번 투자에서 도요타는 우버 기업가치를 720억 달러로 평가하고 자율주행기술과 운송 서비스 개발 협력을 강

● 도요타 자율주행차 플랫폼 3.0을 장착한 렉서스-인텔리전스 미니멀리즘 디자인

출처 Toyota Global Newsroom, https://newsroom.toyota.co.jp

화하기로 했다. 웨이모, GM, 포드 등에 비해 자율주행기술이 뒤처져 있는 우버는 이번 투자를 통해 2018년 3월 발생한 보행자 사망사고를 보완하고자 도요타의 가디언 기술을 활용하고 자율주행기술이 결합된 도요타 SUV 시에나Sienna를 2021년부터 우버 네트워크에 투입할 예정이다.

2018년 10월 4일에는 소프트뱅크와 자율주행차를 사용한 모빌리티 서비스 분야에서 협력하겠다고 발표하고, 2018년 말 공동출자 회사 모네 테크놀로지MONET Technologies를 설립하기로 했다. 모네는 모빌리티 네트워크Mobility Network의 줄임말이다. 자본금은 1,750만 달러로 도요타와 소프트뱅크는 자본금을 향후 8,750만 달러까지 늘릴 계획이다. 초기 자본금 1,750만 달러는 소프트뱅크 50.25%, 도요타가 49.75%를 출자한다. 도요타가 제3의 기업인 모네 테크놀로지를 설립한 목적은 전략적으로 추진하고 있는 자율주행-MaaSAutono-Maas 사업 확장이다. 우선 100개 지역을 대상으로 차량공유 서비스, 차량운행 데이터 분석 및 수집 사업을 시작해 지역 재생에 기여할 계획이며, 향후에는 도요타 모바일 서비스 플랫폼과 소프트뱅크 사물인터넷 플랫폼을 결합할 예정이다. 이는 자율주행기술을 개발하는 완성차 업체 도요타와 인공지능을 강화하고 있는 소프트뱅크가 결합해 모빌리티 인공지능 혁명을 견인하겠다는 의지다. 이미 우버, 디디추싱, 올라, 그랩 등 대표적 라이드셰어링 업체를 대상으로 투자 포트폴리오를 갖춘 소프트뱅크는 도요타에게 매력적인 비즈니스 파트너다.

도요타도 기존 협력 대상인 우버와 그랩 외에 소프트뱅크가 주주로 참여하고 있어 일본뿐만 아니라 도요타 차량의 글로벌 라이드셰어링 시장 활용에도 긍정적으로 작용할 수 있다. 더불어 2020년으로 예정된 이

출처 Mobility Innovation, 소프트뱅크-도요타 공동기자회견 발표자료, 2018. 10. 4.

팔레트를 이용한 비즈니스도 함께 추진할 계획이다. 장기적으로는 도요타가 GM 크루즈에 대한 투자를 검토하고 있어 도요타와 소프트뱅크의 연합은 앞으로 자율주행차 시장 구도에 적지 않은 영향을 미칠 것으로 보인다.

세계 최대 자동차 기업으로 성장한 르노-닛산-미쓰비시 얼라이언스

2016년 고속도로에서 사용 가능한 첨단운전자지원 시스템을 출시한 르노-닛산은 전기자율주행차 기반의 차량공유 서비스를 준비 중이다. 현재 르노는 일본 소프트웨어 업체 데나DeNA, 프랑스 국영 대중교통기업인 트랜스데브와 함께 자율주행 시험, 경로설정 시스템, 승객 승하차 시스템 개발을 진행하고 있다. 장기적으로는 2020년 관광지나 인적이 드문 지역 등 다양한 용도로 활용이 가능한 무인 로보택시 서비스 이지라이드^{Easy Ride} 출범을 목표로 하고 있으며, 인구가 적은 지방의 노인들 수송을 위한 자율주행버스인 로보셔틀 개발 프로젝트도 진행했다. 2018년 3월에는 2주간 일본 요코하마에서 데나가 개발한 자율주행 소프트웨어, 카메라, 센서 등을 장착한 무인 로보택시 테스트를 진행했다. 닛산 리프^{Leaf} 차량 2대에는 기존의 자율주행 시스템 프로파일럿^{ProPilot}을 개선한 자율주행기능을 탑재, 차선변경 등 시가지에서 자율주행이 가능하며 원격관리와 감시 시스템도 설치되어 있다. 공식 사이트를 통해 모집한 참가자는 모바일 어플리케이션을 통해 목적지 설정, 배차 예약, 인기장소 검색 등 다양한 기능을 제공한다.

자율주행 시뮬레이션 개발에도 적극적이다. 르노-닛산 얼라이언스는 과거 르노가 프랑스 우주항공 기업 소지클레어^{Sogeclair}, 자회사 옥탈

● 르노가 2018년 제네바 모터쇼에서 공개한 콘셉트 자율주행차 EZ-GO

출처 르노 웹사이트, https://www.renault.co.uk

194

세스^{Oktal SAS}와 함께 개발한 시뮬레이션 프로그램 SCANeR를 사용한다. 주행환경과 자동차 성능 시나리오 등을 설정하고 시뮬레이션을 실시하며 그 결과를 자율주행기술, 첨단운전자보조 시스템, 인간-기계 인터페이스 개발에 활용해 왔다. 2020년 자율주행차 10대 생산을 계획하고 있는 르노-닛산 얼라이언스는 시뮬레이션 기술력 강화를 위해 2017년 4월 옥탈 세스^{Oktal SAS}와 함께 조인트벤처인 오토노모스 비히클 시뮬레이션^{Autonomous Vehicle Simulation}을 설립했다. 르노그룹은 지분 35%, 옥탈 세스가 65%를 보유하고 있다. 이는 르노그룹이 자율주행차 개발기간 단축과 품질 확보를 위해 시뮬레이션 주행과 신뢰성 확보 기간을 줄이려는 노력의 일환이다.

2016년 10월 경영난을 겪던 미쓰비시를 인수해 세계 최대 완성차 기업으로 성장한 르노-닛산-미쓰비시 얼라이언스는 중국 디디추싱과 자율주행차 공유 서비스도 제공할 예정이다. 2017년 세계 자동차 판매대수 1위를 기록한 3개 사 연합체는 현 카를로스 곤 회장이 은퇴하는 2022년 합병을 고려하고 있는 것으로 알려졌으나, 2018년 11월 카를로스 곤 회장이 회사공금 유용 혐의 등으로 체포되어 향후 계획에 변화가 있을 것으로 예상된다.

5. 아직은 베일에 쌓인
다크호스

🚗 **끊임없이 자율주행에 도전하는**
라이드셰어링 선두 기업 우버

구글은 2013년 우버에 2억 5,800만 달러를 투자하고, 수석 부사장 겸 최고법률책임자인 데이비드 드루몬드^{David Drummond}가 우버 이사회에 참여하면서 협력관계를 시작했다. 당시는 구글의 자율주행차와 우버의 라이드셰어링 네트워크의 결합을 예상하기 시작하던 시점이다. 하지만 구글이 우버와 같은 라이드셰어링 앱을 개발하는 것으로 알려지면서 구글과 우버의 사이는 금이 가기 시작한다. 그 후 우버는 카네기멜론대학 국립 로봇공학센터^{National Robotics Engineering Center} 연구진 40여 명을 대거 영입해 현재의 자율주행기술 개발을 본격적으로 시작했다.

우버는 2016년 7월 인수한 스타트업 오토^{OTTO} 트럭을 이용해 평균 속도 시속 89km, 운송비는 470달러로 미국 콜로라도 주 포트콜린스에서 스프링스까지 약 120마일을 달려 버드와이저 캔 맥주 5만 개를 배송해 세계 최초의 자율주행트럭 상용 배송이란 기록을 남겼다.

2016년 12월에는 애리조나로 시험운행 장소를 옮겼다. 매년 시험운행 결과를 의무적으로 보고해야 하는 캘리포니아와 달리 애리조나는 보고 의무가 없기 때문이다. 2017, 2018년 캘리포니아 시험운행 면허를 발급받았지만 시험운행 실적은 전혀 없다. 샌프란시스코에서는 시험운행 등록 없이 주행을 시작하다 주정부에게 운행금지를 당하기도 했다. 하지만 2017년 3월 자율주행모드에서 옆 차선을 운행 중인 볼보가 차선을 양보하지 않으면서 전복사고가 발생해 시험운행을 중단했고, 2018년 3월 애리조나의 템페에서 자전거를 타던 여성을 치어 숨지게 하는 사망사고가 발생하면서 모든 자율주행차 운행을 정지시켰다. 이 사고는 자율주행차에 의한 첫 사망사고로, 자율주행 소프트웨어와 기업의 윤리 그리고 책임에 대한 논의를 본격적으로 불러일으켰다.

● 우버가 운영하는 볼보 자율주행차

출처 Darrell Etherington, Tech Crunch, Uber Orders Up To 24,000 Volvo XC90s for Driverless Fleet, 2017. 11. 20.

그러나 우버는 자율주행기술 개발을 포기하지 않을 것 같다. 2017년 6월 대표직에서 물러난 우버 대표 트래비스 칼라닉Travis Kalanick은 "우버는 자동차를 생산한 경험이 없고 실제로 쉽지도 않기 때문에 다임러와 같은 완성차 기업과의 협력은 매우 중요한 전략이며, 그렇기 때문에 우버는 자동차를 생산하지 않고 세계 최고의 완성차 기업과 파트너십을 맺기를 원한다. 우버의 글로벌 카셰어링 네트워크와 다임러 같은 세계 최고의 자동차를 결합해 우버 사용자들에게 최고의 경험을 제공할 것이다"라는 글을 자신의 블로그에 남겼다. 자율주행차 생산보다 기존 완성차 기업과 협력을 통한 공유자율주행차 서비스 기업으로 남겠다는 의지로 해석할 수 있다.

트래비스 칼라닉에 이어 2017년 8월 CEO로 취임한 다라 코스로샤히도 마찬가지다. 2018년 4월 사고 직후 NBC 뉴스쇼에 출연해 "우버는 계속해서 기술개발에 전념하고, 늘어나는 자율주행차 개발 레이스에서 다른 기업들에게 양보하지 않을 것이다"라고 언급하고, 2018년 9월 6일 미디어 행사에서는 "자율주행 연구그룹을 매각할 계획이 없다"라고 분명히 밝혔다. 자율주행차 개발을 담당하는 첨단기술그룹Advanced Technologies Group이 IPO 후에도 우버에 남아 다른 관련 기업들과도 파트너십 확대를 언급하는 등 장기적인 관점에서 자율주행이 우버의 핵심 비즈니스 모델로 자리 잡고 있음을 알 수 있다.

우버는 자신들이 개발한 자율주행 키트를 탑재한 볼보 SUV XC90s 2만 4,000대를 2019년부터 2021년까지 순차적으로 인도받고, 우버는 2018년 20개 도시, 2019년 50개 도시, 2020년까지 150개 도시에 자율주행차 운행할 계획이었다.

2018년 3월 사망사고 발생 후 도요타의 투자와 기술협력 등을 발표한 것은 우버의 자율주행기술을 계속 개발하겠다는 계획의 일환이다. 현재 우버는 탑승자가 지불하는 비용 25%를 중개수수료로 가져가고, 75%를 운전자 수익으로 배분하는 구조로 운영하고 있다. 우버 입장에서는 자율주행차를 직접 소유하는 비즈니스는 수익성은 높지만 적지 않은 비용이 필요하기 때문에 기존의 완성차 기업 등과 협력해 공유 자율주행차 서비스 기업으로 변환을 계획하고 있는 것으로 보인다.

최근에는 점프바이크 인수, 전동스쿠터 기업인 라임에 대한 투자뿐만 아니라 5년 안에 미국, 일본 등 5개국에서 플라잉 택시^{Flying Taxi}인 우버에어^{uberAIR} 시험운행 계획을 발표했다. 현재 우버는 수직이착륙이 가능한 자동차 형태로 고도 300~600m에서 최고 시속 320km, 1회 충전에

● 우버와 도요타의 투자 및 기술협력 계획

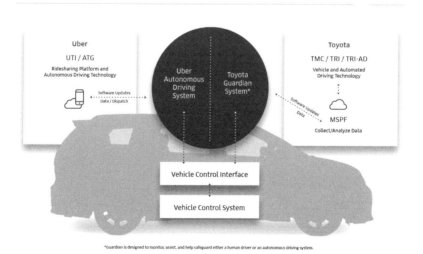

Uber
UTI / ATG
Ridesharing Platform and
Autonomous Driving Technology

Software Updates
Data / Dispatch

Uber
Autonomous
Driving
System

Toyota
Guardian
System*

Toyota
TMC / TRI / TRI-AD
Vehicle and Automated
Driving Technology

Software Updates
Data

MSPF
Collect/Analyze Data

Vehicle Control Interface

Vehicle Control System

*Guardian is designed to monitor, assist, and help safeguard either a human driver or an autonomous driving system.

출처 Toyota and Uber Extend Collaboration to Automated Vehicle Technologies, Toyota Newrom, 2018. 8. 28.

96km 주행이 가능한 플라잉카를 개발하고 있다. 이러한 우버의 행보가 2019년으로 계획된 IPO를 앞둔 상황에서 다양한 비즈니스 모델을 선보이며 기업가치를 올리려는 의도로 볼 수도 있지만, 발 빠르게 퍼스트-라스트 마일 마이크로 모빌리티, 라이드셰어링, 자율주행차, 플라잉카 등 육상과 상공을 아우르는 종합운송기업으로 거듭나려는 변환의 의지도 엿볼 수 있다.

2018년 1월 소프트뱅크가 주도하는 컨소시엄이 우버 주식 17.5%를 주당 33달러에 매입해 최대 주주로 등극했다. 소프트뱅크는 2017년 11월 우버에 제안했던 총 100억 달러 투자 가운데 90억 달러 규모의 주식인수를 완료했고, 10억 달러는 직접 투자할 것으로 알려졌다. 소프트뱅크가 15%, 드래고니어 인베스트먼트 그룹Dragoneer Investment Group이 나머지 2.5%를 소유한다.

이와 함께 우버는 2018년 1월 자율주행차 업계의 가장 커다란 소송전이었던 웨이모와의 소송을 종결했다. 웨이모는 2107년 2월, 자사의 엔지니어였던 앤서니 레반다우스키가 2015년 말 퇴사하기 전 1만 4,000여 건의 자율주행차 관련 기밀문서를 불법으로 다운로드한 뒤 자율주행 트럭 스타트업인 오토를 설립한 후 바로 우버와의 합병을 통해 웨이모의 기밀정보를 우버에 넘겼다며 소송을 제기했다. 우버는 기업가치 720억 달러의 0.34%에 달하는 2억 4,500만 달러 규모의 지분을 웨이모의 지주회사인 알파벳에 제공하고, 향후 웨이모 관련 자율주행차 관련 기술정보를 활용하지 않겠다고 합의했다.

두 기업은 초기 우버의 투자기업이었던 알파벳과의 화해를 통해 앞으로 파트너십을 맺을 가능성도 남겨두었다. 가장 많은 자율주행차 시험운행 경험과 데이터를 보유한 웨이모와 라이드셰어링 선두그룹인 우버가 협력할 경우 자율주행차 기업 판도에 새로운 변수로 작용할 가능성도 적지 않다. 또한 향후 소프트뱅크의 행보에 따라 우버 비즈니스 모델에도 적지 않은 영향을 미칠 것으로 판단된다.

2018년 10월 월스트리트저널은 골드만삭스와 모건스탠리가 상장을 앞둔 우버에 기업가치 1,200억 달러 규모로 평가한 보고서를 보냈다고 밝혔다. 1,200억 달러는 미국 빅3 업체인 GM 453억 달러, 포드 351억 달러, 피아트-크라이슬러 오토모티브 318억 달러의 시가총액을 합친 금액 1,122억 달러를 넘는 규모로 월스트리트저널은 눈이 번쩍 뜨이는 Eye-Popping Offering 제안으로 평가했다.

이러한 기업가치는 우버가 기존에 진출해 있는 라이드셰어링 시장의 지속적인 수요와 현재 시장을 확대하고 있는 인도와 중동, 우버이츠의 성장, 새롭게 진출한 공유자전거와 스쿠터 시장의 성장, 론칭 준비를 하고 있는 우버 에어, 그리고 자율주행기술을 다른 자동차 업체에 라이선싱하는 로열티 사업의 가능성을 높게 평가했기 때문이다. 우버에 투자한 소프트뱅크와의 합의에 따라 우버는 2019년 말까지 상장해야 한다. 만약 상장하지 못하면 1억 달러 이상을 투자했거나, 최소 5년간 지분을 보유했던 투자자들이 제2시장에서 지분을 매각할 수 있어 앞으로 우버의 행보는 상장을 기점으로 과감한 사업 진출과 확장이 예상된다. 뿐만 아니라 2019년 상장에 나설 것으로 예상되는 리프트, 기업가치가 800억 달러까지 오른 디디추싱, 인도의 그랩 상장에도 영향을 미칠 수 있다.

자율주행을 확산시킨
일론 머스크의 테슬라

자율주행차와 관련해 가장 많은 언론의 관심을 받은 기업은 테슬라다. 2015년 10월 버전 7.0 소프트웨어 업그레이드를 통해 공식 출시된 오토파일럿^{Autopilot}에는 차선이탈방지 시스템, 어댑티브 크루즈 컨트롤 시스템, 자동주차, 자동차선변경, 측면충돌경보 시스템 등 레벨 2~3 수준의 각종 자율주행 관련 기술들이 내장되어 있다. 완벽한 자율주행 수준은 아니지만 정체가 반복되는 시내 구간과 고속도로 등 모든 구간에서 운전자가 두 손과 발을 조작장치에서 뗄 수 있다. 대신 운전자는 차량 속도가 떨어지는 것을 방지하기 위해 10초에 한 번씩 핸들을 잡아야 하는 제약이 사용자 설명서에 명시되어 있다.

2016년 1월에는 휴대폰을 이용한 차량주차와 호출 기능이 포함된 오토파일럿 7.1을 배포하면서 일론 머스크는 향후 2~3년 내 로스앤젤레스에서 뉴욕까지 4,800km에 달하는 거리를 스스로 찾아오는 자율주행차를 개발하겠다고 공언하기도 했다. 오토파일럿 출시는 완전자율주행기술은 아니지만 자율주행차 시장에 대한 많은 관심을 이끌었고 다른 자율주행기술 개발 기업들에게도 자극이 되어 자율주행차 상용화 속도를 높이는 데 일조했다.

2016년 10월에는 테슬라가 생산하는 모든 차량에 완전자율주행을 가능하게 하는 하드웨어와 소프트웨어를 8,000달러 가격으로 탑재하기 시작했다. 모델S와 모델X에 현재 오토파일럿 기능을 향상시킨 부품 비용이 5,000달러, 완전자율주행 기능 비용이 3,000달러 수준이며 그림자 모드^{Shadow Mode} 형태로 적용했다. 서라운드 카메라를 기존 4대에서 8대로 늘리고 최대 250m 범위의 360도 시야를 제공한다. 또한 12개 초음파 센서는 과거에 비해 2배 이상 먼 거리의 사물을 감지하며 레이더 기능도 향상되었다. 특히 이 센서들을 통해 수집된 데이터는 기존 내장 컴퓨터보다 컴퓨팅파워가 40배 이상 확장된 엔비디아의 120억 개 트랜지스터를 집적한 신형 파스칼 GUP인 타이탄X가 처리한다. 이를 통해 폭우, 안개, 미세먼지 등으로 전방 시야를 확보할 수 없는 상황에서도 주변환경과 사물들을 감지해 자율주행이 가능해진다. 장착된 자율주행 기능을 당장 사용할 수는 없지만, 각종 센서 등을 통해 수집한 정보로 자율주행 기능을 향상시킨 후 안전성이 확인되면 소프트웨어 업그레이드 방식으로 자율주행기능을 사용할 수 있도록 하겠다는 전략이다. 일론 머스크는 2~3년 후, 전문가들에 따르면 5~10년 후에는 가능할 것으로 예상한다.

2016년 7월 공개한 마스터플랜 2 Master Plan Deux에서는 자율주행차 공유 서비스를 선보이겠다고 밝혔는데 자동차를 활용하지 않을 때 자동차를 공유하고 할부금이나 리스비용을 낮출 수 있는 테슬라 네트워크 운영 계획을 2017년 발표한다는 내용이었다. 또한 2030년 25%의 차량을 자율주행차로 대체할 계획을 가지고 있는 두바이에, 2017년 2월 완전자율주행 기능을 장착한 모델S와 모델X 200대를 두바이 택시 회사에 납품하는 계약을 체결하기도 했다.

2018년 10월 드디어 완전자율주행을 가능하게 한다는 소프트웨어 버전 9이 배포되었다. 그러나 모바일 앱 업데이트, 대시 캠, 차량 온도 조절, 오토 파일럿 기능, 360도 라운드 뷰, 장애물 인식 가속화, 게임 등 차량의 전반적인 기능은 업그레이드되었지만, 기대했던 완전자율주행 기능은 업데이트되지 않았다. 테슬라 네트워크 운영, 두바이 택시회사 납품도 현재까지 뚜렷한 진행이 확인되지 않고 있다. 또한 운전자 과실로 판명 났지만, 2016년 5월 플로리다에서 모델S를 오토파일럿 모드로 주행하던 죠슈아 브라운의 사망사고 원인 공방이 벌어지면서 3년간 테슬라에 자율주행 소프트웨어와 카메라를 공급하던 모빌아이와 결별하기도 했다.

이후 모빌아이의 기술을 뛰어넘지 못하면서 오토파일럿 업데이트 역시 정체되어 있어 테슬라의 자율주행차 기술력과 수준에 대한 의구심이 증폭되고 있는 실정이다. 뿐만 아니라 2018년 1월 22일 모델S 소방차 충돌사고, 2018년 3월 18일 마운틴 뷰 모델X 중앙분리대 충돌 운전자 사망사고, 2018년 5월 31일 경찰차 충돌 등 일련의 사고로 인해 테슬라 기술에 대한 논란은 계속되고 있다.

이와 같이 오토파일럿을 통해 완전자율주행기능을 제공하려는 테슬라의 야심은 정체되어 있고, 그림자 모드로 내장된 기술들을 실제로 사용하기 전에 안전성과 신뢰도에 대한 확인도 필요하다. 특히 라이다를 사용하지 않고 카메라, 레이더, 초음파 센서 등으로만 자율주행이 가능하다고 주장하는 일론 머스크의 주장이 증명될 수 있을지에 대한 관심도 높다.

베일에 쌓인 i-Car, 비밀주의를 고수하는 애플

2007년 아이폰 출시 후 혁신적 제품을 출시하지 못한 애플은 2014년부터 1,000명 이상의 엔지니어를 투입해 전기자동차 비밀 개발 프로젝트인 타이탄 프로젝트^{Titan Project}를 추진했다. 이 프로젝트는 당초 2019년 혹은 2021년 공개가 예정되어 있었다.

진입장벽이 높은 내연기관 완성차 시장과는 달리 전기차 시장은 생산비용과 기간, 유지보수 등의 측면에서 애플 같은 IT 기반 기업의 진입이 용이하다. 애플은 자동차용 인포테인먼트인 카플레이^{CarPlay}도 출시해 자동차 시장 진입을 시작했지만 더 이상의 진전은 없었다. 타이탄 프로젝트를 통해 아이폰과 같이 자동차 산업 전체를 뒤흔들 계획이었겠지만, 자동차 개발의 복잡성과 공급망 및 서비스망 확보 등의 전 과정을 과소평가한 것일 수도 있다.

명확한 실체를 알 수 없었던 애플의 자율주행차 개발은 스티브 잡스와 애플 신화를 함께 주도했던 밥 맨스필드^{Bob Mansfield}가 2016년 7월 타이탄 프로젝트의 총괄을 맡으면서 본격적으로 진행되고 있는 것으로 알려졌다. 하지만 오래지 않아 수백 명의 자동차 개발인력을 해고했는데, 이는 자동차를 직접 개발하고 생산하는 대신 관련 기업 인수합병이나 웨이모와 같이 자율주행 시스템을 개발해 완성차 기업과 협력하는 방향으로 전략을 전환한 것으로 판단된다.

2017년 6월 CEO 팀 쿡^{Tim Cook}은 블룸버그 텔레비전과의 인터뷰에서 애플의 자동차시장 진출 계획에 대해 "애플은 다양한 용도의 자율주행 시스템을 매우 중요한 핵심기술로 개발하고 있으며, 가장 중요하고 어려운 인공지능 기술이다"라는 첫 공식 입장을 밝혔다. 2018년 8월에는 테슬라에서 5년간 모델3 개발을 주도하던 애플의 전 하드웨어 부사장인 더그 필드^{Doug Field}가 타이탄 프로젝트에 참여해 밥 맨스필드와 함께 일하고 있는 것으로 알려졌다.

2017년 캘리포니아에서 자율주행차 시험운행 허가를 받은 애플은 시험차량을 계속 증가시키고 있다. 2019년 9월 기준으로 70대(운전자 139명)를 캘리포니아 교통당국에 등록했는데 이는 GM 175대(운전자 467명), 웨이모 88대(운전자 415명)에 이어 세 번째로 많은 규모다. 아직까지 운전자가 없는 시험운행 허가는 아니고 운전자가 탑승한 렉서스 RX450h를 개조한 시험운행차량들이다. 현재 캘리포니아에는 57개 자율주행 기업들이 556대의 시험차량과 1,917명의 운전자를 등록했다.

2016년 5월에는 중국의 디디추싱에 10억 달러를 투자하는 등 라이드셰어링 비즈니스에도 관심을 보이고 있으며, 2018년 5월에는 처음으로 폭스바겐과 자율주행셔틀 개발 프로젝트인 제트스트림Jetstream에 합의했다. 이들은 폭스바겐의 신형 T6 트랜스포터 밴을 이탈리아 토리노에 위치한 폭스바겐 자회사 이탈디자인Italdesign에서 전기 자율주행셔틀로 개조한다. T6 프레임, 바퀴, 샤시 등은 그대로 사용하는 대신 대시 보드

● 2017년 목격된 애플 자율주행차로 예상되는 차량

출처 MacCallister Higgins's twitter, 2017. 10. 18

와 좌석을 포함한 많은 부품을 교체하고 컴퓨터, 센서, 대용량 배터리 등을 추가할 것으로 알려졌다.

그동안 애플은 BMW, 메르세데스 벤츠 등과 전기 완전자율주행차 개발을 위해 협의한 것으로 알려졌지만, 데이터와 디자인 권한을 넘기라는 애플의 요구를 거부하면서 협상이 결렬된 것으로 알려졌다. 물론 앞으로도 폭스바겐과 계속 협력을 유지할지는 명확하지 않다. 현재까지 애플의 자율주행기술 개발 수준 등에 대해서는 구체적으로 알려지지 않았지만, 아이폰으로 세상을 놀라게 했던 전력에 비추어 많은 자율주행기술 관련 기업들에게 적지 않은 경계의 대상으로 남아 있다.

6. 새롭게 등장한 모빌리티 전문기업들

 **앱티브: 델파이에서 분사한
자율주행솔루션 전문기업**

2015년 3월 22일부터 9일 동안 델파이는 자체 개발한 자율주행차로 미국 샌프란시스코에서 뉴욕까지 3,400마일 중 99% 거리를 자율주행으로 완주해 많은 관심을 받았다. 당시 아우디 Q5 크로스오버를 개조한 자율주행차는 데이터 3테라 바이트를 수집했으며, 눈과 비가 오는 환경에서 자율주행이 제대로 작동하지 않는 것을 실제도로에서 확인하는 등 델파이는 자율주행기술 개발에 가장 적극적인 자동차 부품업체 가운데하나다.

관련기업 인수합병에도 적극적이다. 2015년 오토매티카Ottomatika, 2017년 1월에는 모비멘토Movimento, 10월에는 누토노미를 4억 5,000만 달러에 인수했다. 오토매티카는 카네기멜론대학에서 스핀오프한 자율주행 소프트웨어와 시스템 개발업체이며, 모비멘토는 자동차 OTAOver-the-Air 소프트웨어 라이프사이클과 데이터 관리 기술의 선두 주자다. 2016

년 8월부터 싱가포르에서 세계 최초로 라이드셰어링 앱 그랩과 자율주행택시 시범운행을 실시하고 있는 누토노미는 100여 명으로 구성된 MIT 출신 스타트업으로 방위고등연구계획국이 주최한 어번 챌린지 2007에 MIT팀으로 참가하기도 했다.

2017년 5월부터는 BMW, 인텔과 모빌아이 협력도 시작했다. BMW, 인텔과 모빌아이는 OEM 차량에 자율주행 솔루션을 제공하며, 델파이는 센서와 같은 필수 하드웨어 구성요소와 차별화를 위한 응용프로그램들을 제공한다. 델파이와 같은 부품과 시스템 통합 전문업체는 다양한 OEM과 협력을 위한 솔루션 시장 진출 전략이 매우 중요하기 때문이다. 2016년 5월에는 라이드셰어링 기업 겟에 3억 달러를 투자하면서 겟이 보유한 빅데이터, 예측 데이터와 알고리즘 등을 자율주행차 개발에 사용하고 2025년 모빌리티 통합 솔루션을 함께 서비스할 것으로 발표하기도 했다.

2017년 7월에는 6개 대륙 19개 국가에서 서비스를 운영하는 세계적인 모빌리티 기업 트랜스데브그룹Transdev Group과 글로벌 자율주행 모빌리티 온디맨드 서비스Autonomous Mobility on Demand, AMoD 개발을 위한 협력을 체결했다. 트랜스데브는 델파이가 모빌아이와 함께 개발하고 있는 자율주행 플랫폼인 턴키방식 CSLPCentralized Sensing, Planning and Localization, 자율주행 센서, 오토매티카 차량 제어 소프트웨어 운영을 위한 컴퓨터, 컨트롤텍Control-Tec의 실시간 애널리틱스, 무비멘토 보안과 OTA 기술, 모빌아이의 도로경험관리REM 기술 등을 활용한 데이터 디바이스를 상호 연결과 함께 트랜스데브 모빌리티 서비스 차량에 제공한다. 트랜스데브는 클라이언트 유즈케이스, 공유모빌리티 서비스를 위한 안전과 서비스 사양 등 트랜스데브의 오랜 경험과 노하우가 반영된 공공운송 전용 소프트웨어 모듈이 포함된 유니버설 라우팅 엔진Universal Routing Engine과 리모트 컨트롤-커멘드 소프트웨어Remote Control-Command Software를 통합한다.

트랜스데브는 2016년 노르망디에서 자율주행 온디맨드 서비스 프로그램을 시작해 전반적인 자율주행 시스템 도로시험을 하고 있으며, 델파이와 함께 파리 외곽 사클레Saclay 기차역에서 파리-사클레대학University of Paris-Saclay 캠퍼스 고정 구간을 운행하는 모빌리티 서비스를 준비 중이다. 현재는 2019년을 목표로 디스패치, 원격제어, 센서 아키텍처 개발, 라스트마일 도어-투-도어Last Mile, Door-to-Door 지능형 자율주행차 서비스 등 차세대 서비스 개발을 함께 진행하고 있다.

2017년 12월 델파이는 파워트레인 사업부를 델파이 테크놀로지Delphi Technologies와 앱티브Aptiv로 분사했다. 델파이 테크놀로지는 기존 파워트레인과 전장부품 등을 담당하고 앱티브는 자율주행, 사용자 경험과 모빌리티 등 스마트 모빌리티 솔루션 기업으로 성장시키기 위한 전략이다. 현재 개발 중인 CSLP 솔루션을 활용해 60대 이상의 자율주행차를 테스트할 예정이며 BMW, 에릭슨 등과 함께 2021년 완전자율주행차량을 출시할 계획이다.

앱티브는 2018년 1월 라스베이거스에서 개최된 소비자가전전시회CES에서 리프트와 함께 BMW5 시리즈 75대를 이용해 세계 최초 자율주행차 유료호출 서비스를 시작했다. 만약의 사태에 대비하기 위해 보조 운전자가 탑승하고 있으며, 리프트 앱을 통해 호출할 수 있다. 2018년 8월 21일에는 5,000회 유료승차를 달성하기도 했다.

● 라스베이거스를 시험 운행 중인 앱티브 자율주행차

● 노르망디에서의 트랜스데브-델파이 자율주행 온디맨드 서비스 프로그램 개요

출처 Transdev website, https://www.transdevna.com

제누이티:
볼보와 오토리브 조인트 벤처

스웨덴 기업 제누이티는 자율주행기술과 운전자지원 시스템^{Driver Assist} ^{System} 소프트웨어 개발을 위해 볼보와 자동차 안전 시스템 개발업체인 오토리브가 2017년 1월 설립한 조인트벤처다. 오토리브는 총 11억 크로나(약 150억 원)을 제누이티에 투자했으며 볼보는 지식재산권, 연구인력을 투자하고 지분은 각각 50%씩 소유하고 있다. 양사직원들과 신규 채용 인력 약 300명의 직원이 합류했으며, 중기적으로 600명 규모로 증원할 계획이다. 2019년 첨단운전자지원 시스템 출시를 목표로 오토리브는 제뉴어티가 생산한 제품의 독점 판매와 유통을 전담하며, 볼보는 생산된 부품을 공급받아 자사 차량에 장착한다. 나비간트 리서치 평가에서는 2017년 웨이모와 함께 7위를 차지했으나, 2018년에는 9위로 하락했다.

2017년 9월에는 스웨덴 통신기업인 에릭슨과 함께 커넥티드 안전과 첨단운전자지원 시스템 등 자율주행기술 개발을 위한 협력을 시작했다. 에릭슨의 사물인터넷 플랫폼, 사물인터넷 액셀러레이터 등을 활용해 자율주행차 출시 속도를 앞당기고 새로운 기술과 서비스 제공 기반 구축을 위한 제누이티 커넥티드 클라우드^{Zenuity Connected Cloud}를 개발해 다른 차량들과 기초 데이터를 실시간으로 사용자에게 제공하는 엔드-투-엔드 기능 서비스를 구현할 예정이다.

모이아:
모빌리티 민주화를 꿈꾸는 폭스바겐 자회사

2016년 12월 폭스바겐은 자회사 모이아를 출범시켰다. 폭스바겐이 완성차 기업의 한계를 넘어 새로운 도시의 이동성과 생명력 회복에 기여하는 기술을 개발하고, 이를 통해 미래 모빌리티의 주도권을 획득하기 위한 시도다. 모이아는 대중교통과 일반인 소유 차량 사이에서의 비즈니스 모델 창출을 목표로, 우버 블랙 같은 프리미엄 서비스가 아닌 누구나 사용할 수 있는 교통수단의 민주화를 지향한다. 지속적인 사용자의 의견수렴을 통해 사용자 요구사항을 만족시키는 서비스 차량을 디자인하고 10년 내 세계 3위 모빌리티 회사로 성장시킬 계획이다.

현재 모이아는 자율주행기술 개발을 위해 오로라 이노베이션Aurora Innovation과 협력하고 있다. 오로라 이노베이션은 구글의 자율주행차 총괄이었던 크리스 엄슨Chris Urmson, 테슬라의 오토파일럿 책임자 스털링 앤더슨Sterling Anderson, 우버에서 인식기술을 총괄한 드류 베그넬Drew Bagnell 등 최고의 업계 전문가들이 2016년 12월 공동 창업한 자율주행 전문기업이다. 완성차 기업과 함께 자율주행 레벨 4 구현을 위한 센서, 소프트웨어, 데이터 서비스 패키지 등 자율주행 기능을 수행하기 위한 풀스택Full Stack을 설계하고 개발한다. 웨이모, 크루즈 오토메이션 등과 경쟁하는 한편, 현대차그룹과 자율주행차 기술 협력을 시작했다. 2018년 모이아와 오로라 이노베이션 협력을 통해 라이드 풀링을 위한 모이아 셔틀과 미국과 독일에서 도어-투-도어 라이드 헤일링 서비스를 위한 두 종류의 테스트 차량을 출시할 계획이다.

폭스바겐은 모이아를 활용해 일차적으로 온디맨드 셔틀 서비스를 위해 카셰어링 기업과 협력할 계획이다. 2016년 폭스바겐은 세계 100여 개 도시에서 5,000여 개 기업의 고객을 보유한 겟에 3억 달러를 투자했다.

현재 준비 중인 서비스는 크게 두 가지다.

첫 번째는 앱과 알고리즘을 활용해 동일한 경로상의 승객들을 6인승 모이아셔틀로 수송하는 카풀 서비스로, 배기가스와 교통량 감소 등 기존 대중교통 시스템의 한계를 극복한다. 넓은 가죽시트와 수납공간, USB 포트와 와이파이 등 고급 인테리어와 다양한 서비스를 제공한다.

두 번째는 우버와 같은 형태의 라이드셰어링 서비스로 모이아와 겟이 연합해 우버를 견제하는 수단으로 해석할 수 있다. 향후 모이아는 도시 간 연결성을 최적화하고 개인 모빌리티와 공공운송수단의 새로운 방식으로 연결하기 위한 연구와 협력을 지속적으로 진행하는 등 모빌리티 서비스 기업으로 도약을 준비 중이다.

● 모이아셔틀 스타일링과 인테리어

출처) Moia website, https://www.moia.io

출처 Sedric Website, https://www.discover-sedric.com

모이아를 활용한 폭스바겐의 전략은 2016년 수립된 자율주행차 개발 전략의 일환으로 완전자율주행 콘셉트카 세드릭^{Sedric}을 완성하기 위한 계획의 일부다. 폭스바겐의 첫 번째 콘셉트인 세드릭은 레벨 5 자율주행 차 개발을 목표로 폭스바겐 유럽 미래센터와 볼프스부르크 폭스바겐 리서치 센터가 함께 개발한 자율주행차 아이디어 플랫폼이다. 2022년까지 자율주행차와 새로운 모빌리티 서비스, 전기자동차에 400억 달러 이상 투자할 계획을 가진 폭스바겐은 2021년부터 2~5개 도시에 상용 전기자 율주행차 운행을 계획하고 있다.

인모션:
영국의 자존심 재규어 랜드로버 자회사

소유권이 인도의 타타모터스로 넘어갔지만, 재규어 랜드로버는 여전히 영국을 대표하는 완성차 기업이다. 다른 글로벌 완성차 기업들보다

뒤늦게 자율주행차 개발에 뛰어들었으나 영국 정부의 자율주행차 정책에 핵심 기업으로 참여하고 있다.

재규어 랜드로버는 2017년 6월 리프트 자율주행차와 커넥티드카 활용을 지원하기 위한 파트너십을 체결하고 2,500만 달러를 투자했다. 사업 제휴를 통해 두 회사는 자율주행차량을 포함한 스마트 모빌리티 서비스를 공동개발하고 시험 적용할 예정으로, 재규어 랜드로버는 리프트에 자사의 차량을 제공하고 리프트는 차량공유 네트워크를 활용해 새로운 차량들을 테스트할 수 있다. 이 투자는 재규어 랜드로버가 2016년 설립한 자회사 인모션을 통해 진행되었다. 인모션은 발렛파킹, 보험상품 개발, 카셰어링과 온디맨드 서비스 어플리케이션 개발 등 재규어 랜드로버의 모빌리티 서비스를 담당하는 기업이다.

2017년 11월에는 재규어 랜드로버 본사가 위치한 코번 트리^{Coventry}와 솔리헐^{Solihull} 주변 고속도로, 그리고 일반도로 41마일 경로에서 자율주행차의 실제 도로 테스트를 시작했다. 시험운행은 자동차-자동차, 도로인프라-자동차 등이 통신하는 커넥티드 자율주행 기술을 활용하며, 온로드와 오프로드 등 노면 상황이나 날씨 조건 등 현실적인 모든 주행 환경에 대응하는 자율주행차 실용화를 위한 테스트다.

재규어 랜드로버는 향후 4년 동안 100대 이상의 자율주행 연구용 차량을 생산해 12개국에서 운행할 예정이다. 또한 2040년을 목표로 차세대 프리미엄 콘셉트카 퓨처타입^{Future-Type}을 개발하고 있다. 퓨처타입은 온디맨드 완전자율주행차량으로 운전자 수동운행도 가능하며, 세이어^{Sayer}라는 인공지능 인간-기계 인터페이스^{Human-Machine Interface} 디바이스가 차량과 연결되어 음성으로 차량 호출과 인공지능 비서, 차량공유 서비

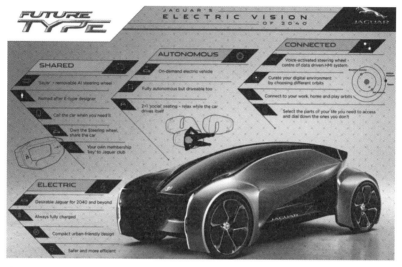

출처 Future—Type Concept – Jaguar's Vision for 2040 and Beyond, 2017. 9. 7.

스 그리고 사물인터넷과 연결해 집안의 상황도 알려준다.

프랑스 모빌리티
전문 기업 나브야

프랑스 모빌리티 전문기업 나브야는 전기자율주행택시와 셔틀 연구 개발 및 생산, 운영 등 자율주행 토털 솔루션을 제공하는 기업으로, 차량 조작기가 설치되지 않은 오토놈Autonom이란 브랜드로 택시와 셔틀을 개 발 판매하고 있다. 택시 브랜드 오토놈 캡Autonom Cab은 개인용 혹은 카셰 어링용으로 사용이 가능하며 카메라 6대, 라이다 10대, GNSS 안테나 2 대, 레이더 4대에 관성측정장치Inertial Measurement Unit를 장착하고 있다. 나브야는 자율주행차 가운데 가장 복잡한 멀티센서기술을 활용해 도심의 모든 교통상황에서 자율주행을 가능하게 한다고 설명하고 있다. 6인승으로 운행속도는 시속 50km, 최고속도는 시속 90km이다. 차량 간 통신이 가능하며 나브야 앱을 통해 차량호출과 예약, 음악 선곡, 여행정보와 각종 행사 티켓 등의 주문도 가능하다.

　오토놈 셔틀Autonom Shuttle은 15인승 버스로 운행속도는 시속 25km, 최고속도는 시속 50km다. 라이다 2개, 전후방 카메라 2개, GNSS 안테나, 오도미터Odometer를 활용하고 있으며, 차내에 4개의 비상정지 버튼이 설치되어 있다. 26만 유로에 판매하고 있으며 프랑스 리옹과 파리, 스위스 시옹, 호주 퍼스, 카타르 도하 등에서 트램 정거장 이동수단과 미국 미시건대학교, 싱가포르 난양과학기술대학교, 뉴질랜드 크리스쳐치 공항 내 셔틀 등 현재 65대 셔틀이 유럽, 미국, 아시아 도시들에서 사용 중이며

● 나브야 오노톰 캡

출처 Future-Type Concept - Jaguar's Vision for 2040 and Beyond, 2017. 9. 7.

28만 이상의 승객이 사용하고 있다. 도시 모빌리티 수단과의 연결, 독립적 모빌리티 서비스 제공뿐만 아니라, 공항, 캠퍼스, 병원, 리조트, 테마파크, 산업단지 내에서 활용이 가능하다. 우리나라에서도 서비스 기반 자율주행사업 협의체인 자율주행 스프링카얼라이언스에서 도입 및 운영하고 있다. 운영 솔루션인 나브야 리드^{Navya Lead}는 차량 위치확인 및 추적, 나브야 어시스턴스^{Navya Asistance}로 차량 고장 등 보전정보를 실시간으로 파악하며, 프랑스와 미국 4개의 사이트에서 210명 직원이 연구개발을 수행하고 있다.

● 시드니 올림픽 파크에서 운영 중인 나브야 오노톰 셔틀

출처 Future-Type Concept - Jaguar's Vision for 2040 and Beyond, 2017. 9. 7.

Mobility Big Bang,

7

Riding the Future

문화지체 현상을
극복하고 있는
자율주행차

미국의 사회학자 윌리엄 필딩 오그번(William Fielding Ogburn)은 1922년 발간한 저서 《사회변동론》에서 문화지체 현상(Cultural Lag)을 정의했다. 법, 제도, 정치, 규제 등이 기술발전 속도에 보조를 맞추지 못하고 뒤처져 발생하는 부조화를 의미한다. 모빌리티와 자율주행차는 문화지체 현상을 겪고 있는 가장 대표적인 산업이다. 어느 국가가 먼저 문화지체 현상을 극복하고 사회적 갈등을 해소하느냐에 따라 앞으로의 시장과 기술 주도권을 획득할 수 있다.

1. 상용화를 위한 가장 빠른 제도 정비에 나선 미국

차세대 도로 안전 혁신 가속화

2016년 2월 미국 고속도로교통안전국 NHTSA은 당시 구글 자율주행차 프로젝트 책임자인 크리스 엄슨 Chris Urmson이 2015년 11월 발송한 자율주행차 운전자 정의에 대한 질의 답변을 공개했다. 당시 구글이 개발 중인 스티어링 휠, 브레이크, 가속페달 등 주요 조작장치가 설치되지 않은 자율주행차가 운전석 위치, 운전석 주변 조작장치 등에 대한 표준 내용을 담고 있는 미연방자동차안전표준 Federal Motor Vehicle Safety Standards에 위배되는지 확인하기 위한 질문이었다. 고속도로교통안전국 답변에는 자율주행차 인공지능도 법적으로 운전자로 볼 수 있다고 해석해 기존 자동차에 반드시 설치되어야 하는 조작기들이 없어도 도로상에서 운행할 수 있는 근거가 마련되었고, 이는 자율주행차의 기술개발과 서비스를 한 단계 끌어 올리는 계기가 되었다. 뿐만 아니라 구글과 고속도로교통안전국 간의 운전자 정의에 대한 논의가 캘리포니아 등 주정부와의 협의를 넘어 연방정부 차원에서 진행되었다는 데 커다란 의의가 있다.

미국 정부는 자율주행차를 개발하고 있는 미국 업체들의 기술개발 속도에 대응해 2016년 9월부터 매년 미국 교통부와 도로교통안전위원회 NHTSA 공동으로 연방정부 자율주행차 정책을 담은 보고서를 발간하고 있다. 2016년 9월 첫 발간된 〈미연방 자율주행차 정책-도로 안전의 차세대 혁명 가속화〉Federal Automated Vehicles Policy-Accelerating the Next Revolution In Roadway Safety 보고서는 자율주행차를 가장 혁신적인 운송수단으로 정의하고, 도로 혁명 가속화와 더불어 안전하고 빠른 상용화를 추진하겠다는 미국 정부의 의지를 담고 있다. 이는 종합적인 자율주행차 관련 정책을 담은 연방정부의 최초 보고서로 많은 관심을 끌었다.

보고서가 정의한 핵심 자율주행차 이슈는 안전, 인공지능 운전자 윤리, 탑승자 프라이버시와 보안 등 세 가지다. 보고서는 세 가지 이슈 대응을 위해 향후 이해 당사자들이 논의하고 구체화해야 할 것으로 다음과 같은 내용을 담고 있다.

첫 번째는 자율주행차 수행도 평가기준이다. 시스템 안전, 사이버 보안, 인간-기계 인터페이스, 데이터 기록과 공유, 프라이버시, 탑승자 보호, 사용자 교육과 훈련, 자동차 등록과 인증, 윤리적 문제 등 자율주행차 개발과 판매, 운행 과정에서 기업들이 미국 정부에 보고해야 할 항목들을 담고 있다. 주요 항목들을 살펴보면, 시스템 안전은 전기전자 혹은 기계적 고장과 소프트웨어 에러가 발생한 상황에서도 차량은 항상 안전한 상태를 유지해야 하며, 인간-기계 인터페이스는 시각과 청각 정보, 햅틱 기능 등을 활용해 장애인들도 사용할 수 있도록 설계해야 한다. 인공지능 운전자 윤리문제는 프로그램 규칙 혹은 머신러닝을 통한 딜레마

상황의 판단 기준이 이해관계자들 간에 명확히 합의되어야 하며, 프라이버시와 관련해서는 2014년 11월 자동차제조사연합과 글로벌자동차협회가 발간한 자동차 기술과 서비스를 위한 프라이버시 원칙 등을 참고하도록 권고하고 있다.

두 번째는 현재 자동차들과 같이 자율주행차가 미국 50개 주를 넘나들며 자유롭게 운행할 수 있도록 차량 라이센싱과 등록, 교통법규, 보험과 책임관련 제도개선, 세 번째는 도로교통안전위원회가 담당하는 각종 질의에 대한 해석, 면제조항 마련, 행정입법, 법과 규정 집행 등 기능 검토, 마지막으로 정부가 민첩하고 유연하게 대응하기 위한 법률개정 방향 등을 제시했다.

● 자율주행차 수행도 평가 가이드라인의 프레임워크

범위와 프로세스 가이드	개별 자율주행차 적용 가이드		
차량 시험과 생산	동작 가능 환경	수행 가능 기능	기능 오류 시 대처 방안 (최소 위험 조건)
미국연방자동차 안전기준 인증/면제조항			
자율주행차 등록			
모든 자율주행차 적용 가이드	지리적 위치		
	도로 유형		
	속도		
데이터 기록과 공유	주야간	일반 주행	운전자
프라이버시	기후 조건	충돌 회피–위험	시스템
시스템 안전	기타 다른 도메인의 제한 사항들		
차량의 사이버 보안			
인간–기계 인터페이스			
내충돌성			
소비자 교육과 훈련	시험 및 인증		
차량 충돌 후 작동	시뮬레이션	트랙	실제 도로
연방, 주, 지역 법안			
윤리적 고려사항			

안전 2.0 비전과 자율주행차 3.0

이 보고서가 오바마 정부의 자율주행차 정책이라면, 2017년 9월 발표된 〈자율주행차를 위한 안전 2.0 비전〉Automated Driving Systems-A Vision for Safety 2.0은 트럼프 정부의 자율주행차 정책이다. 〈미연방 자율주행차 정책-도로 안전의 차세대 혁명 가속화〉 보고서 공청회 결과와 관련 업계의 피드백을 반영했고, 구체적 내용으로 업그레이드하는 등 자율주행차 베스트 프랙티스 창출 및 안전을 고려한 업계와 정책 당국을 위한 가이드라인을 제시했다. 보고서는 업계의 자율적인 가이드라인 이행을 강조하며, 자율주행차 생산과 관련 기술개발 기업, 규제기관들이 자율주행차의 혁신을 촉진하기 위해 규제 측면에서 보다 유연하게 접근했다. 보고서는 크게 자율주행 설계 가이드라인과 관련 기관들의 역할 정의 등 다음과 같은 내용을 담은 두 개의 섹션으로 구성되어 있다.

첫 번째 섹션은 자율주행 안전 설계를 위한 12가지 자발적 가이드라인으로 주요 내용은 다음과 같다.

시스템 안전(System Safety)

- 시스템 엔지니어링 접근법을 활용해 견고한 설계 및 검증 프로세스, 자율주행차의 기능적 안전 프로세스 표준 등 시스템 전체 운영설계를 종합적으로 고려해야 함
- 국제표준화기구ISO, 미국자동차공학회SAE International와 같은 공인 표준 기관이 개발한 가이드라인, 모범사례, 설계 원칙, 표준, 프로세스뿐만

아니라 항공, 우주, 국방 등 기타 적용 가능한 표준 및 프로세스 채택을 권장

- 설계와 검증 프로세스는 자율주행차와 차량 설계뿐만 아니라 교통네트워크에 대한 위험 분석, 안전과 위험 평가, 프로세스는 자율주행차 오작동 처리를 위한 설계 중복 및 안전전략을 포함해야 함
- 소프트웨어 개발development ⇨ 검증verification ⇨ 인증validation에 중점을 두어야 하며, 완벽한 소프트웨어 개발 프로세스의 계획, 관리, 문서화와 함께 변경 관리를 잘해야 함
- 인공지능 및 관련 소프트웨어, 알고리즘 발전과 구현, 안전성 평가를 모니터링해 자율주행차 효율성 및 안전성을 향상시켜야 함
- 설계 결정을 위해서는 설계 구조, 센서, 액추에이터, 통신 장애, 잠재적 소프트웨어 오류, 신뢰성, 잠재적인 부적절한 제어와 작동, 다른 도로 사용자와 충돌 가능성, 도로이탈, 견인력 및 안전성 상실, 교통법 위반, 일반적인(예상되는) 운전 습관에서 벗어나는 케이스 등 자율주행차운행 과정에서 발생할 수 있는 잠재적 사고 유형 등을 모두 고려해야 함
- 모든 설계는 사전에 개별 서브 시스템 단위로 확인, 평가되어야 하며 모든 설계의 선택과 변경, 분석, 관련 테스트 데이터는 추적 가능하고 투명해야 함

운영설계범위(ODD, Operational Design Domain)
- 기업들은 공공 도로에서 운행 중인 혹은 출시 예정인 자율주행차 운영설계범위뿐만 아니라 평가, 시험, 검증을 위한 프로세스와 절차를

문서화해야 함

- 운영설계범위는 자율주행차의 기능 한계와 경계를 정의하기 위한 최소한의 정보를 제공해야 함. 자율주행차를 안전하게 주행하기 위한 도로 타입(주간도로inter-state highway 고속도로, 지방도로 등), 지리적 조건(도시, 산악, 사막 등), 속도 범위, 자율주행차 작동을 위한 환경 조건(날씨, 주간/야간 등), 이외 다른 조건들을 모두 포함해야 함

- 자율주행차는 운영설계범위 내에서 안전하게 작동해야 하며 운행설계범위를 넘어서거나 변하는 상황에서는 차량 위험이 최소인 상태로 전환되어야 함

- 사용자가 자율주행차를 수용하지 못하거나 예상하지 못한 상황에 대응하지 못하는 경우 자율주행차는 차량을 서행, 비상정지시키는 등 관리 가능한 범위에서 위험을 지속적으로 감소시켜야 함

- 공공도로에 자율주행차를 안전하게 도입하고 상용화를 앞당기기 위해 운영설계범위는 기업들에게 유연성을 제공해야 함

객체 · 이벤트 탐지와 대응(OEDR, Object and Event Detection and Response)

- 운전자 또는 자율주행차가 대응이 필요한 특정 상황을 감지하고 대응하는 것을 의미

- 자율주행차가 정의된 운영설계 범위에서 객체 · 이벤트 탐지와 대응을 수행하는 데 있으며, 기업들은 자율주행차의 객체 · 이벤트 탐지와 대응 기능에 대한 평가, 테스트, 유효성 확인을 위해 문서화된 프로세스를 권장

- 특히 운영설계범위 내에서 자율주행차가 운행할 때에도 차량의 안전

한 운행에 영향을 줄 수 있는 다른 차량, 보행자, 자전거 탑승자, 동물 및 물건 등을 감지하고 대응할 수 있어야 하며, 긴급차량 임시 작업구역 및 기타 비정상적 상황(경찰이나 건설현장 담당자가 수신호로 교통을 제어하는 경우 등) 등에도 대응해야 함

- 행동역량Behavioral Competency이란 자율주행차가 규칙적으로 일반적 교통 상황에서 차량을 차선에 유지하고, 교통 법규를 준수하고, 합리적인 도로 규칙을 준수하면서 다른 차량이나 위험에 대처하는 능력을 의미하며, 개별기업들은 알려진 모든 행동역량을 자율주행차 디자인, 평가, 확인 과정에 고려해야 함

- 기업들은 운영설계범위를 기반으로 자율주행차의 제어권 상실, 횡단보도 사고, 차로 변경과 합류, 동일방향 혹은 역방향 교통류, 추돌, 도로에서의 출발, 후진 혹은 주차 같은 서행 등 다양한 상황에서의 충돌 시나리오를 처리할 수 있는 충돌회피 기능과 능력이 있어야 함

대비책-위기 상황 최소화(Fallback-Minimal Risk Condition)

- 도로상에서 자율주행차가 안전하게 작동할 수 없을 때, 위험이 최소화된 상태로 전환하기 위한 문서화된 프로세스가 필요하며, 자율주행차 오작동 혹은 성능에 문제가 발생한 상황에서 작동중이거나 운영설계 범위를 벗어나 작동하고 있음을 감지해야 함

- 자율주행차는 운전자에게 차량의 적절한 제어를 회복하고 자율주행차가 독립적으로 위험이 최소화된 상황으로 복귀할 수 있는 방법을 운전자에게 알려야 함

- 법률이나 규정에도 불구하고 인간 운전자가 음주, 졸음, 혹은 기타 장

애요인으로 부주의할 수 있다는 점을 고려해야 함

- 위험상황 대비책은 자율주행차 안전 기능을 활성화시키거나 주행 에러를 최소화시키고 수동주행으로 전환을 하더라도 운전자의 인지와 의사결정에서의 에러를 최소화할 수 있어야 하며, 인간 운전자 역할이 전혀 필요하지 않은 높은 수준의 자율주행차는 운전자 간섭 없이 위험에 대응할 수 있어야 함
- 위험상황은 고장 유형과 범위에 따라 다르지만, 차량을 차선 밖에서 안전하게 정지시킬 수 있어야 함

인증방법(Validation Method)

- 자율주행을 위한 기술과 수준이 다양하기 때문에 자율주행차 기업들은 개발하는 자율주행차 위험을 줄이기 위한 적절한 인증방법 개발이 필요
- 시험은 자율주행차가 정상작동 중 수행할 것으로 기대되는 행동 역량, 충돌 회피 상황에서 자율주행차 성능 및 운영설계범위와 관련된 전략의 성능을 입증해야 함
- 공공도로 주행을 위한 자율주행차의 성능 시험을 위해서는 시뮬레이션, 테스트 트랙, 실제 도로시험 평가 등의 조합을 통한 접근을 고려할 수 있음
- 실제도로 평가에 앞서 기업은 시뮬레이션 및 테스트 트랙 활용의 필요성을 고민해야 하며, 시험은 개발기업 혹은 다른 서드파티 기업에 의해 수행될 수도 있음
- 기업들은 고속도로교통안전국, 미국자동차공학회, 국제표준화기구

등에게 성능기준과 인증기준 등을 제시하고 지속적으로 함께 협력해야 함

휴먼-머신 인터페이스(Human-Machine Interface)

- 휴먼-머신 인터페이스는 차량과 운전자 간의 상호작용 이해를 위해 자동차 설계 프로세스에서 매우 중요함
- 휴먼-머신 인터페이스 설계에는 운전자, 조작자, 탑승자뿐만 아니라 자율주행차와 상호 작용할 수 있는 다른 자율주행 혹은 수동주행차, 오토바이, 자전거, 보행자 등과의 상호작용을 고려해야 하며 자율주행차 운행상태와 자동차 관련 정보 전달을 고려해야 함
- 운전자 통제가 필요하지 않은 완전자율주행 시스템 수준에서는 장애인들을 위한 시각, 청각 혹은 햅틱 디스플레이 등을 활용한 HMI 설계를 권장하지만, 인간 운전자 혹은 동승자 없이 자율주행차가 운행하는 경우에는 원거리 혹은 중앙통제기관 등에서 차량 상태를 항상 파악할 수 있어야 함(레벨 4와 레벨 5 자율주행차, 물류차량, 그라운드 드론, 자동 유지보수 차량 등이 해당)
- 빠르게 진행되는 연구 속도를 감안할 때 기업들은 미국자동차공학회, 국제표준화기구, 국제조명위원회International Commission on Illumination 등이 개발해 놓은 디자인 원칙, 가이드라인, 베스트 프랙티스 등을 활용하고 이의 적용을 고려할 필요

차량 사이버 보안(Vehicle Cybersecurity)

- 기업들은 사이버 보안, 취약점 등 안전에 대한 위험을 최소화하기 위

해 시스템 엔지니어링 관점에서 제품 개발 프로세스의 준수를 권장하며, 프로세스에는 광범위한 교통 시스템에 대한 체계적이고 지속적인 안전 위험 평가가 포함되어야 함

- 기업들은 미국국립표준연구소National Institute of Standards and Technology, 고속도로교통안전국, 자동차공학회, 자동차생산자연합Alliance of Automobile Manufacturers, 글로벌자동차생산자협회Association of Global Automakers, 자동차정보공유분석센터Automotive Information Sharing and Analysis Center, Auto-ISAC 등이 발표한 가이드라인, 베스트 프랙티스, 설계원칙 등을 고려하여 활용할 것을 권장함

- 고속도로교통안전국은 기업들이 자율주행차 보안과 관련한 액션, 변경, 설계, 분석, 평가 등을 포함한 방법 등을 문서화하고 버전 관리를 통해 데이터를 추적할 수 있도록 지원하며, 기업들은 자율주행차 보안 정보를 공유하고 협력적 학습을 촉진하여 기업들 간의 동일한 취약점 경험을 방지하고 회원가입 여부와 상관없이 내부 테스트 결과, 소비자 보고, 외부 연구, 위험 및 취약점 정보 등을 자동차정보공유분석센터에 보고할 것을 권장

충돌 시 피해 최소화(Crashworthiness)

- 자율주행 시스템 혹은 인간 운전자의 자율주행차 컨트롤 여부와 상관없이 다른 차량이 자율주행차를 충돌할 때에도 설계된 성능수준이 유지되어 탑승자를 보호해야 함

- 기업은 자율주행차에 가능한 모든 안전 시스템의 활용을 고려해야 하며, 현재 차량 시트 배치의 표준뿐만 아니라 자율주행차를 위한 다

양한 시트 구성과 인테리어 디자인을 할 때에도 운전자의 안전을 고려해야 함

- 사람이 탑승하지 않은 물류나 서비스를 위한 자율주행차도 충돌 상황을 고려해야 함

충돌사고 후 자율주행 시스템 대응(Post-Crash ADS Behavior)

- 충돌 수준에 따라 연료 펌프 오프, 동력 제거, 안전한 위치로 차량 이동, 전력 공급 해제, 기타 자율주행 시스템의 보조 조치 등 충돌 테스트를 담당하는 기업은 사고 후 자율주행차가 즉시 안전한 상태로 복귀할 수 있는 방법을 고려해야 함
- 자율주행운영센터, 충돌통보센터가 설치되어 있거나 또는 차량통신 모듈이 파손되지 않았다면 또 다른 충돌사고 피해를 줄이기 위해 관련 데이터 전달과 공유가 필요
- 사고 수리 후 자율주행차 수리를 위한 프로세스와 장비를 명확히 지정한 매뉴얼 등을 개발

데이터 기록(Data Recording)

- 충돌 사고 데이터 학습과 수집은 자율주행 시스템 안전 확보의 핵심으로 현재 법, 안전 연구 등을 위한 표준 데이터가 없기 때문에 향후 적극적으로 관련 조직들의 토론과 표준 등의 업그레이드가 매우 중요함
- 관련 기업들은 인명 사고, 견인이 필요한 사고 등 모든 유형 사고 데이터 수집, 충돌과 관련된 모든 사용 가능한 데이터(충돌 후 자율주행 시

스템 상태, 충돌 중 혹은 충돌 후 자율주행차 주행 여부 등)를 제공해 충돌 상황 재현을 위한 지속적 학습환경 조성

- 기업은 충돌 재현에 필요한 정보들을 정부 당국과 공유해야 하며, 도로교통안전국은 일관성과 대중 신뢰 확보를 위해 미국자동차공학회와 계속 협력해 출동 재현 등을 위한 데이터 요소를 구축해야 함

소비자 교육 훈련(Consumer Education and Training)

- 자율주행차 시장의 진입 과정에서 소비자가 자율주행기술을 효율적이며 가장 안전한 방법으로 활용하는 데 필요한 수준의 이해를 위해 소비자 교육과 훈련은 반드시 필요함
- 기업들은 직원, 대리점, 딜러 등에게 소비자 교육 및 훈련 프로그램을 개발, 문서화, 유지 관리하여 실제 자율주행차 사용과 운영 시 예상되는 차이점을 해결할 것을 권장
- 소비자 교육 프로그램에는 자율주행 시스템의 기능과 목적, 시스템 기능 및 한계, 시스템 시작 및 종료 방법, 인간-기계 인터페이스, 비상 상황 시 복귀 시나리오, 시스템 설정 변경 메커니즘 등과 같은 내용을 포함
- 사용자가 시스템을 악용할 경우 잠재적 위험을 최소화하기 위해 자율주행 시스템이 수행할 수 있는 기능과 수행할 수 없는 기능에 대한 정보를 정확히 제공
- 소비자 교육 훈련 프로그램의 일환으로 딜러와 유통기업은 소비자에게 판매하기 전에 시스템 운영 및 인간-기계 인터페이스 기능 시연을 위한 실제 도로 혹은 트랙 경험 제공을 고려해야하며, 가상현실 시

뮬레이터 등을 이용한 혁신적 방법도 고려해야 함

- 소비자 교육 훈련 프로그램은 딜러, 고객으로부터 피드백을 반영하여 지속적으로 교육과 훈련의 효과성을 평가하고 업데이트해야 함

연방, 주, 지방법(Federal, State, and Local Laws)

- 기업들은 관련된 연방, 주, 지방법에 자율주행차를 어떻게 반영되어야 할지 고려해야 함
- 테스트가 목적인 경우 기업들은 현재 법을 준수할 수 있지만 안전에 민감한 상황, 예를 들면 차량이 고장 났을 때 안전을 위해 중앙선을 넘어 이동하는 경우 등은 일부 주에서 위법일 수 있으므로 자율주행 시스템은 이러한 예측 가능한 사건을 안전하게 처리할 수 있어야 함
- 자율주행차량 설계와 검증 단계에서 자율주행 시스템 통합뿐만 아니라, 광범위한 교통생태계 관점에서 위험요인 분석과 안전 및 리스크 평가에 대한 고려가 필요하고, 기업들에게는 자율주행차 0-5단계로 구성된 자동차공학회 자율주행 레벨 3~레벨 5 수준의 기술개발을 권장함
- 자율주행차 테스트 및 운행 관련 주체들이 안전성 평가를 위한 다양한 평가방법 확보를 위해 시스템 안전성 평가 방법을 자율적으로 공개하고, 자율주행차 개발 주체들은 충돌회피 기능 평가, 테스트, 검증 과정 문서화를 권장

보고서의 두 번째 섹션은 주정부의 기술적 지원과 규제관련 연방정부, 주정부 등의 역할 등을 규정했으며 구체적 내용은 다음과 같다.

- 도로교통안전국 : 자율주행차의 안전한 설계와 성능 관련 규제를 총괄하며 자율주행차 본격 출시에 앞서 연방차량안전표준 개발과 상용 자율주행차 준수 여부, 리콜 조사관리, 안전 규제, 안전 관련 소비자들과의 커뮤니케이션과 교육 등을 담당
- 주 정부 : 면허발급 및 차량등록, 교통법규 및 규정 제정과 집행, 안전 검사, 자동차 보험규제 담당, 자율주행차 운행에 걸림돌이 될 수 있는 도로교통법과 규제를 검토하고 공공도로에서 안전한 자율주행차 운행을 위한 테스트 및 등록신청 절차, 허가조건 개발을 위한 프레임워크 제시 기능을 수행하며, 도로교통안전국과 충돌이 발생하지 않도록 관련 법적 요구사항을 성문화하지 말 것을 권고
- 이외에도 기업에게는 신뢰와 안전 확보 등을 위해 자발적 시스템 안전성 평가 결과의 공개를 권고

2016년 5월 모델S 오토파일럿을 이용하던 운전자 조슈아 브라운 사망사고, 2018년 3월 캘리포니아 마운튼 뷰 모델X 운전자 사망사고, 우버 자율주행 시험차의 무단횡단 사망사고 등 세계적으로 자율주행차에 대한 안전성에 대한 논란이 제기되고 있음에도 불구하고, 미국 정부는 자율주행차의 상용화 속도를 서두르고 있다. 미국 소비자 단체인 컨슈머 워치독Consumer Watchdog은 자율주행차를 위한 안전 2.0 비전 보고서가 안전보다는 기술개발을 우선시하고 있으며, 웨이모를 제외한 모든 자율주행차 기업들이 자체 안전평가 보고서를 발표하지 않는 것은 미국정부의 자율주행차 정책이 잘못 설계되어 있는 것이라고 비판하며 자율주행차 대상의 특별 연방자동차안전기준을 마련해야 한다고 주장하고 있다. 미

국 소비자 연맹^{Consumer Federation of America}도 우버 자율주행차의 보행자 사망사고 등이 발생하면서 정부의 규제감독을 벗어나 실제 도로에서 자율주행차를 시험운행하고 있는 것은 시민들의 안전을 고려하지 않고 기그피니(실험대상)로 취급하는 것이며 많은 사람들을 위험에 빠뜨릴 수 있다고 강하게 비판하기도 했다.

2018년 9월 발표한 자율주행차 정책 3.0^{Autonomous Vehicle Policy 3.0}에는 대형트럭과 버스 운행을 감독하는 미국연방운송안전청^{Federal Motor Carrier Safety Administration}, 미국 전역의 운송 운영을 감독하는 미국 연방대중교통청^{Federal Transit Administration}, 자율주행차 인프라 요구사항 평가를 위한 미국 연방도로청^{Federal Highway Administration} 등을 참여시켜 2.0까지 일반 자동차 중심에서 공공운송과 물류 분야 자율주행을 위한 규제 완화 조치, 연구 및 데이터 수집, 이해 관계자 참여, 파일럿 프로그램 내용 등을 포함했다.

고속도로교통안전국은 본 보고서를 기반으로 스티어링 휠, 브레이크 페달 등 전통적인 조작장치와 사이드미러 등을 장착해야 한다는 안전규칙 개정을 추진 중에 있다. 이러한 규정을 전면 개정해 2018년 말 웨이모, GM 크루즈 등에서 개발 중인 조작장치가 없는 자율주행차 상용화의 법적 기반이 마련될 것으로 예상된다.

SELF-DRIVE Act와 AV(Autonomous Vehicle) START Act

미국은 자율주행차 법제화에도 적극적이다. 2017년 9월 하원에서 상정된 자율주행차량 관련 법률안 의결을 시작으로 연방 차원의 통일 법제 마련을 가속화하고 있다. 미 하원은 자율주행차량 활용을 위해 SELF-DRIVE Act Safely Ensuring Lives Future Deployment and Research in Vehicle Evolution Act 를 의결하고 상원에 송부했다. 주요 내용은 자율주행차 안정성 확보를 위한 연방정부의 역할을 규정하고 주정부가 연방 기준에 위배되는 법률 제정을 금지하며, 생산업체는 상용화 전에 문서화된 사이버 보안 규정과 프라이버시 보호 계획을 마련해야 한다는 내용을 담고 있다. 또한 자율주행차 시험 기준 및 안전 예외 규정 마련을 위한 내용도 담고 있으며 자율주행차 상용화를 위해 정부와 기업이 준수해야 할 사항을 담고 있다. 특히 교통부는 잠재 소비자에게 자율주행차 기능과 한계에 대한 정보 제공 의무화, 장애인과 고령층 등 교통약자 이동성 보장을 위한 가이드라인 개발, 1만 파운드(4,535kg) 이하 모든 새로운 승용차에 대한 뒷좌석 탑승자 정보시스템 장착 의무화, 자동차 헤드라이트에 대한 최신안전기준 연구 수행 등을 수행하도록 규정했다.

이와 별도로 상원은 SELF-DRIVE Act와 동반 법안인 AV START Act American Vision for Safer Transportation through Advancement of Revolutionary Technologies Act 를 발의했으며, 2017년 11월 상원 상업·과학·교통위원회에 회부되어 계류 중이다. 주요 내용은 자율주행차 설계, 구조, 성능 등과 함께 자율주행차량 관련 등록, 허가, 교육, 보험 등에 대한 주정부의 불합리한 제한에 연방 법률 우위 원칙이 적용됨을 규정하고 연방 차량 안전 기준의 지속적인 업데이트 필요성 규정, 자율주행차 생산기업의 시스템 안전, 데이터 기록, 사이버 보안 등 9개 항목에 대한 안전 평가보고서 제출 의무화, 자율주행차 권고사항을 마련해 교통부에 제출하기 위한 15인으로 구성된 기술위원회 설치 등을 규정하고 있다. 하원 AV Act는 자율주행트력을 적용대상에서 제외하고 있고 데이터 프라이버시 관한 규정이 포함되지 않은 것이 상원의 SELF DRIVE Act와의 차이점이다. 특히 자율주행차를 위한 안전 2.0 비전 가이드라인이 단순한 가이드라인의 수준을 넘어 법안으로 규정되고, 기업들이 자율주행차를 상용화하기 위해 준비해야 할 구체적 내용을 담고 있다는 데 의의가 있다.

2. 가해 운전자가 사라진 자율주행차 보험

자율주행차 역시 사고 발생 시 피해 책임을 위한 보험이 필요하다. 독일은 2017년 도로교통법 개정을 통해 미국과 같이 인간 운전자와 컴퓨터를 법적으로 동일하게 운전자로 판단하고 자율주행 모드에서 교통사고가 발생할 경우 제조자에게 책임을 물을 수 있는 법적 근거를 마련했다. 즉 완전자율주행 단계에서 발생한 교통사고 책임과 관련한 운전자의 법적 지위는 상실되지만, 현재 법에 반영되지 않은 이유는 완전자율주행 기술이 가까운 시일 내에 실현되지 않을 것이란 판단이 반영된 결과다.

하지만 운전자에게 완전자율주행 운행 중 고장이나 악화된 기상조건 등으로 자율주행 기능이 불가능해진 경우에 운전자는 바로 수동모드로 전환해 직접 운전해야 한다는 새로운 의무를 추가해 해당 의무를 위반한 운전자는 과실에 따른 책임을 부담해야 한다. 앞으로 자율주행차 소유자의 책임보험과 제조자 가입 보험 중 어느 보험자에게 사고에 따른 책임을 부담시켜야 하는지에 대한 판단 문제가 남아있지만, 제조물 책임 혹은 제조자 책임을 통해 피해자 구제가 가능하기 때문에 자율주행차 소프트웨어 개발자에게 책임을 전가하는 방안이 중요한 과제가 될 것으로 보고 있다.

현재 우리나라에서 시험운행 중인 자율주행차는 자동차손해배상 보장법 제5조의 보험 가입 의무에 따라 자율주행차임을 외부에 알릴 수 있는 표시, 운전자와 동승자 2인 탑승 및 각각의 주의 의무 규정, 자율주행 기능을 수행하는 장치에 원격 접근 및 침입 방지 장치, 운행정보 저장 장치(운행기록장치와 영상기록장치) 설치를 의무화했다. 하지만 구체적인 법이 마련되지 않아 아직까지 사고 발생 시 책임소재가 불분명하며, 향후 물리적 사고뿐만 아니라 외부 해킹이나 오작동에 대한 사고 보상대책은 마련되어 있지 않다.

하지만 국내 최초로 자율주행차 위험담보 자동차보험이 출시되었다. 판교 제로셔틀이 가입한 현대해상 자율주행차 위험담보 자동차보험은 6개월간의 개발 과정을 거쳐 2017년 11월 업계 최초로 출시된 자율주행차 전용 보험상품이다. 자율주행 테스트 중 발생 가능한 사고 위험을 보장하며, 주행 중 상대방에게 발생한 손해에 대해 사고 원인을 불문하고 먼저 보상한다. 자율주행차의 사고 위험을 포괄적으로 담보해 자율주행차 개발을 활성화하고 신속한 보험금 지급을 통해 피해자 보호에 기여할 것으로 기대된다.

완전자율주행차는 현재와 같이 가해자라는 개념이 사라지고 가해차량, 피해차량, 그리고 피해자만 존재하게 된다. 사고원인도 현재와 같이 상호합의나 블랙박스, CCTV 분석이 아니라 자율주행 소프트웨어 및 센서, 차량운행 데이터 로그 분석 등의 절차가 필요해 하드웨어, 소프트웨어 개발사 등의 분석에 의존해야 한다. 개인소유차량, 혹은 공유차량 등 사용하는 차량 탑승 유형과 상관없이 탑승자는 더 이상 운전자가 아니기 때문에 보험금 납입 형태와 사고 책임 소재가 변화할 수밖에 없다. 부분자율주행차 같은 경우에도 탑승자, 보험회사, 자동차 제조사 등 책임 소재를 가리기가 쉽지 않기 때문에 소송비용 증가, 보험금 지급 지연 등의 부작용이 우려된다.

따라서 위험 보장 역할의 상당 부분이 제조물배상책임 보험으로 이동하고, 사고가 발생하면 누구의 과실인지를 따지지 않고 법에 지정된 보험회사가 자율주행차 탑승자와 피해자를 정해진 약관에 따라 보상해 주는 과실불문보험No Fault Insurance 형태가 가장 유력한 대안으로 떠오르고 있다. 예를 들면 과실불문자동차보험No Fault Auto Insurance이 등장하고, 자율주행차 시험운행을 통해 적지 않은 자율주행차 오류와 에러 등에 대한 빅데이터를 보유한 구글 같은 기업들이 새로운 보험사로 떠오를 가능성도 배제할 수 없다. 사고원인 판단도 기존의 판사, 변호사 등이 아닌 프로그래머가 대신할 가능성도 있다.

3. 새로운 차량관리와 블록체인이 방지하는 차량 해킹

자율주행차 유지보수도 상용화를 위한 중요 이슈다. 현재 가장 많은 차량으로 가장 많은 시험운행을 실시한 구글에는 카메라, 라이다, 레이더 등 다양한 자율주행 관련 부품들을 유지보수하는 엔지니어들이 소속되어 있다. 하지만 앞서 말한 것과 같이 일반인이나 현재의 자동차 정비사들은 자율주행차 유지보수와 관리, 수리에 대한 지식과 경험이 없다. 인공지능 소프트웨어와 라이다 등 새롭고 복잡한 부품으로 구성된 자율주행차가 본격적으로 상용화되었을 때 어디에서 누구에게 정비해야 할지, 자동차 정비사들을 어떻게 훈련시켜야 할지, 적정한 정비 및 수리비용은 어떻게 책정해야 할지 등에 대한 정보는 전혀 없다.

현재까지 캘리포니아에서 시험운행을 하고 있는 자율주행차 기업들은 주정부에 매년 의무적으로 신고해야 하는 전체 시험운행 거리와 정지 횟수 등 기초 데이터만 보고하고 공개할 뿐 특정한 소프트웨어나 하드웨어의 오작동, 고장 등에 대한 사례와 원인 등은 공개한 적이 없다. 사고가 났을 때만 조사를 통해 원인이 알려질 뿐이다.

미국 소비자 단체인 컨슈머 워치독^{Consumer Watchdog}은 유일하게 웨이모만 발행한 자체 안전평가 보고서도 마케팅 브로슈어 수준이라고 비난할 만큼 소비자에게 자율주행차 고장 등에 대한 정보는 전혀 전달되지 않고 있는 실정이다. 미국 랜드연구소는 자율주행차가 수천억 마일을 주행해야 차량 신뢰성에 대한 검증이 가능하지만 현재의 시험운행 거리를 고려할 때 빠른 상용화를 위해서는 혁신적인 시험방법을 개발해야 한다고 주장하기도 했다. 예를 들어 주행 중인 자율주행차에 컴퓨터의 블루스크린 같이 아무런 동작이 되지 않는 상황이 벌어진다면 탑승자는 어떻게 대처해야 할지에 대한 가이드가 전혀 없는 실정이다.

향후 자율주행차가 상용화되면 비즈니스 모델에 따라 개인 혹은 차량공유 기업이 보유한 자율주행차의 고장에 대하여 애플 아이폰과 같은 리퍼 정책도 등장할 수 있다. 현재 가장 적극적으로 준비하고 있는 기업은 웨이모다. 웨이모는 2017년 6월 세계 최대 렌터카 기업인 AVIS와 파너트십을 체결했다. AVIS는 피닉스 지역에 배치된 퍼시피카 자율주행차 600대의 내부 청소, 오일 교환, 타이어 교체 등 표준 유지관리와 필요에 따라 자동차 부품을 모니터링하고 설치하는 역할을 전담한다. 웨이모와 AVIS의 파트너십은 상호 독점적이 아니며, 미국 피닉스 지역에서만 유효하다.

자율주행차 보안에 대한 우려도 높다. IBM이 2016년 소비자 1만 6,469명을 대상으로 실시한 설문조사 결과에 따르면 56%는 보안 및 개인정보보호가 향후 자동차 구매결정에 중요한 차별요소이며, 자동차를 사용하는 전체 라이프사이클 동안 문제가 발생하지 않아야 한다고 답했다. 이처럼 보안은 자율주행차 상용화를 위한 매우 중요한 핵심 요소다.

이미 20~60달러 수준의 비용으로 시범 해킹에 성공한 차량들이 다수 공개되었다. 피해 차량은 생산기업이 과거 해킹 사건을 모니터링할 수 없으며, 사이버 공격 방지를 위한 보안절차나 무선인터넷 사용에 따른 취약점을 가지고 있기 때문이다.

중국의 인터넷기업 텐센트 킨 보안연구소^{Keen Security Team}는 오토파일럿 기능이 탑재된 모델S 시리즈를 원격조종하는 모습을 유튜브에 올렸다. 운전자가 악성 와이파이 핫스팟으로 웹 브라우저에 연결된 상태에서 접근 권한을 획득해 해킹에 성공한 것이다. 미국의 보안업체인 미션 시큐어^{Mission Secure}, 자율주행차 소프트웨어 개발업체인 페론 로보틱스^{Perrone Robotics Inc.}, 버지니아대학 등 공동연구팀은 자율주행차의 핵심 부품인 라이다, 카메라, 센서 등을 해킹해 장애물을 인지하지 못하고 차량과 충돌

● 해킹 후 장애물과 충돌한 패론 로보틱스의 자율주행차

출처 Allyson Versprille, Researchers Hack into Driverless Car System, Take Control of Vehicle, National DEFENSE, 2015. 5.

하는 시험을 실시했으며, 이러한 실험 등을 기반으로 해킹을 실시간으로 방지할 수 있는 기술을 개발 중이다. 아직까지 차량이나 자율주행차 해킹에 의한 인명 사고나 테러는 없다. 하지만 예를 들어 테러리스트가 자율주행차에 폭발물을 싣고 특정 목적지까지 보내는 상황을 가정해 보자. 차량 자체에 대한 신뢰, 사용자 식별, 탑재물 판별 등에 대한 문제는 매우 중요한 이슈일 수밖에 없다.

최근에는 블록체인 기술의 자율주행차 적용에 대한 관심이 높다. 블록체인은 하나의 분산 네트워크에서 다수 사용자들에게 데이터를 공유하는 시스템이다. 암호화와 복잡한 알고리즘을 사용해 모든 참여자들의 네트워크 사용을 민주화하고 각각 확인된 트랜잭션을 영구원장Permanent Ledger에 기록하는 등 데이터 투명성과 정확성이 보장된다.

자율주행차의 무선인터넷 노드는 주행환경에서 끊임없이 데이터를 받기 때문에 블록체인을 활용하기에 적합한 대상이다. 컴퓨터는 사람의 감독과 개입 없이 상호작용하며 무결성을 보존하고 다른 노드 데이터로부터 정확한 결론을 도출할 수 있다. 블록체인 기술을 적용하면 데이터 공유 확장에 따라 머신러닝이 강화되고, 100만 라인이 넘는 소프트웨어가 필요한 자율주행차를 해킹하려면 여러 곳에 퍼져있는 장부들을 동시에 바꾸어야 하기 때문에 해킹에 의한 테러나 사고는 거의 불가능하다. 또한 주행 데이터는 전송과정에서 데이터가 즉시 갱신되고 안전하게 공유가 가능해 데이터 위변조를 방지할 수 있다. 운전자의 운전습관과 성향 데이터를 확보하여 보험에 반영한 운전자행동연계보험을 통해 보험료 할인도 가능하다. 뿐만 아니라 자율주행차 생태계에서는 배송, 물류, 정비, 주유, 세차, 주차 서비스 등의 영역에서 자체 가상화폐를 활용하여 다양한 환경과 서비스를 활성화시킬 수 있다.

블록체인 연구에 가장 적극적인 기업은 도요타다. 도요타는 도요타 리서치 인스티튜트를 중심으로 미국 MIT 미디어랩 등과 함께 블록체인 기술을 활용한 자율주행차, 차량공유 등의 연구를 적극적으로 추진하고 있다. 차량공유와 자율주행 시험 데이터 공유를 위한 플랫폼 구축을 위해 독일 빅데이터 분석업체 빅체인디비^{BigchainDB}, P2P 카풀 솔루션 구축을 위해 이스라엘 기업인 커뮤터즈^{Commuterz}, P2P 카셰어링 어플리케이션 구축과 새로운 모빌리티 토큰 적용 및 지불 시스템 구축을 위해서는 차량 추적과 모니터링 기술에 블록체인을 적용한 이스라엘 기업 오켄 이노베이션^{Oaken Innovation}과 협력하고 있다. 또한 운전자습관연계보험에 블록체인을 적용하기 위해 미국의 운전자행동연계보험 플랫폼 구축 회사인 GEM, 도요타 텔레매틱스 보험사인 도요타보험관리솔루션^{Toyota Insurance Management Solutions}, 아오이니세이도와보험서비스^{Aioi Nissay Dowa Insurance Services} 등과도 연구개발을 진행 중이다. 이러한 도요타의 노력은 블록체인 플랫폼에 자율주행과 관련된 서비스 데이터를 저장하여 안전한 데이터 환경을 마련하고 무엇보다 해킹 방지, 그리고 낮은 보험료 산정에 도움이 될 것으로 판단된다. 도요타는 도로 상황, 주변 환경 등 주행에 필요한 데이터와 운전자 주행정보를 결집한 클라우드에 자율주행차 운행정보를 저장하고, 보안을 유지하면서도 다른 기업들과 이들 데이터를 공유할 수 있다고 판단하고 있다. 이러한 도요타의 행보는 GM, 포드, BMW 등 다른 완성차 기업들의 관련 스타트업 인수와 투자를 통한 기술획득 전략과는 달리 독자적 자율주행차 개발과 생태계 구축을 위한 시도로 해석할 수 있다.

4. 아직은 답을 내놓지 못하는 자율주행차 윤리

자동차 사고의 90% 이상은 인간의 실수로 발생한다. 미국 고속도로교통안전국은 자율주행차가 인간 운전자의 실수를 최소화해 2040년에는 교통사고를 현재의 3분의 1 정도로 줄일 수 있을 것으로 예상했다. 자율주행차가 모든 사고를 예방할 수는 없지만 미국 교통사망자 수의 50%만 감소시켜도 연간 1만 8,000명, 우리나라 2017년 교통사고 사망자 수 4,185명의 50%인 2,000명 이상의 생명을 구할 수 있다. 법적으로 자율주행차의 인공지능을 인간 운전자와 동일시하는 미국과 독일 이외의 많은 국가들도 아직 법제화하지는 않았지만 유사한 관점에서 정책을 설계하고 있다.

인간 운전자와 달리 특정 상황에서 사전에 정의된 알고리즘에 따라 대응하는 자율주행차가 탑승자 혹은 상대차량과 보행자 가운데 누구의 안전을 우선해야 하는지에 대한 논란이 끊이질 않는다. 본격적인 자율주행차의 상용화 시점이 다가오면서 자율주행차의 윤리문제는 사회적 수용성 확보뿐만 아니라 개별 브랜드 이미지 제고를 위해 반드시 논의되고 해결되어야 할 이슈다.

벤츠의 드라이버 어시스턴스 프로그램 안전부문 총괄책임자 크리스토프 본 휴고Christoph von Hugo는 2016년 파리오토쇼에서 카앤드라이브Car and Driver 기자가 자율주행차 윤리를 묻는 질문에 "벤츠가 개발하는 모든 레벨 4, 5의 자율주행차는 탑승객의 목숨을 우선시하겠다"라고 말해 논란이 된 적이 있다.

이렇듯 자율주행차 기업들은 벤츠 담당자와 같이 돈을 지불하고 자사의 제품을 사용하는 고객들의 안전을 우선시하고 싶겠지만, 공공 혹은 소비자 단체들은 자율주행차가 위협하는 보행자 및 일반시민의 안전을 우려하기 때문에 논란이 끊이지 않고 발생하고 있다. 특히 2018년 3월 우버 자율주행차에 치어 사망한 일레인 허즈버그의 사고 후 전 세계적으로 관심은 더욱 높아졌다.

자율주행차가 사람이 운전하는 것보다 아무리 안전하다고 해도 아직까지 모든 유즈케이스를 파악할 수 없을 뿐만 아니라, 도로의 모든 차량들이 완전자율주행차로 교체되기까지는 오랜 기간 인간 운전자들이 운행하는 차량들과 뒤섞여 운행해야 한다. 언젠가 자율주행차 개발기업에서는 자율주행차가 사고 상황에서 누구의 안전을 우선해야 할지에 대한 답을 제공해야 하지만, 현재까지 자율주행차 개발 기업이나 어느 국가에서도 자율주행차 딜레마에 대해 공식적으로 합의된 정책을 밝힌 곳은 없다. 특정 국가에서 통일된 인공지능 운전자 윤리규정을 강제할 수 있을지도 의문이다.

이러한 자율주행차의 안전 문제는 1967년 영국 철학자인 필리파 푸트Philippa Foot가 처음 제기한 트롤리의 딜레마Trolley Problem라는 윤리적 판단

문제를 기반으로 논의되고 있다. 즉 자율주행차가 주행하면서 피할 수 없는 불가항력적인 사고 상황에 접했을 때 탑승자와 보행자 가운데 누구를 우선적으로 구해야 할지 판단해야 하는 자율주행차의 딜레마다.

MIT대학 미디어랩 등은 모럴머신^{Moral Machine}이란 웹사이트^{moralmachine.} ^{mit.edu}를 만들어 딜레마 상황에서 자율주행차 인공지능의 윤리적 결정에 대한 사회적 인식 수집을 위한 플랫폼을 운영하고 있다. 예를 들면 다음 그림에서 자율주행차가 직진하는 경우 고령자들이, 좌회전할 경우에는 젊은 사람들이 사망하거나 다치게 된다. 고령자들이 사망하는 경우에는 자율주행차가 도로벽에 부딪히지 않지만, 좌회전하는 경우에는 인사사고뿐만 아니라 벽에 부딪혀 탑승자가 다치거나 사망할 수도 있다. 자율주행차 딜레마는 이러한 경우에 자율주행차가 탑승자와 보행자, 사상이 예상되는 사람의 수에 따라 어떻게 상황판단을 하도록 프로그래밍해야

● 자율주행차의 윤리적 판단이 필요한 사례

자율 주행차는 어떻게 해야 할까요?

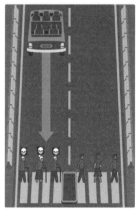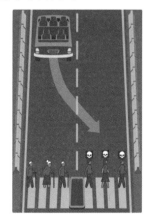

출처) Moral Website, http://moralmachine.mit.edu

할지에 대한 인공지능 윤리 문제다.

MIT 미디어랩 등은 모럴머신 사이트에서 수집된 18개월 동안 233개 국가와 지역 230만 명이 참여한 4,000만 가지의 자율주행차 윤리적 판단이 필요한 사례를 수집 분석해 2018년 10월 네이처[nature] 저널에 발표했다. 연구를 통해 밝혀진 거시적 관점에서의 윤리기준은 애완동물보다는 사람, 소수보다는 다수의 사람들, 남성보다 여성, 비만한 남자보다는 운동선수, 노숙자나 범죄자보다 기업 임원 등 사회적 지위가 높은 사람의 안전과 생명이 중요하다는 것이다.

● 자율주행차 윤리평가 대상 특성별 선호도

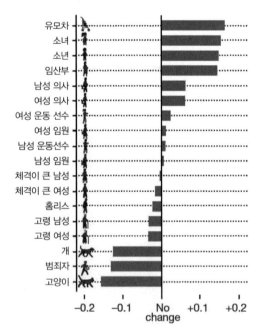

(출처) Edmond Awad, Sohan Dsouza, Richard Kim, Jonathan Schulz, Joseph Henrich, Azim Shariff, Jean-Francois Bonnefon & Iyad Rahwan, The Moral Machine Experiment, Nature, 2018. 10. 24.

• 1에 가까울수록 젊은층, −1에 가까울수록 고령층을 중시

출처 Karen Hao, Should a Self-Driving Car Kill the Baby or the Grandma? Demands on Where you're from? MIT Technology Review, 2018. 10. 24.

물론 문화와 경제력에 따른 윤리기준의 차이도 있다. 개인주의 성향이 강한 국가일수록 젊은층의 생명과 안전을 중요하게 생각하고, 한국, 일본, 중국, 대만 같이 비교적 집단주의 성향이 강한 국가에서는 반대로 고령층을 중시하는 경향을 볼 수 있다.

일본, 핀란드와 같이 부유한 국가의 사람들은 나이지리아, 파키스탄과 같이 빈곤한 국가 사람들보다 무단횡단자를 중요하지 않게 생각하는 것으로 나타났다. 뿐만 아니라 빈부격차가 비교적 적은 핀란드 사람들은 노숙자와 기업임원 중 어느 쪽을 특정하게 중요하다고 판단하지 않지만, 빈부격차가 큰 콜롬비아 사람들은 노숙자보다 기업임원의 생명과 안전을 중요하게 여기는 특징을 보였다.

연구자들은 트롤리 문제의 근원적인 질문은 사람의 수가 윤리적 판단을 위한 결정적인 요소가 아니라는 것을 발견했다. 영국이나 미국과 같은 개인문화를 가진 국가는 다른 모든 선택보다 많은 사람들의 생명과 안전이 중요하다고 판단했으며, 이는 개인의 가치를 중요하게 여기는

• 1에 가까울수록 많은 사람, −1에 가까울수록 개인을 중시

출처 Karen Hao, Should a Self-Driving Car Kill the Baby or the Grandma? Demands on Where you're from? MIT Technology Review, 2018. 10. 24.

문화 때문으로 분석했다.

응답자가 100명 이상인 130개국의 응답을 분석하면 지리적으로 인접한 국가들이 유사한 패턴의 결과를 보이며 북아메리카와 유럽 등 전통적으로 기독교가 지배적인 서구권, 일본, 인도네시아, 파키스탄 등 유교와 이슬람 전통이 강한 동양권, 중미와 남미, 오세아니아, 프랑스와 과거 프랑스 식민지 국가 등 남미권으로 구분할 수 있다. 서구권은 사람이 많은 케이스, 어린이와 체격이 작은 사람들을 구하는 윤리기준을 선호했다. 동양권에서는 사람 숫자와 상관없이 교통규칙을 지키는 보행자를 더욱 중요시하며, 남미권에서는 여성과 어린이, 사회적 지위가 높은 사람이 더욱 중요하게 분석되어 지역별로 윤리기준이 다른 것을 알 수 있다.

흥미로운 것은 같은 동양권이지만 일본은 보행자를 가장 중시하는 국가이며, 중국은 탑승자를 가장 중시하는 국가라는 점이다. 이는 특정 국가의 문화가 자율주행차 윤리에 얼마나 커다란 영향을 주는지 보여주는

● 보행자와 탑승자의 중요도 국가별 비교

• 1에 가까울수록 많은 보행자, −1에 가까울수록 탑승자를 중시

(출처) Karen Hao, Should a Self-Driving Car Kill the Baby or the Grandma? Demands on Where you're from?, MIT Technology Review, 2018. 10. 24.

사례다.

우리나라는 글로벌 평균과 비교해 동물보다 사람, 거동이 자유로운 사람보다 불편한 사람, 차량 탑승자보다는 보행자 안전과 생명을 중시하지만 건장한 사람보다는 몸이 약한 사람, 사회적 지위가 있는 사람, 젊은 사람, 다수의 사람에 대한 중요도는 글로벌 평균보다 낮게 생각하는 것으로 분석되었다. 남성보다 여성, 교통규칙을 잘 지키는 사람을 중시하는 수준은 글로벌 평균과 유사한 수준이다. 미국과 비교하면 거동이 자유로운 사람보다 불편한 사람, 남성보다는 여성을 중시하는 결과는 유사한 수준이지만, 동물보다는 인간, 탑승자보다 보행자, 교통규칙을 잘 지키는 사람들을 중시하는 수준은 미국보다 높았으며, 나머지 척도는 미국보다 낮고 태국과 유사한 결과를 보여준다.

현재 자율주행차가 본격적으로 상용화되지도 않았고 명확한 유즈케이스도 파악이 안 된 상태에서 모럴머신과 같이 설문을 기반으로 관련 윤리 가이드라인이나 규정을 만들 수는 없다. 실제로 모럴머신 웹사이

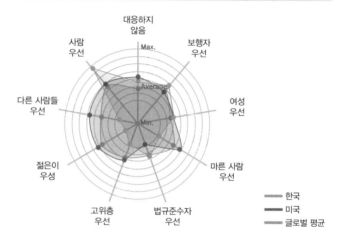

출처 모럴머신 설문 분석 결과, http://moralmachineresults.scalablecoop.org

트를 통해 의견을 제시한 사람들의 진실성도 증명할 수는 없다. 하지만 앞으로 어떻게 자율주행차의 윤리 기준을 작성하고 사회적 합의를 이끌어낼지, 필요하다면 지역별 윤리 기준의 차이를 어떻게 반영하고 관리할지에 대한 중요한 질문과 기준을 제시한 자료를 활용할 수 있다.

2017년 8월 독일 교통부는 세계 최초로 자율주행차 법률 가이드라인을 공개해 많은 관심을 받았다. 독일 내 모든 자율주행차 주행 프로그램들은 사고가 발생해 인명이 위험한 경우 교통법규 위반, 동물과 재산상 피해를 감수하고 인명을 최우선적으로 보호하도록 프로그래밍하도록 의무화했다. 자율주행기술 개발 기업들은 사람의 나이, 성별, 지위, 신체적 조건 등을 차별하지 않고 모든 자율주행차는 모든 인간의 생명이 동등한 관점에서 이해하도록 프로그램해야 한다는 의미다. 자율주행차의 윤리적 딜레마에 대한 논쟁을 극복하기 위한 독일 정부의 노력이지만,

자율주행차가 어떻게 해당 가이드라인을 준수해야 할지는 아직 불확실하다.

　가장 윤리적인 판단은 사고발생 시 피해를 최소화하는 것이지만, 외부 사람들의 피해를 최소화하기 위해 자율주행차 탑승자가 희생되도록 프로그래밍한다면 자율주행차 시장은 위축될 수밖에 없다. 기업들은 비용을 지불해 자율주행차를 구매하거나 사용하는 소비자들을 보호해야 할 의무도 가지고 있다. 하지만 자율주행차 윤리가 인간의 생명과 안전을 의미한다는 관점에서 이해당사자 간의 합의와 사회적 수용을 이끌어 내기란 쉬운 일이 아니다.

　이러한 문제는 자율주행차 설계와 규제에 영향을 미친다. 특히 글로벌 시장 진출을 꿈꾸는 대부분의 자율주행차 기업들에게는 국가별로 상이한 도로환경과 교통 시스템뿐만 아니라, 경제문화적 차이들을 어떻게 인공지능에 반영해야 할지가 지극히 중요한 문제이다. 결국 자율주행차 윤리문제는 트롤리 딜레마를 넘어 자율주행차의 사회적 수용성을 결정 짓는 가장 중요한 이슈라고 할 수 있다. 향후 자율주행차가 출시된다고 해도 오랜 시간 발생하는 사고와 발견되는 유즈케이스에 맞춰 지속적으로 논의될 수밖에 없는 이슈다.

5. 자율주행차가 가져온 일자리 포비아와 후방산업 재편

🚗 자율주행차는 이동봇, 공유자율주행차는 로보택시 혹은 택시봇으로도 불린다. 이동수단이지만 인간 운전사가 필요 없는 로봇으로 보는 관점에서 부르는 명칭이다.

2040년 자율주행차가 전 세계 차량의 75%를 차지할 것으로 예측한 전기전자기술자협회[IEEE]의 전망이 현실화되면 수많은 운전기사들은 실직의 위협에 시달릴 수 있다. MIT 슬론경영대의 에릭 브린욜프슨[Erik Brynjolfsson] 교수는 원래 로봇 예찬론자였다. 하지만 2010년 구글이 자율주행차 운행에 성공한 후 로봇에 의한 장밋빛 미래는 사실이 아니며, 로봇 혁명이 미국 노동시장을 뿌리부터 뒤흔드는 임계 시점이 다가왔다는 것을 알게 되었다고 언급하기도 했다.

이렇듯 다양한 자율주행차의 출현으로 인간 운전기사가 사라진다는 예측들이 발표되면서 자율주행차는 인간 일자리 파괴의 주범이 되었고 일자리 포비아 현상까지 벌어지고 있지만 좀 더 구체적인 분석을 살펴볼 필요가 있다.

● 자율주행차 도입에 따른 운전기사 고용 추이 예측

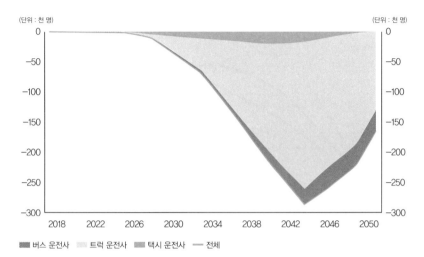

(단위 : 천 명)

(단위 : 천 명)

■ 버스 운전사   트럭 운전사 ■ 택시 운전사   — 전체

(출처) Stacy Liberatore, Self-Driving Vehicles Are Set to Take 25,000 Jobs a MONTH Away from Americans with Truck Drivers being Worst Hit, DailyMail, 2018. 5. 23.

　골드만삭스경제연구그룹Goldman Sachs Economics Research은 자율주행차가 도입될 경우 일반적으로 택시기사의 일자리가 가장 많이 없어질 것이란 예상과는 달리 트럭운전기사가 자율주행기술로 대체될 위험이 가장 높다고 분석했다. 자율주행차가 등장하는 몇 년 동안은 자율주행기능이 인간 운전기사 일자리를 서서히 대체하겠지만 자율주행차가 급속히 증가하는 2042년에는 월 2만 5,000개, 연간 30만 개의 일자리가 사라질 수도 있다는 분석이다.

　대표적으로 물류의 트럭 의존도가 높은 미국 트럭업계의 가장 커다란 문제점은 운전자 고령화다. 미국인 평균 연령이 42세인데 비해 트럭 운전기사의 평균 연령은 49세다. 트럭운전자 55%는 45세 이상이고, 25%는 35세 미만이지만 평균 연령은 계속 증가하고 있다. 고령 운전기사들

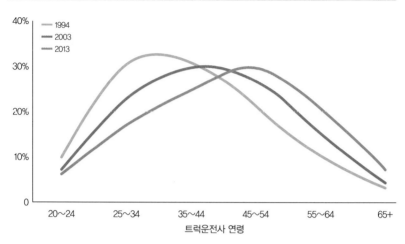

출처 UberATC, The Future of Trucking: Mixed Fleets, Transfer Hubs, and More Opportunity for Truck Drivers, Medium, UberATC, 2018. 2. 1.

이 퇴직하면서 젊은 운전기사들의 부족현상까지 겹치고 있다. 트럭 운전은 한 번 출발하면 목적지까지 숙박을 하면서 주행하는 장거리 운송이 대부분으로 1년 동안 최대 200일의 객지생활을 감수해야 한다. 워크-라이프 밸런스와 삶의 질을 중요하게 여기는 밀레니얼 세대나 Z-세대에겐 매력적인 업종이 아니다. 뿐만 아니라 21세가 넘어야 트럭운전기사가 되기 위한 상업용 운전면허Commercial Driver License 취득이 가능하기 때문에 많은 젊은 세대들이 21세 이전에 다른 산업으로 진입한다.

　트럭운전기사 부족 문제는 2012년 미국 경제가 살아나면서 본격적인 논의 대상으로 등장하기 시작했다. 미국트럭협회American Trucking Associations 추산에 따르면 2017년 트럭 업계는 미국 전체 화물의 70% 이상을 담당하고 매출은 7,190억 달러를 기록했다. 앞으로 10년 동안 40만 명이 넘는 운전자가 퇴직하지만, 화물수요는 37% 증가해 화물 수요를 따라잡기 위해선 90만 명의 새로운 운전자가 필요하다. 2017년 약 50만 명의 장거리 트럭운전자가 일했지만 약 5만 1,000명이 부족했다. 운전기사 부족현상으로 화물업체들이 운전기사 확보를 위해 높은 임금과 보너스를 제공하는 등 2017년 1마일당 평균 비용은 2016년 대비 15%나 상승했다. 화물 트럭 운전기사의 평균연봉은 5만 9,000달러지만, 개인사업자로 일하는 숙련된 운전기사는 8만 6,000달러까지도 상승했다.

테슬라, 우버, 다임러 등은 자율주행트럭을 개발하고 있으며 펠로톤 테크놀로지Peloton Technology는 군집주행기술을 개발하는 등 많은 기업들이 트럭 자율주행기술 개발에 뛰어들었다. 테슬라가 2019년부터 생산 예정인 자율주행전기트럭 세미semi는 1회 충전으로 500마일 주행이 가능하고 100만 마일을 보증하며 연간 10만 달러를 절감할 수 있다. 자율주행트럭 스타트업인 임바크Embark는 냉장고를 싣고 텍사스에서 캘리포니아까지 650마일의 거리를 레벨 2 기술 수준의 자율주행 배송에 성공해 우버Uber가 기록한 상업용 자율주행트럭 최장거리 주행 기록인 120마일을 경신했다. 이미 프라이트라이너Freightliner, 볼보 등 트럭기업들은 차선유지 시스템과 정속주행장치 등의 기술을 탑재해 판매하고 있다. 앞서 말한 자율주행트럭 세미는 월마트에서 30대 이상을 선주문하겠다고 나서는 등 장거리 운행을 위한 비용감소가 중요한 기업에서 많은 관심을 보이고 있다.

자율주행트럭 도입을 환영하는 물류기업과 자율주행기술 개발기업들은 운전기사를 대체하는 것이 아니라, 숙련된 운전자가 부족하고 진입장벽이 높은 트럭운전기사라는 직종에 자율주행기술로 스킬갭Skill Gap

을 채워 진입장벽을 낮추고 부족한 인력을 확보하는 것이 주요 목적이라고 주장한다. 하지만 미국정부와 자율주행트럭개발 기업, 트럭운전기사들의 이해는 충돌하고 있다. 미국 최대의 트럭 생산기업인 나비스타Navistar는 상원 SELF DRIVE Act에 대형상용트럭도 적용 대상에 포함하도록 촉구하고 있고, 공화당이 장악한 상원 역시 1만 파운드(4,535kg) 이상 상용트럭에도 적용하는 방안을 추진 중이다. 하지만 일자리를 잃을 것을 우려하는 전미트럭운전자조합teamster 등은 자율주행트럭과 트럭 군집주행 도입에 반대하고 있다.

트럭기사들의 우려와는 달리 자율주행트럭의 도입으로 미국 트럭 업계 문제를 해결하고 오히려 일자리는 증가할 것이란 예측도 있다. 현재 자율주행트럭을 개발하고 있는 우버의 ATG와 CDL-Holding Truckers의 연구 결과다. 우버는 트럭 업계의 진화를 위해 수송허브Transfer Hubs와 자율주행트럭, 기존 트럭이 함께 운영되는 혼류 정책을 제안했다. 장거리 트럭운전자의 어려움을 해소하기 위해 운전기사는 창고나 공장에서 고속도로 주변 허브까지 운송을 담당하고 고속도로에서는 자율주행트럭이 운송하는 모델이다. 2028년 자율주행트럭 100만 대가 운영된다는 가정으로 혼류 정책을 시뮬레이션했다. 자율주행트럭은 24시간 운행이 가능하기 때문에 한 대가 현재 트럭 두 대 역할을 수행할 수 있다고 가정했다. 현재 트럭은 하루의 3분의 1도 운영되고 있지 않은 실정이다. 시뮬레이션 결과 2018년 자율주행트럭이 투입되지 않았을 경우 미국 전국의 트럭운전기사 일자리는 2028년까지 76만 6,000개가 증가했다. 하지만 자율주행트럭을 추가하고 우버가 제안한 새로운 모델을 도입하면 로컬허브를 중심으로 트럭 물동량이 증가한다. 자율주행트럭은 장거리 노선 효율성을 높여서 트럭운송 비용과 배송 화물들의 소매가를 낮춰 상품을 소비자에게 저렴한 가격으로 공급할 수 있고, 이에 따라 상품수요가 더욱 증가해 트럭 물동량도 증가한다. 그 결과 장거리 수송에서 로컬 수송으로 약 100만 개 일자리가 이동하며, 수요증가에 따라 약 40만 개의 새로운 트럭운전기사 일자리가 생겨날 것으로 분석했다.

우버가 제안하는 수송허브와 혼류 전략 유사 개념으로 프라이스워터하우스쿠퍼스는 자율주행트럭과 허브-투-허브Hub-to-Hub 운송시스템 개념 도입을 통한 물류 프로세스 개선으로 2030년까지 47%의 물류비용 절감이 가능하다고 밝혔다. 절감 비용의 80%는 인건비로 특히 자율주행트럭은 현재 하루의 3분의 1도 안 되는 29%의 트럭 운행시간을 2030년 하루의 78%까지 올려 효율성을 향상시킬 수 있다는 분석이다.

● 현재 트럭 비즈니스 모델 vs 자율주행트럭 도입 시 일자리 시뮬레이션 결과

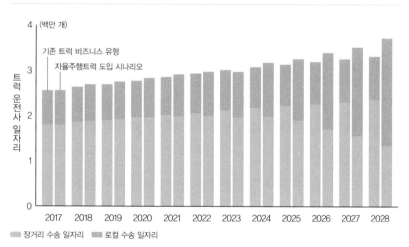

출처 UberATC, The Future of Trucking: Mixed Fleets, Transfer Hubs, and More Opportunity for Truck Drivers, Medium, UberATC, 2018. 2. 1.

미국트럭운송협회American Trucking Association 역시 자율주행트럭이 본격적으로 도입되더라도 일자리에는 커다란 변동이 없을 것으로 전망하면서, 자율주행의 본격 도입까지는 시간이 필요한 만큼 단기간 내에 일자리 상실은 발생하지 않을 것으로 주장하고 있다. 미국 비영리 에너지 연구단체인 SAFESecuring America's Future Energy는 자율주행기술이 트럭 산업의 안전성, 인력부족, 효율성 개선에 기여할 것으로 전망했다. SAFE가 경제학자들에게 의뢰한 연구에 따르면 최소한 2040년까지 트럭 관련 운전기사 고용시장은 붕괴하지 않는다. 2040년까지 자율주행이 0.06~0.13% 수준의 실업률을 증가시키며, 트럭운전기사들의 평균연령이 55세가 되는 2050년 중반에는 대부분의 트럭운전기사가 사라질 것으로 예측했다. 따라서 트럭운전기사들은 점진적으로 유통센터, 차량안내 등 트럭과 연관된 다른 직업으로 전환해야 한다고 밝혔다.

모든 직업들은 특정 기술의 탄생과 함께 출현하고, 분화와 통합과정을 거쳐 소멸하는 유기체적 특징을 가지고 있다. 자율주행기술 등장에 따른 일자리 변화 논의가 많이 진행되고 있지만, 어느 날 갑자기 모든 일자리가 바뀌지는 않는다. 특정 자동화 기술이 도입되면 가장 먼저 사라지는 것은 직접 일자리다. 하지만 직접 일자리가 줄어드는 만큼 관련 서비스를 유지하기 위한 간접 일자리가 늘어나고 오히려 직업의 다양화가 일어날 수도 있다.

즉 단순히 자율주행차 대수만큼 인간 운전기사가 사라진다는 논리가 아니라 자동화가 인간 노동자를 대체하는 일차적 영향을 넘어서 이차적인 상품 가격 하락과 노동임금 상승에 따른 사회 전체적인 투자 효과 등을 고려해야 한다. 특히 중요한 것은 자동화가 급속히 확산되는 시점에서 충분히 해당 업무 종사자들이 다른 일자리로 전환이 가능하도록 기업과 정부가 정책적으로 지원하는 것이다.

후방산업에 대한 고민도 필요하다. 2025년까지 미국에서 자율주행차가 상용화될 경우 버스, 택시, 트럭 운전기사들뿐만 아니라, 자동차 보험회사와 렌탈 회사 직원 등 1,000만 명의 일자리가 사라질 것이라는 전망도 있다. 차량공유 서비스가 확산되면서 택시기사들 일자리가 감소할 뿐만 아니라, 공유자율주행차가 등장하면 긱 이코노미로 생활하는 우버 드라이버 등도 일자리를 잃을 것으로 예상된다. 신시내티 파이낸셜 Cincinnati Financial 은 차량 간 거리를 식별해 운전 속도를 조절하는 센서가 탑재된 자율주행차가 증가하면 자동차 보험 수요도 급감할 우려가 있다고

● 자율주행차 도입으로 변화하는 보험료

(단위 : 달러)

자율주행차 사용으로
누구나 동일한 금액을 지불하게 되어
절감되는 자동차 보험

현재 보험료를 가장 적게 내는 기혼
여성도 무인자동차 도입 후 사고발생
률이 감소하면 보험료가 더 줄어들
가능성이 있음.

■ 최저 자동차 보험료   ■ 운전자의 인구통계학적 특성에 따라 증가하는 자동차 보험료

출처 Uautoinsurance.com Analyst Team, Effects of Robotic Driverless Vehicles on Auto Insurance Costs, Robotics Tomorrow, 2014. 7. 17.

보도했다. 실제 미국 3대 보험회사인 신시내티 파이낸셜, 머큐리 제너럴 Mercury General, 트래블러스Travelers는 2015년 3월 미국 증권거래위원회에 제출한 연례보고서에서 자율주행차를 미래 사회의 가장 큰 위협으로 꼽았다. 자율주행차에 내장된 사고 예방장치로 교통사고 발생건수가 급감하게 되면, 운전자의 부주의 덕분에 이익을 창출해 온 보험업계의 영업기반이 무너질 수밖에 없기 때문이다.

고속도로 휴게소와 자동차 부품업계 역시 위기에 처할 수 있다. 자동차 부품업체 LKQ는 자율주행차 상용화로 사고가 줄어들면 수리용 부품의 수요가 감소하여 부품업계와 수리 및 정비 업계도 막대한 타격을 입게 될 것으로 전망했다. 여기에 더해 주유소 내에 편의점이 많이 있는 미국 편의점 업계도 큰 타격을 받을 수 있다. 이 경우 음료 제조 회사들, 특히 주유소 및 편의점에서 미국 내 판매량의 63%를 차지하는 몬스터 음료Monster Beverages 같은 회사도 큰 타격을 입을 수 있다고 분석했다. 더불어 공유자율주행차 확산이 예상되는 초기 시장에서는 차량중개 앱이 수요자와 공급자 매칭 역할을 수행하기 때문에 자동차 딜러 시장도 축소될 우려가 있다.

Mobility Big Bang,

8

Riding the Future

여러분은
어떤 자율주행차를
사용하시겠습니까?

· · ·

자동차는 더 이상 완성차 기업의 전유물이 아니다. 자율주행차는 완성차 기업들뿐만 아니라 테크 자이언트, 라이드셰어링 기업들도 눈독을 들이는 새로운 시장을 오픈했다. 자동차 기업 엠블럼이 아닌 테크 자이언트 혹은 라이드 셰어링 기업들의 엠블럼을 부착한 자동차를 타는 날이 머지않았다. 그만큼 소비자들의 선택권도 넓어졌지만, 더 꼼꼼히 각 기업과 서비스 특성을 정확히 알고 있어야 한다. 아쉽지만 현재 우리나라 이야기는 아니다.

1. 자율주행차를 사용하는 이유

2014년 보스톤 컨설팅 그룹은 자동차를 구매한 지 얼마 되지 않았거나 구매의사가 있는 미국 소비자 1,510명을 대상으로 자율주행차 구매의사 관련 설문조사를 실시했다. 결과의 신뢰성을 높이기 위해 설문자에게 자율주행차 이해도를 테스트하고 다양한 기능을 설명한 후 실시했지만, 대부분의 소비자들은 이미 자율주행차가 지니고 있는 기능과 함의를 빠르고 직관적으로 이해하고 있었다.

구매를 살펴보면 부분자율주행차는 설문자 55%, 완전자율주행차는 44%가 구매할 것이라고 응답했으며, 이러한 관심은 전기자동차가 소개되던 시점보다 더 높고 빠르게 늘어나고 있다고 분석했다. 그러나 신뢰성, 사이버 보안, 도로 상의 다른 일반 차량들과 상호작용에 대한 불완전성 등을 이유로 설문자의 22%는 부분자율주행차, 35%는 완전자율주행차를 구매하지 않겠다고 응답했다.

구매를 희망하는 소비자들은 운전자가 보험, 수리, 유지보수 비용이 적게 드는 점을 자율주행차 구매의 매력적인 이유로 꼽았으며, 특히 향후 5년 내 부분자율주행차량을 구매할 것이란 소비자는 낮은 보험료와 안전, 고속도로에서 자율주행 모드 사용을 가장 중요한 구매 요인으로 밝혔다. 완전자율주행차량 구매 이유도 부분자율주행차와 마찬가지로 낮은 보험료와 안전이 중요하지만, 자율주행차로 이동하면서 멀티태스킹이 가능해 생산성을 향상시킬 수 있다는 점도 중요한 구매 요인으로 답했다. 그 이외에도 보호자 없이 고령자와 어린이가 이동할 수 있고, 카풀과 공유차량 네트워크에 투입되면 저렴한 가격으로 사용할 수 있다는 경제적 이유도 있었다.

신체조건과 연령대에 따라 사용하고 싶은 자율주행차의 기능에는 차이가 있다. 시각장애인과 젊은층이 가장 높은 점수를 준 기술은 주변 장

● 부분자율주행차 구매 이유

	응답자 수
낮은 보험료	418
안전도 향상	396
고속도로에서 자율주행모드 전환	372
높은 연비	335
높은 자동차 안전도 평가등급	331
구매 시 세금감면 혜택	326
교통정체 시 자동주행모드 전환	320
차량 주행 시 멀티태스킹 가능, 업무 등 생산성 향상	293
교통량이 많을 때 자율주행 전용도로 사용 가능	268
배기가스 감소를 통한 환경 개선	262
원하는 위치 하차, 주차공간 검색, 자동주차	238
자율주행의 신기함	234
예측 가능한 낮은 차량유지 비용	221
고령자 활용 가능성	174
차량공유를 통한 차량 유지비 절약	152
카풀 기회 증가	116
보호자 없이 어린이 이동	113

출처 Group U.S. Self-Driving Cars Survey, Boston Consulting Group, 2014.

애물 감지를 위한 후측방경보Blind Spot Detection 시스템이다. 후측방경보 시스템은 89%, 긴급제동보조 시스템Autonomous Emergency Braking, 고속도로자율주행기술은 83%, 차선이탈방지기술은 88%로 완전자율주행기능보다 구매의사가 높은 것으로 나타났다. 전체 응답자 중 44%가 다음 차를 구매할 때 완전자율주행차를 고려하고 충분히 해당 기능을 위해 비용을 지불할 의사가 가장 높다고 응답했으며, 연령대별로는 밀레니얼과 Z세대를 포함한 젊은 운전자들이 완전자율주행에 대한 관심이 높았다. 공통적으로 완전자율주행보다는 부분자율주행 기능에 대한 관심이 높았지만, 자율주행을 위해 지급하겠다는 비용은 완전자율주행이 가장 높았다.

완전자율주행을 위한 비용은 국가별로 차이가 있다. 독일인들이 완전자율주행기능을 위해 지불하겠다는 비용은 미국인들보다 20% 높은 평균 1,016달러로 가장 높았다. IHS 마킷Markit은 아직까지 완전자율주행기술이 필수 안전기술이 아닌 자동차 옵션 측면으로 소비자들에게 인식되어 있기 때문이다. 많은 기업들이 고속도로 자율주행 등 레벨 2 수준의

● 차량 구매 시 자율주행 기술 수준별 추가 비용 지불 의사 (단위 : 달러)

국가	완전자율주행기술	고속도로 자율주행	후측방경고 시스템
미국	780	538	488
캐나다	618	255	258
독일	1,016	431	356
중국	555	383	309
영국	826	355	364

출처 Colin Bird, Survey Finds Varied Autonomy and Safety Technology Preferences for New Vehicles, IHS Markit Says, IHS Market, 2017. 8. 3.

기술 상용화부터 시작했기 때문으로 판단된다.

하지만 자율주행차 사용에 대한 불안감은 아직도 높다. 세계경제포럼과 보스톤컨설팅 그룹이 10개국 1,260명을 대상으로 실시한 설문조사 결과에 따르면 자율주행차를 꺼리는 이유는 안전에 대한 불안감이 가장 높았다. 더불어 항상 운전자가 자율주행차를 제어할 수 있는 상태이기를 원하고 실수와 해킹에 대한 우려가 있는 등 아직까지 자율주행차를 신뢰하지 못하는 이유가 가장 컸다. 뿐만 아니라 운전의 즐거움이 없는 점, 기존 차량과 자율주행차량이 다니는 상황에서의 불안감과 함께 추가비용 지불에 대한 의사가 없다고 밝혔다.

지역에 따라 자율주행차 사용 선호도에도 차이가 있다. 독일 컨설팅 업체 롤랜드버거Roland Berger가 2017년 4월 미국, 중국, 일본 등 10개국 1만여 명 소비자를 대상으로 자율주행택시 등장을 가정해 소비자들 차량 구매 의사를 조사했다. 국가별 인구밀도에 따라 차이가 있는데 인구밀도가 높은 네덜란드는 59%, 일본은 56%, 인구밀도가 낮은 미국은 46%,

● 자율주행차를 꺼리는 이유

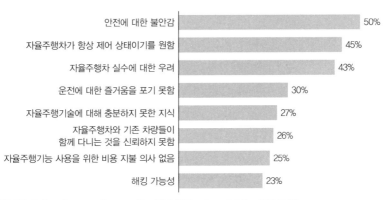

항목	비율
안전에 대한 불안감	50%
자율주행차가 항상 제어 상태이기를 원함	45%
자율주행차 실수에 대한 우려	43%
운전에 대한 즐거움을 포기 못함	30%
자율주행기술에 대해 충분하지 못한 지식	27%
자율주행차와 기존 차량들이 함께 다니는 것을 신뢰하지 못함	26%
자율주행기능 사용을 위한 비용 지불 의사 없음	25%
해킹 가능성	23%

출처 Felix Richter, Consumer Concerns About Self-Driving Cars, statistica, 2018. 3. 20.

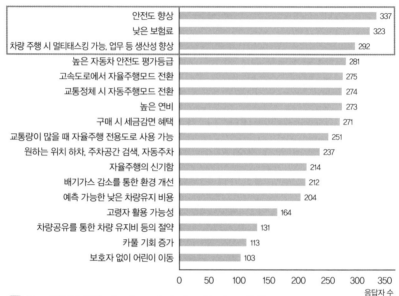

항목	응답자 수
안전도 향상	337
낮은 보험료	323
차량 주행 시 멀티태스킹 가능, 업무 등 생산성 향상	292
높은 자동차 안전도 평가등급	281
고속도로에서 자율주행모드 전환	275
교통정체 시 자동주행모드 전환	274
높은 연비	273
구매 시 세금감면 혜택	271
교통량이 많을 때 자율주행 전용도로 사용 가능	251
원하는 위치 하차, 주차공간 검색, 자동주차	237
자율주행의 신기함	214
배기가스 감소를 통한 환경 개선	212
예측 가능한 낮은 차량유지 비용	204
고령자 활용 가능성	164
차량공유를 통한 차량 유지비 등의 절약	131
카풀 기회 증가	113
보호자 없이 어린이 이동	103

출처 Group U.S. Self-Driving Cars Survey, Boston Consulting Group, 2014.

중국은 27%의 응답자가 차량을 구매하지 않겠다고 대답했다. 조사 대상의 46%는 차량 보유를 위해 지출하는 비용보다 자율주행택시가 저렴하게 보급되면 차량을 구매하지 않고, 나머지 54% 응답자는 여전히 차량을 구매하겠다고 응답했다. 특히 중국 소비자는 다음 차를 구매할 때 완전자율주행차를 구매하겠다는 의사가 72%로 가장 높았다.

미국 교통분석업체 인릭스^{INRIX}가 발간한 세계 38개국 1,360개 도시를 대상으로 조사한 2017년 INRIX Global Traffic Scorecard에 따르면 미국 로스앤젤레스가 가장 극심한 교통체증을 겪는 도시로 나타났다. 운전자가 도로에서 허비하는 시간은 1년 102시간으로 정체 때 평균속도는 뉴욕이 12km/h로 가장 느리고 로스앤젤레스가 16km/h, 샌프란시스코는

17km/h로 교통체증이 심한 세계 25개 도시 가운데 미국의 10개 도시가 차지했다. 미국 운전자들이 교통체증으로 허비하는 비용은 연간 3,050억 달러(332조 원) 규모로 기회비용과 추가연료비를 포함해 운전자 한 명이 길에 버리는 평균 비용은 1,445달러(157만 원) 수준이다. 인릭스는 경제상황이 좋아지면서 고용이 증가하고 이에 따라 출퇴근 직장인이 증가한 것이 교통체증 악화의 주요 원인이며, 교통체증으로 운전자 스트레스 증가, 생산성 저하 등 부가적 문제 발생 가능성을 언급했다.

포드는 세계 9개 지역 1만 명을 대상으로 "나는 자율주행의 미래에 대해 희망적이다"라는 말에 동의 여부를 조사해 〈2018 포드 트렌드 리포트Ford 2018 Trends Report〉에서 공개했다. 공개한 결과에 따르면 중국이 자율주행차에 가장 긍정적인 국가로 응답자의 83%가 동의했으며, 인도 81%, 브라질 75%, 중동지역이 71%로 뒤를 이었다. 반면 오스트레일리아는 52%, 미국과 캐나다 50%, 영국 45%, 독일 44%의 순서로 차이가 났다. 베이징 인구 2,300만 명, 인도 뉴델리 2,175만 명, 브라질 상파울로 3,239만 명과 리우데자네이루 3,239만 명 등 중국, 인도, 브라질은 세계 최고 수준의 인구밀집과 교통혼잡 및 체증으로 유명한 도시가 있는 국가들로, 이들의 자율주행차에 대한 기대가 높다.

국제연합에 따르면 2016년 기준 인구 1,000만 명 이상 대도시 31개는 대부분 아시아, 아프리카, 중남미 지역에 있으며, 그 가운데 미국 도시는 2개에 불과하고 중국 도시는 6개, 인도 도시는 6개가 포함되어 있다. 인구밀도가 상대적으로 높은 지역이 교통체증을 줄일 수 있을 것이란 기대로 자율주행차를 선호할 수 있다. 물론 자율주행차가 모든 교통 문제를 해결할 수는 없지만, 인구밀도가 높고 교통혼잡이 심한 개발도상국에서 새로운 모빌리티 수단으로 적절한 시점에 도입을 고민할 수 있다.

반면 미국 뉴욕은 인구 800만 명으로 유럽의 다른 도시들과 함께 교통문제는 있지만 시민들이 개선의 시급함을 느끼지 못해 오히려 자율주행차 확산에는 소극적일 수도 있다. 이렇듯 지역특성에 따라 자율주행차의 필요성이 다르기 때문에 향후 지율주행차 비즈니스 전략 수립을 위해서는 지역특성을 반영한 접근이 매우 중요하다.

실제로 웨이모가 애리조나 피닉스에서 실시한 얼리 라이더 프로그램 결과를 보면 탑승자들의 자율주행차 사용목적을 파악할 수 있다. 웨이모는 2017년 4월 얼리 라이더 프로그램의 1년 운영 결과를 발표했다. 매일 약 400명의 탑승자들이 새로운 기술의 경험과 안전한 미래에 대한 관심을 가지고 참여하고 있는데, 연령대는 9세에서 69세까지로 다양하

● 웨이모의 얼리 라이더 프로그램 1년 운영 결과

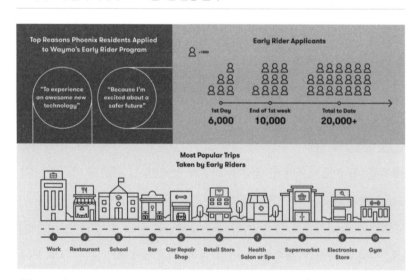

출처 Waymo's Early Rider Program, One Year In, Waymo Team, MIDIUM, 2018. 6. 14.

며 운전면허가 없는 세대도 포함되어 있다. 자율주행차를 이용해 가장 많이 방문하는 곳은 직장, 식당, 학교, 술집, 자동차수리점, 상점, 헬스살롱과 스파, 슈퍼마켓, 전자상가, 체육관순이었다.

1년간의 얼리 라이더 프로그램 운영 결과는 웨이모 자율주행기술과 서비스 설계에 다양한 피드백을 전달하고 있다. 첫 번째는 도어-투-도어 서비스의 중요성이다. 무더운 애리조나는 구입한 식료품이나 물건 등을 들고 도보로 다니기 힘들기 때문에 가능한 승하차 지점을 탑승자 출발지와 목적지에서 가장 가까이 제공해야 한다.

두 번째는 탑승자와 자율주행차와의 원활한 커뮤니케이션이다. 자율주행차는 인공지능이 운전자이기 때문에 탑승 중 음악 플레이, 목적지까지 경로 확인 등의 질문과 차에 물건, 예를 들어 선그라스를 놓고 내렸을 때 회수, 시각장애인들의 안내견 동반 여부 등 차량에 탑승하지 않았을 때도 지속적인 커뮤니케이션이 필요하다. 웨이모는 이와 같은 다양한 질문에 답하기 위해 차량 내에 질문에 답할 수 있는 버튼을 설치했으며 앱을 통해서도 언제나 커뮤니케이션이 가능하도록 조치했다.

세 번째는 자율주행차를 사용하는 목적 파악이다. 출퇴근하는 사람, 등교 혹은 방과 후 수업을 위해 이동하는 학생, 어린아이와 함께 타는 부모 등 매우 다양한 사람들이 다양한 이유로 탑승하고 있다. 이동 중에는 숙제, 독서, 이메일 확인, 낮잠, 풍경 감상 등 다양한 용도로 자율주행차가 제공하는 새로운 시공간을 즐기는 것을 확인했다. 얼리 라이더 프로그램은 탑승자들의 자율주행차 사용 목적과 특성을 확인하고, 잠들어 있는 탑승객이 목적지에 도착했을 때 깨우는 방법 등 다양한 사용자 경험과 서비스 설계에도 도움을 주고 있다.

이러한 웨이모의 얼리 라이더 프로그램은 실제 운행을 통해 자율주행차의 용도와 탑승자 특성을 파악한 최초의 프로그램이다. 그러나 대부분의 자율주행기술 개발 및 서비스를 준비하는 기업들은 자율주행차를 활용한 비즈니스 모델 개발에 더욱 적극적이다.

2. 새롭게 등장한 자율주행차 비즈니스

🚗 2억 5,000만 출퇴근 시간을 잡아라, 자율주행차 비즈니스

인텔이 2017년 발간한 보고서 〈미래 가속화-새로운 패신저 이코노미의 영향〉Accelerating the Future: The Economic Impact of the Emerging Passenger Economy에 따르면 자율주행차는 세계에서 가장 복잡한 50대 도시에서 연간 2억 5,000만 시간의 통근시간을 절감할 수 있다고 예측했다. 이 시간은 자율주행차로 이동하면서 탑승자가 무엇인가 서비스를 사용할 수 있는 시간 즉 자율주행차 서비스 제공 업체가 비즈니스를 할 수 있는 시간을 의미한다.

기업들도 새로운 시공간에서 이익을 만들어 내기 위한 노력에 본격적으로 뛰어들었다. 2017년 도쿄모터쇼에 도요타가 출품한 6인승 프리미엄 해치백 파인 컴포트 라이드Fine Comfort Ride는 새로운 수소 연료전지를 사용하는 자율주행차 콘셉트카다. 회의를 위해 1, 2열 시트에는 180도 회전이 가능한 시트가 배치되었으며, LED 조명과 함께 측면 창은 스크

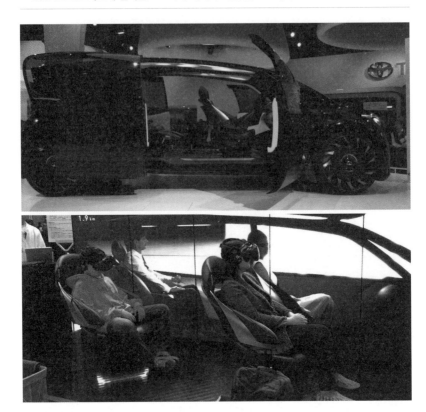

린으로 사용할 수 있다. 전장 부분에는 터치스크린 기반의 엔터테인먼트 시스템이 설치되어 사용자 경험을 극대화했다.

볼보가 2018년 9월 선보인 콘셉트카 360c는 전기구동 자율주행차로 운전석이 없다. 스티어링 휠 등 차량 조작기와 엔진이 없어 여유로워진 공간으로 인테리어 디자인의 자유도가 높아 비행기 퍼스트 클래스 수준이다. 볼보는 수면, 모바일 오피스, 거실, 엔터테인먼트 공간 등 네 가지 잠재적 콘셉트로 디자인하고, 자율주행, 전기, 커넥티드, 안전을 키워드

● 볼보의 전기 자율주행 콘셉트카 360c 인테리어

출처 Volvo Cars' New 360c Autonomous Concept: Why Fly When You Can Be Driven?, Volvo Car Group Website, https://www.media.volvocars.com

로 자율주행차를 미래 볼보의 새로운 성장동력으로 고민하고 있다. 인 테리어는 비행기의 퍼스트 클래스 수준으로 볼보가 고민하는 경쟁 시장 은 300km 수준의 단거리 항공여행이다. 미국의 예를 들면 2017년 미국 내 이동을 위한 항공 수요는 7억 6,000만 명 규모로 출발지에서 공항으 로의 이동, 보안검사, 대기시간 등을 감안하면 도어-투-도어 서비스가 가능한 자율주행차가 대체 수단으로 경쟁력이 있다는 판단이다.

2018년 3월 제네바 모터쇼에서 소개된 르노의 자율주행차 콘셉트카 EZ-GO는 6인승 도시 공유 자율주행차를 타깃으로 디자인했다. 출입구 를 경사로로 설계하고 승하차 시 루프가 수직으로 개폐되도록 제작하여 휠체어와 유모차도 쉽게 차량에 탑승이 가능한 이지라이프Easy Life 철학 으로 디자인했다. 차량 측면과 루프에는 유리패널을 적용해 자연채광도 가능하다. 차량을 더 이상 하드웨어 중심이 아닌 서비스 관점에서 새로 운 디자인으로 접근하고 있음을 알 수 있다.

볼보와 르노 이외에도 많은 업체들이 자율주행차의 새로운 인테리어 콘셉트 개발 경쟁에 뛰어들었다. 대표적으로 메르세데스 벤츠의 자율주 행 콘셉트카 F015는 럭셔리 라운지 형태로 최고의 안락감을 선사하는 가 변형 시트가 배치되어 있고 인터넷과 연결된 6개 터치스크린 구동 디스 플레이도 배치되어 있어 업무와 엔터테인먼트 용도로 사용이 가능하다.

이렇듯 자율주행차를 준비 중인 완성차 업체들은 자율주행차 기술뿐 만 아니라 인테리어 분야에서 사용자 경험을 강조하고 새로운 비즈니스 를 만들어 내기 위해 노력하고 있다. 운전석과 엔진이 사라진 여유로운 공간을 간결한 디자인 미니멀리즘Design Minimalism 관점에서 유연성Flexiblity 이 높은 디자인을 채용하고 있다.

● 르노의 자율주행차 콘셉트카 EZ-GO

출처 Renault Shows Future of Urban Mobility in Driverless Taxi, KOMONEWS.com

출처 Renault EZ-GO: Robo-Vehicle Concept for Shared Urban Mobility Makes World Premier, Groupe Renault International Media Website, https://media.group.renault.com

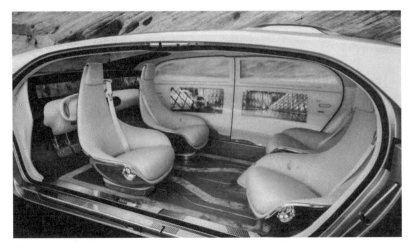

출처 The Mercedes−Benx F 015 Luxury in Motion, Bercedes−Benz Website, https://www.mercedes−benz.com/en/mercedes−benz/innovation/research−vehicle−f−015−luxury−in−motion

자율주행차의 아마조니피케이션, 도어−투−도어 쇼핑 플랫폼

2017년 설립한 스타트업 로보마트^{Robomart}는 한쪽이 투명한 디스플레이로 설계된 자율주행차를 사용해 식자재 등의 배송이 가능한 온디맨드 무인자동차 스토어^{On DemandAutonomous Driverless Stores} 시스템을 개발하고 있다.

로보마트가 미국인 26~44세를 대상으로 조사한 결과 여성 85% 이상이 야채와 과일을 온라인으로 주문하지 않는다는 것을 파악했고, 약 65%가 1주일에 1회 이상 로보마트를 이용해 신선식품을 주문할 것으로 분석했다. 실제로 전 세계에서 판매되는 식료품 중 60%를 차지하는 농수산물 등 부패성 식품은 5%만 온라인으로 판매되지만 소매단위 배송

가격이 비싸고, 소비자가 직접 고르고 싶은 욕구가 큰 구매 대상이다. 로보마트 비즈니스 모델의 핵심은 기존 온라인 업체의 배송비를 획기적으로 줄여 신선한 농식품을 빠르고 저렴하게 공급하는 것이다.

차량 내 선반에는 50~100개 제품을 전시할 수 있으며, 최대 시속 40km까지 주행이 가능하다. 무인매장 아마존고Amazon Go에 적용된 컴퓨터비전Computer Vision과 센서퓨전Sensor Fusion, 딥러닝Deep Learning 기술 등을 적용했다. 센서를 통해 소비자가 구매한 제품을 확인하며, 디스플레이에 재고와 가격정보가 제공된다. 배송업체는 차량상태, 실시간 주문과 재고 정보를 확인할 수 있고 원격으로 차량을 조작할 수 있으며, 고객과의 커뮤니케이션도 가능하다. 소비자가 스마트폰 앱으로 자신의 위치에서 가장 가까운 위치의 로보마트를 선택하면 로보마트가 고객위치로 이동한다. 소비자는 승인코드를 입력해 로보마트 디스플레이를 열고 원하는 제품을 구매하는 방식이다. 구매가 완료되면 로보마트는 카메라와 센서

● 로보마트 배송용 자율주행차 프로토타입

출처 Robomart Website, http://robomart.co

기술^{Grab & Go Checkout Free Technology}을 활용해 고객의 구매내역을 인식하고 결제영수증을 발송한다.

2018년 8월부터 미국 최대 슈퍼마켓 체인 크로거^{Kroger}가 식료품과 잡화 등 배송을 위한 자율주행차를 애리조나에서 시험운행 중이다. 스타트업 뉴로^{Nuro}가 개발한 자율주행차 R1은 폭 1m, 무게는 680kg이며 냉동과 냉장이 가능한 식료품 탑재 공간 2개로 구성되어 있고 113kg까지 탑재가 가능하다. 소비자는 스마트폰 앱으로 주문하고, 주문 후 받은 숫자코드를 차량에 입력한 후 집 앞 도로에서 물건을 픽업하면 되는 시스템이다.

현재 크로거가 보유한 매장 한 곳에서만 시범 서비스를 하고 있으며,

● 크루거의 식료품 배송 자율주행차

출처 Andrew J. Hawkins, Self-Driving Delivery Startup Nuro Releases Its Voluntary Safety Report, The Verge, 2018. 9. 13.

최소 주문금액 없이 주문당 5.95달러 배송비가 추가된다. 매장 웹사이트나 스마트폰 앱을 통해 주문하면 당일 혹은 다음 날 배송 예약도 가능하다. 서비스 초기에는 안전을 위해 뒷좌석에 운전자가 탑승한 도요타 프리우스, 닛산 리프를 개조한 자율주행차를 사용해 물품을 배송하며 향후 개발 중인 R1으로 교체할 예정이다.

이러한 소비자 대상 자율주행차 배송 서비스의 도입은 인터넷 쇼핑에 익숙한 세대를 흡수하기 위한 전략으로 크루거의 온라인 매출은 지난 1년 사이 66% 성장했다. 크루거는 아마존처럼 가정으로 바로 배달하는 서비스와 주문 후 매장에서 바로 수령할 수 있는 서비스를 준비하고 있다. 크루거뿐만 아니라 월마트가 웨이모나 테슬라와 협력하는 등 기존 유통업체들은 자율주행차를 활용한 아마조니피케이션_{Amazonification}을 통해 미래 시장에서 아마존과 경쟁하기 위해 노력하고 있다.

멀티플랫폼
자율주행차의 등장

배송과 물류, 공유를 위한 다양한 자율주행 플랫폼들도 제안되고 있다. 2018 라스베이거스 소비자가전전시회에서 많은 관심을 끌었던 도요타의 이팔레트(e-Palette)는 2020년 도쿄 올림픽을 목표로 도요타와 소프트뱅크가 상용화 준비 중이다. 이팔레트는 병원, 상점, 연구소, 호텔, 물건 판매와 피자 배송, 공유차량, 숙박, 소매점 등 다목적 전기 자율주행차로 도요타의 모빌리티 서비스 플랫폼_{Mobility Services Platform}이자 Autono-MaaS 운송과 비즈니스 플랫폼이다. 낮은 바닥과 전기차의 특성인 넓은

출처 Toyota Launches New Mobility Ecosystem and Concept Vehicle at 2018 CES, Toyota Global Newsroom, 2018. 1.

공간을 활용, 개방형 인테리어 디자인 레이아웃을 채택해 용도에 맞춰 실내를 개조하거나 다양한 장비를 설치할 수 있어 사용자 맞춤형 인테리어 최적화가 가능하다. 4~7m 길이의 3가지 모델이 있으며, 론칭 파트너로는 아마존, 디디추싱, 마쓰다, 피자헛, 우버 등이 참여했다. 앞으로 점차 범위를 넓혀 이팔레트 얼라이언스 구축을 목표로 하고 있다.

벤츠가 제안한 자율주행 플랫폼인 비전 어바네틱Vision Urbanetic은 차세대 도심형 자율주행 콘셉트카다. 차량공유, 대중교통뿐만 아니라 도심 택배와 물류 등 모든 이동 수요를 담당할 수 있는 플랫폼으로 용도에 따라 차량 바디 교체Switchable Bodies가 가능한 모듈형 콘셉트다. 운전석이 없는 구조로 적재 공간은 3.70m, 전체길이는 5.14m이며 교통수단으로

● 메르세데스 벤츠 비전 어바네틱스 승객용 모델, 화물용 모델, 베이스

(출처) Vision Urbanetic-The Mobility of the Future, Mercedes-Benz Website, https://www.mercedes-benz.com

는 12인승, 화물모듈로는 2층 구조로 최대 10개의 유럽규격^{European Pallet} ^{Association} 팔레트 운반이 가능하다. 특히 전기차로 소음이 적어 늦은 시간에도 배송이 가능하다는 장점을 가지고 있다.

무빙 시어터, 움직이는 미디어와 엔터테인먼트 플랫폼

애플은 자율주행차를 위한 가상현실 관련 다양한 특허 포트폴리오를 갖추고 있다. 가장 눈에 띄는 특허는 자율주행차에 적용될 것으로 예상되는 멀미^{Motion Sickness}를 가상현실로 줄이는 기술이다. 사람은 전정기관과 눈을 통해 획득하는 시각정보를 정보와 결합해 몸의 균형을 유지한다. 멀미는 정전기관과 시각정보 차이, 즉 인지부조화 때문에 발생한다. 가상현실에서도 발생하는 멀미^{Cyber Sickness}는 눈으로 보는 환경과 신체의 균형정보가 일치되지 않아 자신의 몸을 어떻게 제어해야 할지 모를 때 발생한다.

자율주행차는 인간 운전자가 운전할 때처럼 주변 환경을 파악하고 감속, 가속, 회전 등 차량의 움직임을 결정하지만, 탑승자가 주변 환경정보를 인지하고 차량조작을 미리 판단해 실행하는 과정이 없다. 탑승자는 익숙하지 않은 목적지나 경로로 이동하거나 차량이 정지, 회전, 가속과 감속 등에 대한 적절한 정보가 제공되지 않으면 안전 문제와 멀미가 발생할 수 있다.

애플의 멀미방지 특허는 탑승자의 땀, 맥박, 발한, 가려움과 침 삼킴 등의 현상을 센서로 감지해 멀미현상이 발견되면 가상현실 기술을 통해 완화시킨다. 자율주행 소프트웨어가 차량을 제어하면서 발생하는 차량 움직임을 차량에 내장된 HMD나 VR헤드셋에서 제공되는 외부영상과 시트의 모션센서를 시트 진동과 일치시키는 가상현실 컨트롤러로 동기화하여 인지부조화를 감소시키는 개념이다.

다른 애플의 자율주행차 가상현실 특허는 완전몰입형 가상현실이다. 가상현실 기술을 사용해 실내를 완벽히 다른 공간으로 전환해 사용자들에게 이동을 위한 공간이 아닌 행글라이딩, 래프팅, 자동차경주, 콘서트 현장 등 새로운 가상현실 플랫폼을 제공한다. 예를 들어 런던 등 특정 도시를 선택하면 운전 중 런던에서 운전하는 환경을 제공한다. 또한 가상현실을 통해 제공되는 경험은 탑승하고 있는 차보다 커다란 차량을 탑승하고 있다고 느끼게 하여 승객들에게 보다 쾌적한 사용자 경험을 제공할 수 있다. 2015년 애플의 타이탄 프로젝트가 관심을 끌었을 때 자율주행차 윈드실드에 다양한 정보를 제공하는 27~50인치 헤드업 디스플레이를 개발한다는 언론기사가 주목받은 바 있다. 하지만 현재 애플이 기획하는 자율주행차는 창문이 없고 HMD나 내부스크린을 통해 외부환경과 콘텐츠를 제공하는 방식으로 알려져 있어 몰입도 높은 가상현실 기능의 구현이 가능하다.

애플의 자율주행차 적용을 위한 가상현실 특허들의 상용화가 가능할지는 알 수 없다. 하지만 애플이 그동안 구축한 애플 생태계의 핵심인 아이튠에 아이팟, 아이폰, 아이패드와 함께 자율주행차를 더한 아이에브리씽^{i-Everything} 완성에 속도를 높이고 있는 듯하다.

포드는 2016년 3월 1일 자율주행차 엔터테인먼트 시스템^{Autonomous Vehicle Entertainment System} 특허를 등록했다. 자율주행차를 영화관으로 활용

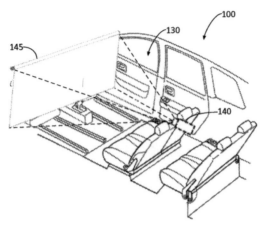

(출처) Autonomous Vehicle Entertainment System (US 9,272,708 B2), Ford Global Technologies, 2016. 3. 1.

하는 시스템으로 자율주행 중에는 콘텐츠를 차량 전면 스크린으로 시청하고, 운전자가 직접 운전할 때는 대시보드, 계기판, 백미러 등의 정보를 통합 디스플레이에서 보여주는 시스템의 특허다.

자율주행 관련 서비스 비즈니스가 성공할 수 있을까?

우버의 자율주행차 책임자 노아 지치Noah Zych가 2017년 처음으로 자신이 개발한 자율주행차에 어머니를 태웠을 때 그녀의 반응은 "실제로 지루하다"Actually, it was kind of boring였다고 한다. 이코노미스트 부국장인 톰 스탠디지Tom Standage도 우버 자율주행차인 볼보 XC-90 탑승 후 "처음 1~2분은 스릴 넘쳤지만, 1~2분 후에는 신기함이 사라졌다"고 말했다.

새로운 기술을 경험하지 못했을 때는 많은 흥미를 갖게 되지만, 실제 해당 기술을 경험하고 익숙해지면 새로운 기술에 대한 흥미는 사라지고 그저 일상에서 사용하는 많은 기술 가운데 하나가 된다. 자율주행차도 마찬가지다. 필자가 자동주행 시뮬레이터로 실험을 했을 때도 많은 참여자들이 처음에는 다양한 기능에 대해 관심을 보이며 신기해했지만, 어느 정도 익숙해진 후에는 바로 잠이 드는 참여자들도 있었다.

현재까지 자율주행차를 개발하는 기업들의 핵심가치는 안전이다. 인간이 운전하는 차량과 비교해 안전하고 운전을 하지 않는 편리성에 대한 가치를 강조해왔다. 하지만 2020년을 전후로 본격적인 자율주행차의 출시 경쟁이 예상되면서 관련 기업들의 관심은 자율주행차 판매나 관련 기술 라이선싱을 넘어 이동 중 제공하는 서비스를 통한 수익모델에 집중되어 있다. 즉 기술 안전성 경쟁에서 서비스와 비즈니스 모델로 관심이 이동하고 있는 것이다.

현재까지 공개된 자율주행차 비즈니스를 위한 기업들의 핵심은 인테리어 디자인 미니멀리즘과 유연성, 미디어 플랫폼, 그리고 새로운 사용자 경험 제공을 위한 서비스 설계다. 하지만 아직까지 본격적으로 출시된 서비스가 없어 자율주행 기능과 ACES Autonomous, Connected, Electric, Sharing 가 가져온 새로운 시간과 공간, 환경을 활용한 비즈니스가 어느 정도 규모의 이익을 가져다줄지는 의문이다.

이미 인터넷 쇼핑과 검색, 카페, 영화감상, 가상현실, 다양한 위치기반 서비스들은 스마트폰 혹은 추가적 디바이스를 통해 차 안에서도 서비스 사용이 가능하기 때문에 차별화된 서비스가 제공되지 않으면 스마트폰 혹은 가상현실 디바이스의 대체 혹은 연장선상에 머물 수도 있다.

자율주행차에 탑승해서 업무처리, 취침, 영화감상, 쇼핑 등을 한다고 해도 탑승자는 이전의 인간 운전자 차량과 비교해 자신의 돈을 지불할 만큼 커다란 차이를 느끼지 못할 수도 있다. 주요 완성차 업체들이 기존 차량들과의 차별화를 위해 럭셔리한 인테리어를 속속 공개하고 있는 이유다. 예를 들어 300km 거리의 미국 국내항공 시장의 대체를 목적으로 디자인한 볼보 360c는 미국처럼 국토가 넓어 이동거리가 긴 경우에는 호텔을 대신할 수도 있다. 하지만 우리나라와 같이 국토가 좁고 주요 도시 간 이동시간이 길지 않은 경우에는 고속열차 등과의 시장경쟁에서 한계에 부딪힐 수도 있다. 드론과 하이퍼루프 등 새로운 교통수단의 등장도 자율주행차업체가 고민해야 할 잠재적인 경쟁대상이다.

뿐만 아니라 자동차라는 한정된 공간과, 특정 출발지에서 목적지까지 이동하는 시간적 제약이 있기 때문에 온-오프라인뿐만 아니라 차량 내부와 외부 세상을 끊임없이 연결해 주는 서비스 설계도 비즈니스 성공을 위한 새로운 키워드로 등장할 것이다. 새로운 산업을 탄생시키고 기존 서비스와 어떻게 연결할 것인지, 혹은 기존 산업을 파괴할 수준의 서비스를 설계할 것인지 등이 자율주행차 시장에 뛰어든 서비스 혹은 콘텐츠 기업들이 고민하는 가장 커다란 숙제다.

도요타 이팔레트와 같이 각종 먹거리와 물품을 배송하는 플랫폼으로 활용될 수도 있지만, 기업들이 기대하듯 현재 고정된 건물에서 영업하고 있는 병원, 약국, 연구소 등 다양한 서비스 주체들이 자율주행 플랫폼으로 이동하기 위해서는 적지 않은 규제 및 실효성 등에 대한 검증과 테스트 기간도 필요하다. 물론 자율주행차가 고령층, 장애인, 어린이, 임산부 등 교통약자 개념을 소멸시켜 이들에게 새로운 경험을 제공할 수도 있다. 하지만 해당 시장은 비즈니스 가치보다 기업의 공유가치 창출과 사회적 책임 성격이 강한 시장으로 그 규모는 그렇게 크지 않을 듯하다.

인텔의 분석에 따르면 2050년 기준 자율주행차 시장은 B2B 약 3.7조 달러, 모빌리티 서비스 3조 달러 규모의 시장이 형성되고, 자율주행기술이 운전자를 대신하며 새롭게 생겨나는 2억 5,000만 시간 동안 제공되는 서비스와 어플리케이션 규모를 2,000억 달러로 예측하는 등 그 규모는 상대적으로 크지 않다. 아직까지 관련기업들도 명확한 비즈니스 모델을 제시하지 못하고 있지만, 자율주행차의 성공을 위해서는 매우 중요한 시장이다. 따라서 앞으로 기업들은 킬러 어플리케이션 개발을 위해 다양한 아이디어를 제시하고, 실패하고 다시 도전하는 등의 과정을 오랜 시간 반복할 것으로 보인다.

3. 완성차, 테크 자이언트, 카셰어링 기업군의 특성 비교

2021년 상용화를 목표로 많은 자율주행차 개발 기업들이 경쟁을 벌이고 있다. 현재 시험운행 단계인 자율주행차 생태계 메이저 플레이어는 크게 3개 기업군으로 나눌 수 있다. 첫째는 기존의 완성차와 자동차 부품업체, 둘째는 자율주행솔루션 개발에 집중하며 테크 자이언트Tech Giant로 불리는 글로벌 정보통신기업, 셋째는 막강한 네트워크와 기업가치를 자랑하는 라이드셰어링 플랫폼 기업들이다.

전기자율주행차 공유 서비스를 준비하면서 기업들은 이제 더 이상 완성차, 자동차 부품, 정보통신, 라이드셰어링 혹은 카셰어링 플랫폼 기업이 아닌 모빌리티 서비스 기업을 정체성으로 내세우고 있다. 자동차는 더 이상 물리적 이동을 위한 수단, 판매를 위한 상품이 아니며 전기, 자율, 공유, 연결의 조합으로 다양한 기능과 서비스 등 모빌리티 서비스를 제공하는 수단이라는 의미다. 기업들도 더 이상 자동차와 부품 판매가 목적이 아니라 고객이 보다 안전하고 편리하게, 효과적으로 연결된 이동 서비스 경험을 저렴한 비용으로 제공하는 것이 중요하다.

이러한 변화를 리딩하는 기업이 모빌리티 산업계의 혁신리더로 성장할 수 있다. 또한 현재 형성되고 있는 자율주행차 초기 시장에 어느 업체와 기업군이 주도권을 잡느냐에 따라 앞으로 해당 기업의 운명과 시장판도가 갈릴 수 있다. 각 기업군별로 특징을 살펴보자.

첫 번째, 기존의 완성차 기업들이다. 완성차 기업들의 가장 커다란 장점은 완성차 설계, 시험, 평가에 대한 경험과 관련 데이터가 오랜 기간 누적되어 있다는 것이다. 비즈니스 측면에서도 글로벌 마켓을 겨냥한 생산라인과 서비스 네트워크 등을 갖추고 있어 향후 새로운 모빌리티 서비스의 글로벌 비즈니스 전개에도 유리하다. 하지만 일반적으로 완성차 개발 기간 2년과 10년이 넘는 자동차 사용기간을 고려하면 새로운 시장요구에 대한 민첩성, 새로운 비즈니스 모델 개발, 소프트웨어와 모바일 서비스 대응력도 다른 기업군들에 비해 떨어진다.

GM, 포드, 도요타, 다임러 등 주요 글로벌 완성차 기업들은 자율주행차 연구개발, 생산, 공유 서비스 등 자동차와 연관된 모든 밸류체인상에서 현재 누리고 있는 최상위 지위와 자존심을 유지하기 위해 노력하고 있다. 2016년을 기점으로 인수합병, 투자, 조인트벤처, 자회사 설립, 파트너십 등을 통해 기술을 획득하고, 비즈니스 전략을 활용해 빠른 속도로 미래 모빌리티 시장에 접근하고 있다.

특히 미래 모빌리티 시장에서 필수적인 민첩한 경쟁력 확보를 위해 GM은 메이븐, 다임러는 무벨그룹, 폭스바겐은 모이아, 델파이는 앱티브, 재규어 랜드로버는 인모션 등의 자회사를 설립했고, 볼보와 오토리브는 조인트 벤처 제누이티를 설립했다. GM은 자율주행차 비즈니스를 위해 인수한 크루즈 오토메이션을 GM 크루즈로 독립해 운영하고 있으며, 포드는 자율주행차 부문을 2023년 자회사 Ford Autonomous Vehicles LLC로 분리할 예정이다. 다임러 모빌리티 담당 자회사인 무벨그룹과 BMW의 모빌리티 브랜드인 드라이브나우도 통합될 예정으로 대부분의 기업들은 자율주행과 모빌리티 서비스 부문을 기존 생산 중심의 모기업에서 분리 운영하고 있다.

반면 대부분의 테크 자이언트와 라이드셰어링 플랫폼 기업들은 스타트업으로 출발해 민첩하게 시장을 만들고 신속한 의사결정, 강한 추진력을 강점으로 보유하고 있다. 기존 완성차 기업들이 자회사 혹은 조인트벤처 형태로 자율주행차와 모빌리티 부문을 운영하는 이유는 두 가지다. 첫 번째는 대부분의 해당 사업부문 담당 인원들이 인수합병을 통해 모기업과 결합한 스타트업으로, 민첩한 스타트업의 강점을 유지해 시장 경쟁에서 뒤처지지 않기 위해서다. 두 번째는 대표적인 수직계열화 산업인 자동차 업계의 보수적인 연구개발 환경과 경직적인 의사결정 시스템 내에서는 모빌리티 서비스 기업으로 살아남기 어렵다는 절박함이 반영된 결과다. 물론 모기업과 자회사 혹은 조인트벤처와의 커뮤니케이션도 매우 중요하지만, 최근 급속히 증가하고 있는 자율주행차와 모빌리티 분야 스타트업이나 기존 업계들과의 협력과 대응에서 우위를 선점하기 위한 전략으로 볼 수 있다.

두 번째 기업군은 구글 웨이모, 바이두, 애플로 대표되는 정보통신과 소프트웨어 기업인 테크 자이언트 그룹이다. 이미 완성차 업계의 경계는 붕괴된 지 오래다. 내연기관차가 전기차 등 새로운 에너지원을 사용하면서 부품 수가 줄어들고 설계가 용이해졌고, 이에 따라 자동차 업계는 더 이상 진입하기 힘든 영역이 아니라 전자 기업, 인터넷 기업, 스타트업 등에게도 새로운 비즈니스 영역이 되었다. 테슬라, 중국의 BYD 등의 전기자동차 기업들뿐만 아니라 3D 프린터 기술의 발전은 로컬 모터스와 같은 마이크로 팩토리를 운영하는 자동차 기업까지 탄생시켰다.

웨이모, 바이두 등으로 대표되는 테크 자이언트들의 장단점은 완성차 기업들과 상반된다. 이들이 개발하는 검색엔진, 커머스, 스마트폰, 인터넷 기반 서비스, 다양한 어플리케이션 소프트웨어 관련 제품과 서비스들은 자동차에 비해 개발기간이 짧고 시장경쟁이 치열하다. 이들은 완성차 기업 이상의 치열한 경쟁 속에서 글로벌 시장 환경변화 대응과 소비자 트렌드를 만들어내고 리드하는 능력이 뛰어나다. 모빌리티 산업의 핵심가치인 제품의 서비스화와 관련된 생태계 조성 경험도 상대적으로 풍부하고, 모빌리티뿐만 아니라 자동차 소비자 선호도를 결정짓는 핵심가치인 사용자 경험 설계에도 익숙하다.

아이폰 등장 이후 자동차 업계에서도 사용자 경험이 중요하다는 것을 인식하고 완성차에 반영을 강조해왔다. 하지만 아무리 중요하다고 외쳐도 하드웨어 중심 문화에서 자리를 잡지 못하는 사용자 경험은 테크 자이언트들에게 매우 익숙하고 친숙한 최상의 가치다. 당연히 휴먼-머신 인터페이스 설계에 강하고 소비자를 리드할 새로운 사용자 경험을 개발하는 능력이 완성차 기업보다 월등히 뛰어나다.

기존 완성차 기업들과 달리 거의 모든 세대를 아우르는 사용자층을 보유하고 있어 잠재적 소비자들이 풍부한 것도 강점이다. 현재 테크 자이언트 기업들은 일부 센서제품군과 프로세싱 플랫폼, 환경인식과 차량

관리 통합 소프트웨어 등 이른바 자율주행 풀스택을 개발하고 있다. 향후 완성차 기업들과 파트너십을 통해 자율주행솔루션 제공을 담당할 것으로 예상된다.

이러한 풀스택 기업과 완성차 기업의 파트너십에서는 어느 기업이 비즈니스 주도권을 확보하느냐에 따라 기업의 미래가 결정된다. 예를 들면 소비자가 완성차 메이커나 차종보다 자율주행기능 성능과 서비스 품질이 높은 풀스택 기업을 중심으로 자율주행차를 구매할 가능성이 있다. 이러한 현상이 벌어진다면 시장을 장악한 특정 풀스택 기업이 다수의 완성차 기업에게 자율주행솔루션을 제공하는 오픈 메리지 전략이 성공할 수 있다. 아직까지 애플의 자율주행기술 개발 동향에 많은 기업들이 촉각을 곤두세우는 이유가 바로 이것이다. 반대로 특정 풀스택 기업에 종속된 완성차 기업은 자동차라는 하드웨어 납품 업체 가운데 하나로 전락할 가능성이 높다.

하지만 완성차 기업의 전략적 선택에 따라 빠른 시기에 풀스택 기업과 협력하면 초기 시장에서 물량과 함께 품질 높은 자율주행기술 확보가 가능하다. 예를 들면 현재 피아트 크라이슬러 오토모티브, 재규어 등은 웨이모와의 파트너십을 통해 차량을 공급하고 있고, 볼보도 우버에 자율주행을 위한 차량을 공급하고 있다. 이렇듯 웨이모와 우버는 특정 기업이 아닌 모든 완성차 기업들과의 협력을 개방해 놓고 있다.

중국 바이두가 운영하는 아폴로의 잠재력도 무시할 수 없다. 중국은 우리나라와 같이 자국 지도의 해외 반출이 금지되어 있지만, 아폴로를 사용하는 기업에게는 도로지도 사용이 오픈되어 있다. 막대한 중국 자동차 시장의 성장 잠재력을 노리고 많은 기업들이 앞 다투어 중국에 진출해 협력을 강화하고 있어 아폴로의 잠재 효과적 위협도가 높다. 자율주행차 개발에서 모빌리티 서비스까지 주도권을 잡기 위해 노력하고 있는 GM, 포드, 도요타 등 메이저완성차 기업을 제외한 나머지 기업들은 웨이모, 아폴로 등 자율주행 솔루션 및 플랫폼 기업과 자율주행차 시장 진출을 위한 조기 협력 시스템을 구축함으로써 초기품질 확보와 자율주행차 브랜드 선점 효과를 얻을 수 있다.

반대로 완성차 기업이 주도권을 잡고 자율주행차를 판매하거나 서비스에 투입하는 경우 완성차 기업은 현재와 같이 모빌리티 생태계 최상위 지위를 유지할 수 있다. 일부 완성차 기업들이 자율주행솔루션과 공유 서비스를 직접 준비하는 이유이기도 하다. 실제로 2015년 라스베이거스 소비자가전전시회에서 구글과 포드가 새로운 자율주행차 회사를 공동설립한다는 소문이 있었지만 끝내 결렬된 바 있다. 자율주행차 개발을 놓고 완성차와 풀스택 기업의 자존심과 주도권이 문제가 되었던 사례다.

세 번째는 우버, 리프트, 디디추싱, 그랩 등으로 대표되는 라이드셰어링 플랫폼 기업들이다. 라이드셰어링 네트워크 운영과 누적된 데이터, 다양한 서비스 설계와 비즈니스 모델 개발, 플랫폼 프로그램 운영 등에 강점이 있다. 하지만 자체적으로 자율주행 시스템을 개발하는 우버를 제외한 나머지 기업들은 직접적인 자율주행 솔루션 개발 경험이 없으며 자율주행차에 대한 지식과 경험이 부족하다. 주로 자율주행차 개발 기업들과 투자 등을 통해 협력 관계를 맺고 있는 단계로, 자율주행 풀스택 혹은 자율주행차 개발을 위해서는 인수합병, 자체개발 등 다양한 방법을 활용하거나 기존 기업들과의 협력이 필요하다.

대부분의 라이드셰어링 기업들은 완성차 혹은 자율주행솔루션 기업
들로부터 많은 투자와 관심을 받고 있다. 특히 세계 최대 차량공유 플랫
폼 기업인 우버와 라이벌 기업인 리프트, 겟 등에 완성차와 자율주행 풀
스택 기업들의 투자와 협력이 활발하게 일어나고 있다. 리프트는 반(反)
우버 진영의 대표 기업으로 GM이 5억 달러, 재규어 랜드로버가 2,500만
달러를 투자했으며, 앱티브와의 협력도 추진하고 있다. 디디추싱과 그
랩 역시 중국과 동남아시아를 대표하는 차량공유 플랫폼 기업으로 완성
차와 자율주행 솔루션 기업들의 해당 시장 선점을 위한 많은 관심을 받

● 글로벌 카셰어링과 라이드셰어링 연합 네트워크

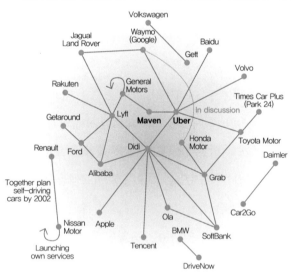

출처 Peter Campbell, Shannon Bond, Kana Inagaki, Self-Driving Technology Adds Pressure on Carmakers, Fobes, 2018. 4. 2.

고 있다. 완성차와 자율주행 솔루션 기업들에게 차량공유 플랫폼 기업들과의 협력은 다양한 모빌리티 서비스 모델을 실제 사용자에게 테스트할 수 있는 중요한 기회이고, 향후 완성차와 솔루션 물량 확보를 위해서도 매우 중요하기 때문이다.

하지만 변수는 있다. 이들의 자본력과 시장 지배력이 높아지면 자신들이 구상하는 모빌리티 서비스에 투입하기 위해 기존 완성차 기업을 인수합병하여 자율주행차를 직접 만들거나, 단순한 주문 생산처로 활용할 수도 있기 때문이다. 아직까지 구체적으로 가시화된 라이드셰어링 기업의 전략은 공개되지 않았지만, 가장 많은 카셰어링과 라이드셰어링 데이터 및 정보를 보유하고 있어 앞으로도 자신들의 마크를 부착한 공유 자율주행차 운행에 대한 꿈은 계속될 것으로 보인다.

4. 소비자가 선호하는 자율주행차 기업군은?

🚗 미국 데이터 분석업체인 인릭스는 미국, 영국, 독일, 프랑스, 이태리 5개국 소비자 5,045명을 대상으로 자율주행차를 개발하고 있거나 개발이 예상되는 기업군별 신뢰도를 조사했다. 결과를 살펴보면 응답자의 30%는 전통적 완성차 기업, 20%는 구글과 애플과 같은 테크 자이언트 등 정보통신 기업이 개발한 자율주행차를 신뢰한다고 응답했다. 반면 테슬라나 피스커Fisker와 같은 신생기업은 10%, 우버와 리프트 같은 라이드셰어링 플랫폼 기업 자율주행차에 대한 신뢰는 4%에 불과했다.

소비자들이 기존 완성차 기업의 자율주행차를 가장 신뢰하는 이유는 다른 기업들과 비교해 소비자들과 오랜 시간 신뢰관계를 구축했기 때문이다. 반면 테크 자이언트와 라이드셰어링 플랫폼 기업들은 완성차 개발과 유지보수 등에 대한 경험이 없고 자동차 브랜드에 대한 친숙도가 없다. 만약 테크 자이언트와 라이드셰어링 플랫폼 기업이 최근 많은 관심을 받고 있는 전기자동차를 생산해 시장에 출시했다면, 자율주행차와 부분자율주행 시스템에 대한 소비자들의 거부감은 적었을지도 모른다는 것이 인릭스의 주장이다. 뿐만 아니라 2018년 3월 우버 자율주행차에 치어 사망한 일레인 허즈버그 사고로 인해 2009년부터 자율주행차 개발을 시작해 최장 누적 시험운행 거리와 데이터를 축적한 웨이모에 대한 관심이 높아지고, 기존 완성차 기업에 대한 소비자의 신뢰도 역시 높아질 수 있다.

반면 알릭파트넛이 2017년 5월 미국인 1,000명을 대상으로 실시한 온라인 설문 결과는 다소 상이하다. 응답자들이 가장 신뢰하는 자율주행차 소프트웨어 기업 1위는 실리콘밸리 기업이 41%, 2위가 일본 완성차 기업 23%, 3위가 미국 완성차 기업 16%, 4위가 유럽 완성차 기업 8%, 기타 12%의 순이다. 2009년부터 자율주행차 시험운행을 시작한 웨이모의 영향으로 판단된다.

미국의 온라인 운전면허 학습 사이트인 drive-test.org는 2017년 4월 방문자 15만 8,000명을 대상으로 전기자동차 및 자율주행차와 관련된 4가지 문항에 대한 설문을 실시했다. 설문에는 사이트 이용자 특성상 13~19세가 42.5%, 20~35세가 26.9%가 참여했다. 첫 번째로 전기차 가격이 내연기관 차량 수준으로 떨어지면 전기차를 구매하겠냐는 질문에 69.4%가 구매하지 않겠다고 응답했다. 두 번째로 자율주행차에 탑승했을 때 불안 정도에 대한 문항(0~10점)에서는 23.9%가 극도로 불안할 것이다(10점), 18.8%가 전혀 불안하지 않을 것이다(0점)를 선택했으며 평균은 5.6점이었다. 세 번째 자율주행차 구매 비용과 위험 등 단점보다 장점이 많을 것인지에 대한 문항에서는 단점이 더 많다가 21.2%, 장점이 더 많다가 15.1%의 응답을 보여 밀레니얼 세대들의 전기차, 자율주행차에 대해 호의적인 반응은 높지 않음을 보여주었다. 네 번째 향후 10년간 전기차와 자율주행차를 가장 많이 판매할 자동차 브랜드에 대한 설문에는 테슬라가 23.9%가 가장 많이 선택되었으며, 다음으로 도요타 19.9%, 혼다 17.2%, 쉐보레 14.4%, 포드 13.4%를 선택해 럭셔리 브랜드로 자리잡은 테슬라의 영향력을 반영하고 있다. 아직 자동차를 소유하지 않고 앞으로 운전면허를 취득하려는 밀레니얼 세대가 대부분이어서 응답이 보수적일 수도 있지만, 밀레니얼 세대의 전기차와 자율주행차에 대한 관점을 엿볼 수 있다.

실제로 미국을 중심으로 시험운행이 진행 중인 자율주행차에 대해 일반인들이 접할 수 있는 정보는 극히 제한적이다. 아직까지 시험운행 단계이기 때문에 일반 소비자 경험을 반영한 구체적인 사용정보는 없다. 관심 있는 잠재 소비자들이 파악할 수 있는 자료는 미국 캘리포니아 교통당국이 매년 발표하는 기업별 시험운행 결과 리포트와 언론기사가 전부다. 캘리포니아 시험운행 결과 리포트는 매년 각 기업 차량별 시험운행 거리, 자율주행 기능 정지 횟수, 차량 자체 혹은 보조운전자에 의한 강제 자율주행 기능 정지 등의 정보를 담고 있다. 간접적으로 기업별 자율주행 성능 비교가 가능하기 때문에 전 세계 언론에서 많은 관심을 받는다. 하지만 시험운행을 하는 기업들도 캘리포니아에서 벗어나 애리조나 등 해당 정보 보고 의무가 없는 지역으로 이동하고 있다. 시험운행 결과 공개는 경쟁기업들에게 자신들의 기술수준을 간접적으로 공개하는 것일 뿐더러 매년 언론들이 집중 보도하기 때문에 아무래도 부담이 될 수밖에 없다.

이렇듯 자율주행차 관련 생산자와 소비자 사이의 정보 비대칭성이 존재한다. 특히 사고가 운전자와 탑승자 사망으로 연결될 수 있는 자동차 소비자들은 어떤 상품을 구매할 때보다 보수적이다. 일반적으로 소비자들은 잘 알려진 혹은 자신이 사용했던 브랜드를 재구매하거나, 각종 공개 데이터 및 주변 추천을 통해 품질, 안전 등에 대한 보장을 확보하고 리스크를 줄이려는 경향이 있다.

Mobility Big Bang,

9

Riding the Future

모빌리티 시장
최후의 승자는?

현재 모빌리티와 자율주행차 시장에서 가장 돋보이는 기업은 웨이모, GM, 소프트뱅크다. 앞으로 자동차 보유 대수는 줄고 공유차량 대수는 늘어난다. 공유와 자율이 가져온 가장 커다란 변화다. 이러한 변화를 주도하지 못하는 기업은 라이드셰어링과 자율주행기술을 가진 기업에게 그들이 원하는 스펙의 공유차량을 납품하는 기업으로 전락할 가능성이 높다. 더 이상 고민할 시간은 없다.

1. 초기 시장의 선두주자로 자리 잡은 웨이모의 잠재력

시장조사업체인 나비간트 리서치Navigant Research는 2017년과 2018년 자율주행차를 개발하는 주요 완성차 기업, 테크 자이언트, 부품업체 19개를 평가해 리더LEADERS, 경쟁자CONTENDERS, 도전자CHALLENGERS, 추격자FOLLOWERS 그룹으로 분류했다. 분류를 위한 평가기준은 전략(비전, 시장진출 전략, 파트너십, 생산 전략, 기술력)과 실행력(영업, 마케팅, 유통, 상대적 기술수준, 품질과 신뢰성, 제품 포트폴리오, 시장유지력)이다.

2018년 평가 결과는 GM이 1위, 웨이모가 2위, 다임러-보쉬 3위, 포드가 4위를 차지했다. 폭스바겐그룹, BMW-인텔-FCA, 앱티브, 르노-닛산 얼라이언스가 뒤따르며 리더 그룹을 형성하고 있다. 2017년 1위 포드, 2위 GM, 3위 르노-닛산 얼라이언스, 4위 다임러로 구성되었던 리더 그룹은 웨이모, 폭스바겐그룹, BMW-인텔-FCA, 앱티브가 합류해 8개로 증가했으며, 다임러는 다임러-보쉬 연합의 등장 등 기업들의 연합 전선에도 변화가 생기기 시작했다.

리더 그룹에 도전하는 경쟁자 그룹에는 2017년 현대자동차그룹, 웨

순위	2017년	순위	2018년
1	Ford	1	GM
2	GM	2	Waymo
3	Renault-Nissan Alliance	3	Daimler-Bosch
4	Daimler	4	Ford
5	Volkswagen Group	5	Volkswagen Group
6	BMW	6	BMW-Intel-FCA
7	Waymo	7	Aptiv
8	Volvo/Autolix/Zenuity	7	Renault-Nissan Alliance
9	Delphi	9	Volvo-Autolix-Ericsson-Zenuity
10	Hyundai Motor Group	10	Peugeot Citroen Automobiles

참고 나비간트 리서치 2017, 2018년 자율주행차 관련 기업 평가 결과

출처 Sam Abuelsamid, David Alexander, Lisa Jerram, Assessment of Strategy and Execution for 18 Companies Developing Automated Driving Systems, NAVIGANT Research, 2017.

이모, 폭스바겐그룹, 볼보-오토리브-제뉴이티, 델파이, 푸조-시트로엥 그룹, 테슬라, 도요타, ZF 등 10개였다. 2018년 평가에서 웨이모와 폭스 바겐그룹은 리더 그룹으로 상승했으며, 볼보-오토리브-에릭슨-제뉴 이티, 현대자동차그룹, 도요타가 잔류했다. 푸조-시트로엥그룹, 재규어 랜드로버, 나브야, 바이두-베이징자동차BAIC-Beijing Automotive Industry Holding 등 이 새롭게 경쟁자그룹으로 진입했다. ZF는 전체 평가 대상에서도 제외 되는 등 1년 사이 기술과 협력 구도 형성을 위한 경쟁이 치열했음을 알 수 있다.

자율주행차 서비스 및 출시를 위한 시점이 얼마 남지 않은 상황에서 기업들이 인수합병, 투자, 자체 개발 등을 가속화하면서 기술력과 협력

● 2017년 자율주행차 개발 기업의 전략 및 실행력 비교

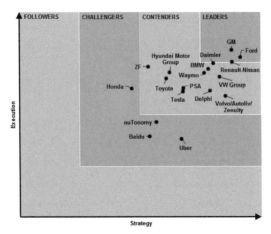

(출처) Sam Abuelsamid, David Alexander, Lisa Jerram, Assessment of Strategy and Execution for 18 Companies Developing Automated Driving Systems, NAVIGANT Research, 2017.

● 2018년 자율주행차 개발 기업의 전략 및 실행력 비교

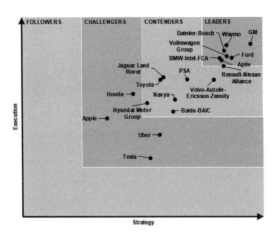

(출처) Sam Abuelsamid, Lisa Jerram, Assessment of Strategy and Execution for 19 Companies Developing Automated Driving Systems, NAVIGANT Research, 2018.

구도가 너무 빠르게 변하고 있기 때문에 나비간트 리서치가 제시한 기업 순위가 절대적이라고 할 수 없다. 하지만 꾸준히 자율주행기술 개발을 하고 있는 웨이모와의 인수합병 및 투자로 자율주행차에서도 기존 완성차 기업의 주도권을 지키려는 GM의 약진은 돋보이고 있다.

일본 언론 니케이가 특허분석 기업인 페이턴트 리절트^{Patent Result}에 의뢰해 2018년 7월 말 기준으로 미국에서 자율주행 특허경쟁력을 조사한 결과 구글 계열의 회사인 미국 웨이모가 2,815점으로 1위, 2위는 도요타, 3위는 GM, 4위는 포드, 5위는 닛산이다. 조사 기준은 미국에서 출원된 자율주행기술 관련 특허를 대상으로 출원자 권리화 의지, 경쟁사 주목도, 심사관 인지도 등 3개 항목을 정량화하는 방식으로 결과를 도출했다. 2년 전 동일한 조사 당시 웨이모는 도요타, GM, 닛산, 보쉬에 이어 5위였지만, 이번 조사에서는 경쟁력 점수가 3배나 높아지면서 1위를 차지했다. 1위를 차지한 주요 원동력은 인공지능 기술로 웨이모는 경쟁력 점수에서 2,815.13점 가운데 약 50%인 1,385점을 인공지능 관련 항목에서 획득했다. 2위인 도요타의 인공지능 관련 점수는 204점으로 웨이모의 약 7분의 1 수준이어서 상당한 격차가 나타났다. 일본 완성차 기업들의 특허경쟁력이 약한 이유는 인공지능 등 소프트웨어보다 엔진 등 하드웨어를 중시해 온 풍토 때문이다.

뿐만 아니라 구글은 다른 자율주행차 개발 기업들에 비해 시험운행 주행거리가 월등하고 사고 이력에서도 가장 안전하다. 미국 캘리포니아는 2015년부터 자율주행차 시험운행 결과를 기업별로 발표하고 있는데 캘리포니아에서 가장 긴 주행거리 시험운행을 한 기업은 웨이모다. 웨이모는 2017년 자율주행차 75대로 총 35만 2,545마일을 시험운행했고,

● 특허 기반 자율주행기술 경쟁력 순위

순위	특허 소유 기업	특허 기반 경쟁력(점수)	유효 특허 수
1	Waymo(미국)	2,815.35	318
2	Toyota Motor(일본)	2,242.39	682
3	GM(미국)	1,810.65	331
4	Ford Global Technologies(미국)	1,685.77	484
5	Nissan Motor(일본)	1,215.33	199
6	Robert Bosch(독일)	1,110.25	277
7	Magna Electronics(캐나다)	756.38	86
8	Denso(일본)	656.29	232
9	Honda Motor(일본)	648.04	257
10	Here Global(네덜란드)	354.26	170
11	Audi(독일)	331.64	82
12	IBM(미국)	302.84	112
13	Hitachi(일본)	302.44	54
14	Continental Teves(독일)	274.64	42
15	Aisin Seiki(일본)	271.81	47
16	State Farm Mutal Automobil Insurance(미국)	253.93	45
17	Jaguar Land Rover(영국)	253.46	68
18	Volkswagen(독일)	245.78	81
19	MobilEye Vision Technologies(이스라엘)	241.34	76
20	Volvo Cars(스웨덴)	204.62	109
21	Subaru(일본)	188.98	82
22	Allstate Insurance(미국)	180.86	38
23	Hitachi Automotive System(일본)	159.81	51
24	Aisin AW(일본)	153.51	26
25	Panasonic(일본)	152.53	58
26	Uber Technologies(미국)	145.06	88

순위	특허 소유 기업	특허 기반 경쟁력(점수)	유효 특허 수
27	Mitsubishi Electric(일본)	131.75	45
28	Donnelly(미국)	130.31	6
29	BMW(독일)	129.32	88
30	ZF Friedrichshafen(독일)	125.58	20
31	Gentex(미국)	120.51	8
32	Joyson Safety Systems(미국)	115.61	9
33	Valeo Schalter und Sensoren(독일)	114.18	19
34	Camegie Mellon University(미국)	107.48	12
35	Hyndai Motor(한국)	107.16	146
36	Toshiba(일본)	102.82	23
37	Advics(일본)	100.46	25
38	Bendix Commercial Vechicle System(미국)	95.89	17
39	OI Secutiry(벨기에)	81.15	4
40	Denso Ten(일본)	80.45	14
41	Ajjer(미국)	77.68	5
42	E-traction Europe(네덜란드)	74.93	5
43	Continental Automotive(독일)	74.77	22
44	The Crawford Group(미국)	74.73	7
45	Dynamic Research(미국)	73.48	8
46	Steerign Solutions IP Holding(미국)	71.08	36
47	Delphi Technologies(영국)	70.01	43
48	Cisco Technologies(미국)	64.15	5
49	Equos Research(일본)	63.92	5
50	Daimler(독일)	62.95	12

출처 Yuki Okoshi, Kosuke Terai, Google's Waymo Unseats Toyota as Automated-Driving Patent King, NIKKEI Asian Review, 2019. 9. 13.

주행 중 기능 정지는 63회 발생, 평균 5,596마일에 한 번꼴로 발생해 가장 긴 평균 정지거리를 기록하고 있다. 2018년 10월 자율주행차 실제도로 주행 1,000만 마일 돌파, 시뮬레이션 주행 60억 마일을 넘었고, PCA와 재규어 등 완성차 업체와의 본격 협력, 2018년 말 본격 자율주행택시 운행 등 웨이모의 풍부한 데이터와 빠른 상용화 전략은 다른 기업들보다 높게 평가할 수 있는 강점이다. 뿐만 아니라 자율주행차 규제가 비교적 자유로운 애리조나에서 실행하고 있는 얼리 라이더 프로그램 운영으로 다양한 사용자 데이터와 유지보수 데이터를 확보하는 등 차량 생애 전주기 대상의 테스트와 데이터 수집을 통해 다른 자율주행차 기업보다 빠른 상용화 전략을 추진하고 있다.

특히 2018년 말부터 계획된 자율주행택시와 웨이즈 카풀의 미국 전역 확대는 2009년부터 준비한 구글의 자율주행차와 모빌리티 비즈니스의 시작일 뿐만 아니라, 관련 시장의 본격적인 경쟁을 알리는 신호탄이 될 것으로 예상된다.

웨이모의 뒤를 GM이 뒤따르고 있다. 캘리포니아 2016년 9,776마일, 2017년 13만 1,675.9마일의 시험운행을 마친 GM은 크루즈 오토메이션 인수 이후로 자율주행기능 향상에 탄력을 받고 있다. 시험운행 차량도 2016년 25대에서 2017년 94대로 늘렸으며, 같은 해 자율주행 중 기능 정지는 각각 181회와 105회로 2016년에는 54마일, 2017년에는 1,254.1마일에 한 번씩 발생해 비약적으로 발전하는 모습을 보이고 있다.

2017년 캘리포니아에서 시험운행한 12개 기업 전체에서 웨이모와 GM의 주행거리는 96%이며, 주행차량 168대는 207대의 82%로 압도적인 비중을 차지한다. 이전과 달리 2017년 캘리포니아에는 중국의 바이두, 자율주행 플랫폼 기업인 엔비디아, 프랑스 부품업체인 발레오^{Valeo}, 실리콘밸리 기반의 자율주행차 스타트업인 드라이브닷 에이아이^{Drive.ai}, 자율주행차 공유 서비스 스타트업인 죽스^{Zoox}, 커넥티드카와 위치기반 서비스 분야 기업인 텔레나브^{TELENAV} 등 다양한 자율주행 관련 스타트업과 부품업체들이 시험운행을 시작했다. 반면 2015년과 2016년 시험운행에 참여했던 BMW, 포드, 테슬라, 폭스바겐 등은 시험운행에 참여하지 않아 대조적인 모습을 보였다.

현재까지 공식적인 웨이모의 비즈니스 모델은 밝혀지지 않았다. 하지만 RBC 캐피털의 애널리스트 마크 매허니^{Mark Mahaney}는 웨이모가 기존 완성차 기업에서 자동차를 구입해 운송회사로 진화하거나 자율주행 운영 체제를 라이선스하는 두 가지 시나리오 가운데 하나를 선택할 가능성이 높다고 분석했으며, 2025년 서비스를 본격적으로 시작해 2050년부터는 서비스 시장이 기하급수적으로 성장해 시장규모가 3조 8,000억 달러에 이를 것으로 예상하고 있다.

첫 번째 시나리오에서 웨이모 영업이익은 2030년 200억 달러, 기업가치 1,190억 달러, 두 번째 시나리오 영업이익은 2025년 2억 5,000만 달러, 2030년 350억 달러로 예상하며 기업가치는 1,800억 달러로 성장할 것으로 예상했다. UBS 애널리스트인 에릭 세리던^{Eric Sheridan}도 22명의 산업전문가와의 인터뷰를 통해 웨이모의 기업가치를 250억에서 1,350억 달러로 평가했다. 뿐만 아니라 모건 스탠리^{Morgan Stanley}의 애널리스트 브라이언 노왁^{Brian Nowak}이 평가한 2040년 웨이모의 기업가치는 1,750억 달러를 넘는다. 라이드 헤일링 서비스를 하는 자율주행택시가 1마일당 0.9달러의 비용으로 전 세계 이동거리 4%를 점유하고, 12%의 영업이익

● 캘리포니아 자율주행차 시험운행 결과(2015년~2017년)

	자율주행차 운행 대수			자율주행모드 해제 건수			자율주행차 운행 거리(mile)			평균 자율주행모드 해제 거리 (주행거리/해제 건수)		
	2015	2016	2017	2015	2016	2017	2015	2016	2017	2015	2016	2017
Baidu USA LLC	N/A	N/A	4	N/A	N/A	48	N/A	N/A	1,971.7	N/A	N/A	41.1
BMW	N/A	1	0	N/A	1	0	N/A	638.0	0.0	N/A	638.0	0.0
Bosch	2	3	3	625	1,443	598	935.0	983.0	1,454.0	1.5	0.7	2.4
Delphi/Aptiv	1	2	1	405	178	81	16,662.0	3,125.0	1,819.6	41.1	17.6	22.5
Drive.ai	N/A	N/A	7	N/A	N/A	92	N/A	N/A	6,015.4	N/A	N/A	65.4
GMCruise	N/A	25	94	N/A	181	104	N/A	9,776.0	131,675.9	N/A	54.0	1,254.1
Ford	N/A	2	0	N/A	3	0	N/A	590.0	0.0	N/A	196.7	0.0
Google—Waymo	57	60	75	341	124	63	424,331.0	635,868.0	352,545.0	1,244.4	5,128.0	5,596.0
Honda	N/A	0	0	N/A	0	0	N/A	0.0	0.0	N/A	N/A	0.0
NIO USA Inc.	N/A	N/A	0	N/A	N/A	0	N/A	N/A	0.0	N/A	N/A	0.0
Nissan	4	5	5	106	28	24	1,485.0	4,099.0	5,007.0	14.0	146.4	208.6
NVIDIA	N/A	N/A	2	N/A	N/A	109	N/A	N/A	505.0	N/A	N/A	4.6
Mercedes	5	1	3	1,031	336	842	2,239.0	673.0	1,087.7	2.2	2.0	1.3
TELENAV	N/A	N/A	1	N/A	N/A	58	N/A	N/A	1,824.0	N/A	N/A	31.4
Tesla	0	4	0	0	182	0	0.0	550.0	0.0	0.0	3.0	0.0
Valeo	N/A	N/A	1	N/A	N/A	215	N/A	N/A	574.1	N/A	N/A	2.7
VW	2	0	0	260	0	0	14,945.0	0.0	0.0	57.5	0.0	0.0
Wheego	N/A	N/A	0	N/A	N/A	0	N/A	N/A	0.0	N/A	N/A	0.0
Zoox Inc	N/A	N/A	11	N/A	N/A	14	N/A	N/A	2,244.8	N/A	N/A	160.3
Total	71	103	207	2,768	2,475	2,249	460,597.0	656,302.0	506,724.2	1,360.7	6,186.3	7,390.4

출처 Testing of Autonomous Vehicles, Department of Motor Vehicles, State of California Website, 2018. 2. 3.

을 창출해 850억 달러의 가치와 피아트 크라이슬러 등 웨이모의 자율주행기술 라이선스 비용 역시 70억 달러의 잠정가치를 보유하고 있다.

현재 월마트, DDR Crop. 등과 물류 분야에서 협력을 시작한 웨이모는 기존 트럭과 비교해 30~50% 낮은 운송비용과 높은 효율성을 무기로 물류 비즈니스에서 900억 달러의 가치를 평가받았다. 물론 본격적인 상용화 전 단계 시점에서 캘리포니아 자율주행차 시험운행 데이터, 특허 평가 등을 통해 정확한 기업 수준을 판단할 수는 없지만, 웨이모가 현재까지 자율주행기술 선두기업임을 부정할 수는 없을 것이다. 뿐만 아니라 모기업인 알파벳과 주력기업인 구글은 유튜브 등 엔터테인먼트, 안드로이드 등 스마트폰, 구글 클라우드, 엔터프라이즈 컴퓨팅 등 자율주행차와 접목할 수 있는 다양한 사업을 진행하고 있어 앞으로 자율주행차의 부가가치 창출을 위한 비즈니스 분야에서도 효과적인 전략 추진이 가능하다.

테슬라가 레벨 2 수준의 자율주행기능인 오토파일럿을 출시해 인지도를 높였고, 우버도 세계 최대 라이드셰어링 기업으로 자율주행 솔루션을 개발하면서 많은 관심을 받았다. 소비자들 입장에서 보면 가장 많은 시험운행과 오픈 메리지 전략으로 본격적인 완성차 기업들과 협력을 시작하고 있는 웨이모에 대한 관심과 신뢰가 높아질 수밖에 없다.

2. 소프트뱅크의 빅픽처, 네크워크 지배자가 자율주행 시장을 지배할 것인가?

우버를 추격하는 디디추싱의 패스트 팔로어 전략

미국 기업관리 전문업체인 서티파이[Certify]가 2017년 처리한 약 5,000만 건의 영수증 분석 결과를 담은 SpendSmart™ 리포트에 따르면 전체 영수증 가운데 9%는 우버를 사용한 내역이다. 전체 육상교통운송수단 사용 건수 가운데 68%는 라이드셰어링에 지불되었으며, 그 가운데 우버가 56%, 리프트가 12%를 차지했다. 우버는 2016년 52%에서 4% 증가, 리프트는 2016년 4%에서 12%로 3배 증가했다. 반면 렌터카 사용은 2016년 33%에서 2017년 25%로 감소했으며, 택시도 11%에서 7%로 감소해 빠르게 변하고 있는 기업고객들의 운송수단 선호도를 반영하고 있다. 평균요금도 택시가 31.64달러, 우버는 25.1달러, 리프트는 20.63달러로 비용 측면에서도 라이드셰어링이 유리하다.

마찬가지로 SpendSmart™가 분석한 2018년 3분기 데이터에서도 우버는 전체 영수증 처리 건수의 11%를 차지해 1위를 기록했다. 육상운송

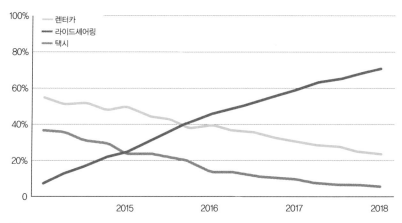

출처 Alison Griswold, Startups Like Uber Decimated Taxi Companies. Rental Cars Are Next, QUARTZ, 2018. 5. 10. / Certify Adds Up the Year in Business Travel and Entertainment Expense Spending, Certify, 2018. 1. 30.

수단 전체 사용에서는 우버가 73%, 리프트가 20%를 차지해 라이드셰어링 서비스 활용이 2017년보다 더욱 가파르게 증가하고 있음을 알 수 있다.

2018년 5월 컨설팅 기업인 알릭스파너트스AlixPartners는 과거 12개월 동안 렌터카를 사용한 미국 소비자 2,008명을 대상으로 설문조사를 실시하고 그 결과를 발표했다. 응답자 가운데 35%는 복잡한 렌탈 과정, 34%는 높은 추가요금, 20%는 제한된 차량 모델이 불만이었다. 또한 설문조사 결과 35%는 같은 기간 우버나 리프트 등 렌터카에서 라이드셰어링으로 전환했으며, 그 가운데 5분의 1은 이동의 절반을 라이드셰어링으로 해결했다. 연령층별로 보면 밀레니얼 세대와 Z-세대가 렌터카에서 라이드셰어링으로의 전환 비율이 높고, 라이드셰어링의 존재는 알지만 전환하지 않은 48%는 라이드셰어링이 렌터카보다 20% 정도 저렴해

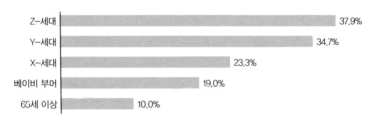

● 연령대별 렌터카에서 라이드셰어링으로 전환한 비율(미국)

Z-세대	37.9%
Y-세대	34.7%
X-세대	23.3%
베이비 부머	19.0%
65세 이상	10.0%

(출처) Alison Griswold, Softbank is Betting That Everyone Hate Rental-Car Companies, 2018. 8. 21.

지면 이용할 것이라고 답했다.

미국 사례지만 라이드셰어링 산업은 과거 택시뿐만 아니라 렌터카 시장도 본격적으로 파괴하며 성장하고 있다. 글로벌 라이드셰어링 업체들의 연평균성장률은 16.3%로 2018년 매출은 597억 달러, 2020년에는 614억 달러, 2022년은 1,090억 달러 규모로 높아지고 있다. 사용자 수도 2018년 세계 인구 대비 9.8%인 4억 명, 2020년은 12%인 5억 명을 넘고 2022년에는 13.3%인 5억 4,000만 명에 이를 것으로 스태티스티카는 추정했다. 2018년 사용자 1명당 평균 지출은 118.28달러이며, 2018년 매출은 중국이 297억 달러 규모로 세계 시장의 약 50%를 차지하는 최대 시장이다.

크런치베이스Chrunchbase가 2007년에서 2017년 8월까지 분석한 데이터에 따르면 라이드셰어링 업계에는 약 260개 투자 라운드에서 160억 달러 규모 투자가 진행되었다.

최근 라이드셰어링 업계의 가장 커다란 관심은 우버와 디디추싱의 대결이다. 우버보다 3년 3개월 늦은 2012년 6월 설립된 디디추싱이 라이드셰어링 초기 글로벌 시장을 무리하게 확장해 나갔던 우버에게 패스트

● 글로벌 라이드셰어링 탑승자 규모 예측

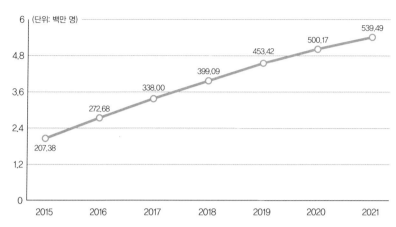

출처) Ride Sharing, https://www.statista.com/outlook/368/100/ride-sharing/worldwide, statistica

● 글로벌 라이드셰어링 기업 펀딩 현황(2013-2017. 8)

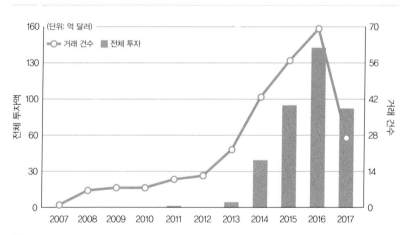

출처) Jason D. Rowley, Can Didi Out-Network Uber To Win The Global Ridesharing Market?, 2017. 8. 15.

팔로어 전략 드라이브를 강하게 걸고 있다. 공교롭게도 디디추싱이 등장한 시점부터 라이드셰어링 업계의 펀딩 규모는 급증하기 시작했다.

설립 후 글로벌 시장에 무차별적 공세를 펼쳤던 우버의 시련은 2016년 시작된다. 2016년 8월 우버차이나를 디디추싱에 지분 5.89%로 매각한 것을 시작으로, 2018년 3월에는 동남아 시장에서 치열하게 경쟁하고 있던 그랩에게 지분 27.5%를 받는 조건으로 말레이시아, 인도네시아, 태국, 베트남 등 동남아 8개 국가의 사업권을 넘겼다.

우버는 러시아의 얀덱스와 2017년 7월 러시아, 아르메니아, 아제르바이잔, 벨로루시, 그루지아, 카자흐스탄 등 동유럽 127개 도시에서 사업을 통합한다고 발표했다. 2018년 2월 출범한 우버가 2억 2,500만 달러, 얀덱스가 1억 달러를 투자한 기업가치 38억 달러 규모의 조인트벤처 지분은 얀덱스가 59.3%, 우버가 36.6%를 소유한다. 하지만 조인트벤처 형태일 뿐 지분구조와 투자금이 얀덱스에게 월등히 유리하기 때문에 우버가 동유럽 시장 주도권을 얀덱스에 넘겨주었다는 판단이 정확하다. 우버는 세계 최대 시장인 중국, 동남아, 동유럽 시장에서 철수한 것이다.

반면 우버를 패스트 팔로잉하는 디디추싱은 전략적으로 우버가 차지하고 있는 시장에서 현지 업체 투자를 통한 대리전쟁Proxy War을 펼치고 있다. 2017년 12월 전기차 사업과 인공지능 사업을 확대하고, 무엇보다 해외 진출을 위해 40억 달러를 조달했다. 아랍에미리트 아부다비 국부펀드와 소프트뱅크 등이 펀딩에 참여했으며, 디디추싱의 기업가치는 560억 달러로 상승했다. 40억 달러를 조달한 직후인 2018년 1월에는 브라질 라이드셰어링 업체 99를 전격 인수했다. 2012년 설립한 99는 브라질 400개 도시에서 사용자 1,400만 명과 기사 30만 명을 확보하고 있다.

2017년 200만 달러를 투자 받아 브라질 스타트업 가운데 가장 많은 투자 기록을 세운 기업이다. 브라질은 우버가 1,700만 명의 사용자와 기사 50만 명을 확보한 미국에 이어 두 번째로 큰 시장이다.

2015년에는 인도의 올라, 2017년 1월에는 리프트, 2017년 7월에는 그랩, 2017년 8월에는 유럽과 사하라사막 이남 아프리카 지역 그리고 호주 전역에서 영업하는 카림과 신흥국 중심으로 비즈니스를 펼치는 택시파이 등 해당 지역에서 우버와 1, 2위를 다투는 라이벌 현지 기업들에게 공격적인 투자를 계속 진행하고 있다.

올라는 인도 110개 도시에서 기사 35만 명을 확보했으며, 두바이에 본사를 둔 카림은 인구가 급증하고 있는 중동과 북아프리카 13개 국가 80여 개 도시에서 1,200만 명의 사용자와 25만 명이 넘는 기사를 확보하고 있다. 스카이프Skype 출신 세 명이 설립한 에스토니아에 본사를 둔 택시파이는 헝가리, 루마니아, 남아프리카 공화국, 나이지리아, 케냐 등 18개국에서 비즈니스를 운영하고 있다.

99, 카림, 택시파이의 투자액은 비공개로, 5억 달러를 투자한 올라는 인도시장의 80% 장악을 목표로 하고 있으며 리프트에는 100만 달러를 투자했다. 소프트뱅크도 참여한 그랩의 20억 달러 투자는 동남아지역 스타트업 투자 사상 최대 규모다.

이렇듯 디디추싱이 브라질, 인도, 동남아, 유럽과 아프리카, 호주 등에서 투자를 통해 우버와의 대리전쟁을 펼치는 데는 이유가 있다. 라이드셰어링 비즈니스 속성상 일단 하나의 기업이 시장을 지배하면 교체되기 쉽지 않지만, 글로벌 업체보다 현지에서 통용되는 기술과 서비스 경험을 보유한 로컬업체가 민첩하게 현지 시장에 대응할 수 있기 때문이다.

실제로 우버는 피크타임 때 차량 수요와 공급을 조절해 요금 상승을 주도하는 데는 능숙할지 몰라도 곳곳에서 지불수단과 운영에 미숙함을 노출하기도 했다. 대표적인 것이 우버의 신용카드 결제 의무화 전략이다. 인도와 동남아에서는 올라와 그랩에서 제공되는 현금지불 옵션이 없어 고전했고, 중동 역시 현금이나 신용카드 없이 결제할 수 있는 디지털 지갑을 제공하지 않은데다가 부정확한 지도, 기사와 탑승자의 비효율적인 연결 등으로 애를 먹었다.

이렇듯 현지 특성이 강한 지역에서는 직접 진출보다 현지 사정에 밝은 로컬업체에 투자해 치루는 대리전쟁이 보다 효과적일 수 있다. 실제 2017 회계연도를 기준으로 우버의 인도 법인인 우버인디아시스템즈 Uber India Systems 의 수익은 전년대비 10% 증가에 불과해 2015 회계연도 대비 수익이 442% 증가했던 2016년도와 비교가 불가능한 수준이다. 반면 2017 회계연도 올라의 자회사를 포함한 수익은 전년 대비 70% 상승해 대조적인 모습을 보이고 있다. 우버 CEO 다라 코스로샤히는 인도가 10년 안에 10배 성장이 가능한 시장으로 계속 투자하겠다는 의지를 밝혔으나, 올라와 우버인디아 시스템의 합병설이 불거지는 등 중국, 동남아, 동유럽에 이어 조심스럽게 철수 가능성이 점쳐지고 있다.

중동시장에서도 2017년 매출액 기준 시장점유율은 50%로 2016년 69%와 비교해 무려 19%나 떨어졌다. 반면 우버가 철수한 동남아 시장에서 그랩은 2017년 11월 누적 호출 건수 10억 건을 기록했으며, 싱가포르, 인도네시아, 필리핀, 말레이시아, 태국, 베트남, 미얀마 등 동남아시아 7개 시장에서 1초 66건 호출이라는 기록도 세웠다. 우버는 2019년 기업공개(IPO)를 앞두고 디디추싱의 대리전쟁에 위협받는 지역에서는 시장 점유율을 유지하거나 늘리기 위해 투자를 확대하고 있는 것으로 알려졌다.

디디추싱은 대리전쟁뿐만 아니라 해외에 직접 진출하는 전략도 본격적으로 펼치기 시작했다. 2018년 6월에는 호주 멜버른, 8월에는 멕시코, 9월에는 소프트뱅크와 함께 오사카를 시작으로 일본 시장에 진출했다. 멕시코와 호주 진출은 전통적으로 중국기업의 영향력이 높은 동남아나 라틴 아메리카보다 미국 브랜드에 익숙한 서구시장에서 경쟁할 시험무대가 될 것으로 보인다. 디디추싱의 CEO 청웨이는 해외 업체들과의 전략적 파트너십 및 투자가 아시아와 유럽의 운송 서비스를 연결해 디디추싱의 입지를 강화하고, 경쟁을 통해 스마트한 제품개발에 도움을 줄 것이라고 언급하는 등, 디디추싱의 우버 공략을 통한 글로벌 시장 진출과 확대는 계속 진행될 것으로 예상된다.

중국 내에서도 외국인을 위해 실시간 번역이 가능한 영어 앱을 출시해 사용자를 늘리고 있으며, 해외여행 중인 중국인을 대상으로 렌터카 제공 비즈니스를 하기 위해 AVIS와 제휴하는 등 내국인 공략에도 적극적이다.

자율주행 전면전을
준비하는 소프트뱅크

이러한 우버와 디디추싱의 관계, 디디추싱의 질주, 라이드셰어링 업체들의 관계가 복잡해진 배경에는 소프트뱅크가 있다. 현재 소프트뱅크는 자체펀드와 소프트뱅크 비전펀드 등을 활용해 디디추싱에 100억 달러, 우버에 77억 달러, 그랩에 30억 달러, 올라에 2억 1,000만 달러를 투자했다. 하지만 우버가 디디추싱의 우버차이나를 인수하고 난 후 소프트뱅크는 디디추싱, 그랩, 리프트 등에 대한 투자는 더 이상 진행하고 있지 않다. 소프트뱅크는 한때 반우버 전선을 이끌며 우버를 압박했으나, 우버가 연이은 성추문과 해킹 논란 등에 흔들리는 틈을 노려 2017년 12월 최대주주로 부상하기도 했다.

2018년 디디추싱의 기업가치는 800억 달러 규모로 우버 1,200억 달러에 이어 라이드셰어링 기업 가운데 2위로 평가받고 있다. 현재 중국 내 5억 5,000만 명 이상의 등록 사용자를 보유하고 있으며 3,100만 명의 운전자가 1일 3,000만 번 운행하는 디디추싱이 기업가치를 높이려면 우버의 시장을 빼앗거나 새로운 시장을 장악하는 수밖에 없다.

현재 소프트뱅크의 전략은 명확해 보인다. 우버는 미국, 유럽, 라틴아메리카, 호주 등 디디추싱에 우위를 지키고 있는 핵심시장에 집중하고, 나머지 국가는 디디추싱이 담당하는 전략을 추진하는 모습이다. 하지만 우버와 디디추싱뿐만 아니라 각 대륙별 주요 라이드셰어링 업체들에게 투자하고 있는 소프트뱅크는 경쟁력과 투자여력을 갖춘 기업들 간의 경쟁을 통해 자신이 투자한 기업의 가치를 더욱 올리겠다고 판단하는 듯하다.

소프트뱅크는 라이드셰어링뿐만 아니라 자율주행기술 투자에도 적극적이다. 소프트뱅크 주도 컨소시엄의 우버 100억 달러 투자, GM 크루즈 22억 5,000만 달러 투자 그리고 도요타와 모빌리티 합자회사인 모네 테크놀로지 설립 등이 주요 사업이다. 하지만 자율주행기술 확보를 위한 1억 달러 수준의 소규모 투자와 핵심기술 보유 업체의 투자에도 적극적으로 포트폴리오 간 시너지 효과를 노리고 있다.

대표적으로 2016년 7월에는 영국 사물인터넷 반도체칩 설계 및 개발 기업으로 모든 종류의 자동차 센서, 안전 기능 및 자율주행차 부품을 연구개발하는 암 홀딩스^{Arm Holdings}를 310억 달러에 인수해 세계를 놀라게 했다. 2017년 5월에는 자율주행 인공지능 컴퓨팅 플랫폼과 소프트웨어를 개발하는 엔비디아^{Nvidia}에 40억 달러를 투자해 4대 주주로 등극, 자율주행차에 대한 관심을 보이기도 했다.

뿐만 아니라 자율주행차 보험과 연계가 가능한 운전자 행동감지 인공지능 시스템을 개발하는 나우토^{Nauto}에 2017년 7월 그레이록 파트너스^{Greylock Partners}와 함께 투자를 주도했다. 2017년 10월에는 소프트뱅크 비전펀드 주도로 내비게이션, 지도, 검색, 가상현실과 증강현실, 게임, 커넥티드카, 사물인터넷 등 위치기반 데이터 플랫폼 웹과 앱 개발자를 위한 소프트웨어개발키트^{SDK}를 개발하는 맵박스^{Mapbox}에 1억 6,400만 달러를 투자했다. 맵박스 소프트웨어개발키트를 사용하면 개발자가 지도에 자체 개발한 데이터셋과 사용자정의 레이어를 추가할 수 있다. 해당 플랫폼에는 90만 명의 개발자가 등록되어 있으며, 매일 2억 마일 이상의 센서 데이터를 수집하고 실시간 교통, 새로운 도로, 새로운 위성 이미지 등을 자동으로 업데이트한다. 도시 교통 시뮬레이션에도 사용할 수 있으며 다양한 위치기반 서비스와 자율주행차 엔터테인먼트 서비스에 적용이 가능하다.

2018년 1월에는 소프트뱅크 비전펀드를 활용해 독일 온라인 중고차 자동차 딜러 플랫폼 기업인 오토1^{Auto1}에 5억 6,000만 달러를 투자, 지분 20%를 확보했다. 오토1은 매년 300억 달러 이상의 가치가 있는 분산

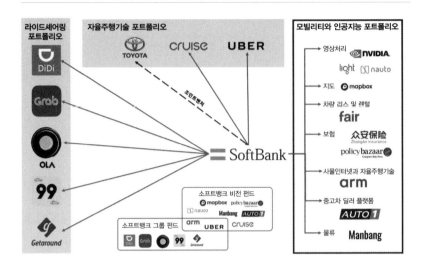

된 중고차 시장에 효율성과 투명성을 도입한 데이터 기반 플랫폼으로, 2012년 설립되어 30개 이상의 국가에서 3만 5,000명 이상의 파트너와 매월 4만 대 이상의 자동차를 판매하고 있다. 이외에도 차량리스와 렌털, 보험, 물류 업체에 투자하는 등 자율주행과 모빌리티 연계를 통한 시너지 창출을 위한 다양한 분야의 포트폴리오를 구축해 놓았다.

이러한 소프트뱅크의 전략은 파괴적 경쟁시장으로 등장한 라이드셰어링 산업의 글로벌 정리자 역할을 통해 투자한 기업으로부터 수익을 극대화하려는 것이다. 자율주행차 산업에 대한 투자는 아직까지 브랜드, 생산, 모델, 경쟁업체들이 확실하지 않은 잠재적인 파괴적 시장이며 디디추싱 혹은 우버가 비즈니스를 하는 지역에서 자율주행차로 라이드셰어링 네트워크상의 차량들을 교체할 수 있기 때문이다.

벤처비트와 손정의 회장의 인터뷰를 보면 그의 전략을 파악할 수 있다. 손정의 회장은 한 가지 중요 비즈니스로 시너지를 높이기 위해 중요 비즈니스에서 주변으로 확대해 나가는 일반적인 전략과 달리, 자신은 산업과 기술이 어느 분야로 이동하는지를 관찰하면서 ROI^{Return of Investment}가 가장 높다고 판단되는 분야를 선정한다는 것이다. 현재 가장 좋은 기회는 정보혁명으로 단기가 아닌 20년 혹은 50년을 바라보는 장기게임을 하고 있다. 실제로 이러한 방식을 통해 그가 지난 18년 동안 거둔 투자 수익은 44%로 놀라운 수준이다.

현재 소프트뱅크는 글로벌 라이드셰어링 네트워크를 장악한 후 자율주행기술을 획득했거나 기술 또는 자율주행차를 공급할 수 있는 업체에 아낌없이 투자하고 있다. 마치 프랑스 알데바란을 인수해 페퍼를 출시한 것과 같이 직접 개발보다는 인수합병 혹은 투자를 중심으로 한 전략을 추진할 가능성이 높다.

하지만 직접적인 연구개발보다 투자와 구매에 관심이 있는 소프트뱅크가 성공할 수 있을까? 물론 소프트뱅크가 글로벌 라이드셰어링을 장악했다고 해서 미래 자율주행시장에서 시장지배자가 된다고 장담할 수는 없다. 2018년 카풀웨이즈를 전국으로 확대하고 2019년 캘리포니아에서 운전석 없는 자율주행 서비스 시작을 앞둔 웨이모, 유럽 라이드셰어링 시장을 장악한 다임러 담당 자회사인 무벨그룹과 BMW 모빌리티 브랜드 드라이브 나우의 통합, 공격적인 인수합병으로 자율주행 선두를 달리고 있는 완성차 업체 GM과 그 뒤를 바짝 따르는 포드 등 경쟁기업들과의 명운을 건 거대한 전쟁이 머지않았다.

3. GM의 예정된 구조조정과 트랜스포메이션

2018년 11월 발표된 GM의 구조조정이 많은 관심과 우려를 받고 있다. 하지만 GM의 전통 차량 생산라인과 인력 구조조정은 예견된 수순이다. 이미 GM은 자율주행차를 전담하는 GM 크루즈의 독립적 운영과 소프트뱅크의 투자, 모빌리티 자회사인 메이븐 설립 등 미래 비즈니스 조직을 준비해왔다. 뿐만 아니라 GM 크루즈 3세대 자율주행차 200여 대를 조립한 미시건 주 오리온타운십 조립공장, 라이다, 카메라, 센서 등 자율주행 루프모듈 생산을 위한 브라운스톤 공장 시설 장비 업그레이드를 위해 1억 달러 투자 계획을 추진하는 등 차근차근 미래시장 준비를 해왔다.

GM의 CEO 메리 바라Mary Barra가 "현재와 미래에 적합한 기술을 보유한 인력으로 변화하는 단계"라고 언급하는 등 전기차와 자율주행차, 공유차량 등 글로벌 완성차 업체 가운데 가장 강력한 추진력으로 미래 모빌리티 기업으로의 변환을 추진하고 있다.

구조조정 내용은 세계 금융위기에 따른 2009년 파산 이후 최대 규모다. 북미 공장 5개 폐쇄, 사무직 8,100명, 생산직 6,000명, 임원 25%를 포함한 GM 인력 15% 수준인 1만 4,700명 감원 등의 내용이 포함되어 있다. 2019년 가동이 중단되는 조립공장은 디트로이트^{Detroit} 햄트램크^{Hamtramck}(시급노동자 1,348명, 정규직 194명 근무), 오하이오^{Ohio} 로즈타운^{Lordstown}(시급노동자 1,435명, 정규직 183명 근무) 캐나다 온타리오 오샤와(시급노동자 2,600명, 정규직 300명 근무) 3곳이다. 이들 공장에서 생산하는 쉐보레 크루즈^{Chevrolet Cruze}, 캐딜락 CT6^{Cadillac CT6}, 뷰익 라크로스^{Buick LaCrosse} 등 세단 생산도 중단한다. 2017년 GM 최대 시장인 미국 판매 차량의 3분의 2는 트럭과 SUV로, 세단 판매는 급락했다. 실제로 오하이오 주 로즈타운 공장은 2013년 쉐보레 크루즈 24만 8,000대를 생산했으나 2017년에는 18만 대로 줄었으며, 3교대 근무도 1교대 생산 시스템으로 전환했다.

픽업트럭 쉐비 실버라도^{Chevy Silverado}와 GMC 시에라^{Sierra} 엔진을 생산하는 메릴랜드^{Maryland} 볼티모어^{Baltimore} 화이트 마시^{White Marsh} 공장(시급노동자 253명, 정규직 57명), 미시간 주 워런^{Warren} 트랜스미션 생산공장(시급노동자 265명, 정규직 70명)도 폐쇄한다. 이미 폐쇄한 한국의 군산공장뿐만 아니라, 2019년에는 북미 외 지역 공장 2개를 추가 폐쇄할 예정이다. 대신 향후 2년간 전기차와 자율주행차 프로그램에 현재보다 두 배 많은 인력을 투입할 계획이다.

연구개발 방법과 조직변화도 포함되어 있다. 2015년 운영하던 14개 핵심 플랫폼과 12개 지역별 플랫폼을 2020년대 초반 5개 플랫폼으로 줄여 글로벌 판매의 75%를 커버할 계획으로, 버추얼 도구를 사용한 차량 개발 시간과 비용 감축, 부품 공용화 확대를 추진한다. 뿐만 아니라 전기차 개발을 위한 상품개발 조직 통합, 미국 내 폰티악^{Pontiac}, 밀포드^{Milford}, 워렌^{Warren}, 미시건^{Michigan} 소재 글로벌 연구개발 조직과 브라질, 한국, 인도 등 현지화된 연구개발 조직의 통합도 고려되고 있다.

GM은 2019년 말까지 인력 15% 감축을 포함해 약 60억 달러 규모의 비용을 절감할 계획이다. 비효율적 비용구조를 개선하고 미래 투자를 늘리겠다는 것은 기업 구조조정의 원론적 원칙이다. 그러나 실적이 양호한 상황에서 시작한 GM의 구조조정은 세계 자동차 산업 및 시장의 전환기에 GM이 안고 있는 위기의식과, ACES가 주도하는 새로운 시장을 선점하겠다는 의지를 단적으로 보여주는 사례다.

Mobility Big Bang,

10

Riding the Future

한국 모빌리티 산업의 빅퀘스천

글로벌 모빌리티와 자율주행차 생태계를 주도적으로 만든 기업들은 다윈의 바다(Darwinian Sea)를 건너고 있다. 하지만 한국 기업은 아직도 죽음의 계곡(Death Valley) 입구에서 서성이고 있다. 지자체가 주도하는 마이크로 모빌리티 생태계에는 민간기업들이 끼어들 틈이 없고, 자율주행차는 가끔 행사나 뉴스를 통해 프로토타입을 접할 수 있을 뿐이다. 하드웨어 중심의 개발과 한국형, 국산화 등 독자개발에 대한 집착은 이미 지나간 산업화 시대의 사고방식이다. 소프트웨어와 서비스 개발에 관심을 갖고 더 늦기 전에 국내외 업체들과 전폭적으로 상호협력해야 할 시점이다. 자존심을 버려야 생존할 수 있다.

1. 자율과 공유가 가져올 변화, 자동차 산업의 빅뱅

감소하는 미국과 유럽 자동차 등록 대수, 증가하는 도심 교통량

2030년까지 자동차 업계는 급격한 변화가 예상된다. 프라이스워터하우스쿠퍼스Pricewaterhouse Coopers는 2017년 2억 8,000만 대 수준인 유럽 전체 자동차 대수가 2030년 2억 대, 같은 기간 미국은 22% 감소한 2억 2,000만 대로 분석했다. 13년 동안 유럽과 미국 자동차 약 4분의 1 정도가 줄어드는 급진적인 변화다.

2030년 유럽과 미국의 자동차 대수가 줄어드는 원인은 무엇일까? 바로 공유와 자율이다. 공유차량 1대는 일반차량 14대를 대체하는 효과가 있으며, 법적인 문제와 사회적 합의가 이루어지면 유럽과 미국에서 자율주행차가 전체 자동차 주행거리의 40%를 차지할 전망이다. 결국 개인소유차량은 선택 가능한 모빌리티 옵션 가운데 하나가 될 것이다.

이러한 자동차 기술 발전과 모빌리티 수단의 다양화는 일반인뿐만 아니라 교통약자들의 이동편의성을 향상시킨다. 일반인들의 공유차량 사용 선호도가 높아질 뿐만 아니라 어린이, 장애인, 고령자 등 과거 스스로 운전과 이동이 어려웠던 교통약자들이 스마트폰 앱 등으로 간편하게 자율주행공유차를 호출해 도어-투-도어 서비스를 사용할 수 있다.

이렇듯 공유와 자율이 가져온 이동성 향상으로 2030년까지 유럽에 거주하는 개인의 이동거리는 23% 증가한 5조 8,800만km, 미국은 24%, 중국은 183%가 증가할 것으로 예상된다. 도로에는 서비스를 마친 공유 차량들이 다음 탑승자의 픽업을 위해 빈 차로 새로운 목적지까지 이동하는 등 과거보다 교통량이 증가한다. 하지만 차량과 차량, 차량과 도로 시설 간 네트워크 연결성이 높아지면서 교통혼잡도가 높지는 않다는 것이 프라이스워터하우스쿠퍼스의 분석 결과다.

세계경제포럼과 보스턴컨설팅그룹이 실시한 미국 보스턴 지역의 시뮬레이션 결과도 유사하다. 공유차량의 증가와 개인소유차량의 감소로 도로 위의 차량 수는 15% 감소하고 주차공간의 48%는 줄어들지만, 공유차량들이 새로운 고객을 픽업하기 위해 빈차로 이동하는 거리가 증가해 차량의 이동거리는 16% 증가한다.

구체적으로 보스턴 서쪽에 위치한 알스톤Allston과 브라이튼Brighton 지역은 대중교통과 개인차량으로 장거리 통근하는 사람들이 많아 대중교통이 전체 이동량의 약 40%를 담당하는 도시로, 주변의 대학캠퍼스까지 대중교통과 자전거로 이동하는 학생인구가 많다. 시뮬레이션 결과 알스톤에서는 현재 16% 수준의 라이드셰어링이 41%까지 증가해 평균 이동시간이 12.1% 감소한다. 장거리 통근을 위한 대중교통 사용은 계속 40% 수준을 유지하지만, 높은 주차비용 등으로 개인소유차량을 사용한 이동은 42%에서 18%로 24% 감소하고 공유차량 비율은 16%에서 41%

로 급격하게 증가한다.

반대로 짧은 이동 비율이 높은 보스톤 도심지역 대중교통은 좌석확보가 편리하고 탑승인원이 적은 온디맨드 차량들과 치열하게 경쟁한다. 개인들이 소유차량의 사용을 포기하고 비용면에서도 커다란 차이가 없는 대중교통에서 온디맨드로 전환하는 비율이 높아진다. 이로 인해 4~16인승 규모의 온디맨드와 자율주행차량이 증가해 도로는 혼잡해지고 여행시간은 오히려 5.5% 증가할 것으로 예측했다. 도시거주자의 통행 특성에 따라 공유와 자율주행차가 가져오는 변화에는 차이가 있으며 최종적으로는 도심 교통량이 증가한다는 결론이다.

● 온디맨드와 자율주행차 도입에 따른 보스톤 지역 평균 여행시간 및 이동수단 분담률 변화

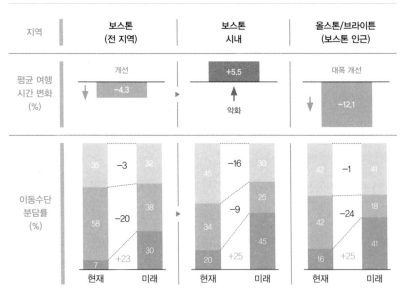

출처 Nikolaus S. Lang, Michael Ruessmann, Brian E. Collie, Augustin K. Wegscheider, John Moavenzadeh, Mary Loane, Andrey Berdichevskiy, Alex Mitchell, Mary Loane, Reshaping Urban Mobility with Autonomous Vehicles Lessons from the City of Boston, World Economy Forum & The Boston Consulting Group, 2018. 6.

하지만 KPMG의 예측에 따르면 차량공유 확산으로 특히 승용차 소유가 줄어들어 미국 내 승용차 판매량이 현재 540만 대에서 2030년 210만 대로 38% 감소하는 시장붕괴로 이어지며, 현재 미국에 80만 대 이상의 차량을 공급하는 OEM 10개 가운데 3~4개 기업만이 생존할 것으로 예상하는 등 기업의 미래 전략에도 새로운 고민이 필요하다.

공유를 위한
신차 수요 증가의 역설

많은 전문가들은 공유차량이 늘어나면서 자동차 시장이 위축되는 실물경제 위기를 우려한다. 하지만 이러한 우려와 달리 자동차 판매는 공유차량을 중심으로 크게 증가할 전망이다. 일반인들이 소유하고 있는 차량은 연간 평균 1만 3,200km를 주행하지만 공유차량은 연간 5만 8,000km를 주행한다. 개인이 소유한 차량 수명은 평균 17.3년이지만, 끊임없이 운행하며 회전률이 높은 공유차량의 교체주기는 3.9년이다. 연간 주행거리는 공유차량이 4.4배 길고, 반면 차량의 수명은 4.4배 짧다.

전체 자동차의 등록 대수는 줄어들지만 공유차량을 중심으로 차량수요는 급격히 증가한다. 유럽의 신차 판매는 1,800만 대에서 2,400만 대 수준으로 34% 증가하고, 미국은 20% 증가한 2,200만 대, 중국은 30% 증가한 3,500만 대가 될 것으로 예상했다. 유럽 신차 가운데 55%는 전기차가 차지할 전망이다.

이러한 자동차 시장의 변화는 자동차 시장을 독점하던 기존의 완성차 업계에 적지 않은 고민을 던진다. 완성차 업체는 공유차량의 빠른 교체주기, 차별화되는 공유차량 서비스, 다양해지는 모빌리티 서비스와의 경쟁에 대비해 사용자의 취향을 만족시키는 서비스와 기능, 무엇보다 저렴한 가격에 차량을 공급할 수 있는 연구개발과 생산 시스템을 마련해야 하기 때문이다. 뿐만 아니라 더 이상 자동차는 완성차 업체의 전유물이 아니라 정보통신업체, 스타트업들의 격전장으로 변하고 있다.

예를 들면 2007년 설립된 로컬모터스가 마이크로 팩토리를 운영하며 세계 최초 3D 프린터로 제작한 스트라티[Stati]는 44시간 만에 출력이 가능하다. 청소기로 유명한 영국 기업 다이슨[Dyson]은 2021년 출시 예정인 최첨단 전기차 연구센터와 테스트 시설을 영국 훌라빙턴 비행장 부지에 건설하고 생산기지를 2020년까지 싱가포르에 건설하는 계획을 발표하기도 했다. 기존 완성차 업체에게는 적지 않은 위협이자 압박이다.

프라이스워터하우스쿠퍼스는 기존 플레이어의 시장 점유율도 현재 85%에서 50% 수준으로 떨어질 것으로 예상하는 등 자동차 시장의 빅뱅이 예상되고 있다. 신차 등록은 계속 늘어나지만, 기존 완성차 업체들의 수익에 대한 압박은 계속될 수밖에 없다.

글로벌 업체의 격전장인 세계 최대 시장 중국

프라이스워터하우스쿠퍼스의 분석에 따르면 자동차 대수가 4분의 1이나 감소하는 유럽이나 미국과 달리 중국의 2030년 자동차 대수는 2017년 대비 무려 50% 증가한 2억 7,500만 대로 폭발적인 성장을 보여준다.

유럽과 미국보다 상대적으로 자동차 산업의 전환이 가장 빠른 중국의 2017년 자동차 생산량은 2,902만 대로 세계 시장의 29.8%를 차지하며 9년 연속 세계 1위를 기록하고 있다. 판매량도 2,912만 대로 세계 시장의 30.1%를 기록한 세계 최대의 자동차 시장이다. 현재까지 중국의 자동차 수출은 전체 생산량의 3.7% 수준인 106만 대이며 이란, 태국, 인도 등 품질보다 가격경쟁력이 중요한 신흥국을 중심으로 수출되고 있다. 수입은 전체 판매량의 4.2% 수준인 122만 대로 고급차를 중심으로 꾸준히 증가하고 있다.

그러나 높은 시장점유율에도 불구하고 친환경차 경쟁력 부족, 로컬브랜드의 낮은 수익률과 가치, 차량공유 서비스 성장 및 과잉설비 등은 중국 자동차 산업 성장의 한계로 지적되고 있다. 뿐만 아니라 베이징과 상하이 등 대도시 자동차 시장의 포화, 중고차 시장 성장, 그리고 중국 정부가 경기부양을 위해 2015년 10월부터 2016년 12월까지 실시한 소형차 취득세 인하 혜택 종료 등에 따라 생산과 판매 증가율이 감소하고 있다. 반면 SUV 시장은 꾸준히 성장하고 있다.

2017년 중국의 1일 평균 자동차 판매 대수는 7만 9,000대로 미국의 4만 8,000대와 커다란 격차를 보이며, 인구 1,000명당 차량보유 대수도 116대로 2006년과 비교해 3.2배 증가했지만 미국의 840대, 한국 416대와 비교하면 크게 낮은 수준이다. 자가용을 보유하지 않은 면허소지자도 무려 2억 명으로 구매 잠재력이 높은 글로벌 1위 시장으로서의 중요성이 매우 높다. 국제통화기금[IMF] 연구에 따르면 세계적으로 1인당 GDP가 2,500달러에서 1만 달러로 높아지는 과정에서 자동차 구매가 급속히 증가한다. 중국 연평균 자동차 판매증가율은 1인당 GDP가 2,500달러를 넘은 2007년에서 2011년까지 21.8%, 2012년부터 GDP 9,130달러로 1만 달러에 근접한 2017년까지 7.8%를 기록했다.

최근 ACES Autonomous, Connected, Electric, Sharing가 가져온 글로벌 자동차 시장의 변화 속에서 중국시장에 대한 기대는 그 어느 때보다도 높아지고 있다. 이미 2016년 중국은 전 세계 친환경자동차의 32.2%(64.8만 대)를 보유하고 있으며, 2020년까지 500만 대로 확대할 계획이다.

하지만 시장으로서의 중국이 전부는 아니다. 2017년 상반기 중국 벤처투자 중 자동차와 교통 분야 관련 투자는 전체 투자의 37.3%인 905억위안을 차지했으며, 자동차 생산 관련 벤처캐피털 투자 규모는 725위안으로 2016년 대비 2.2배나 상승했다. 2018년 8월 미국 뉴욕증시에 기업공개IPO를 신청한 중국판 테슬라로 불리는 니오Nio, BMW와 테슬라 그리고 닛산의 임원들을 모아 설립한 바이톤Byton, 자율주행차 오픈플랫폼 아폴로를 운영하는 바이두 등은 혁신적인 기술과 디자인을 앞세워 향후 글로벌 시장의 다크호스로 많은 관심을 받고 있다.

자율주행차 도입에도 적극적이다. 중국 정부가 2035년 완공을 목표로 베이징 남서쪽 100km 지역에 건설하기로 한 슝안지구는 세계 최초로 자율주행차량만 다니는 미래 도시로 알려졌다. 슝안지구는 2,000km² 면적에 200만 명 이상이 거주하는 친환경 스마트 신도시로 2022년부터 각종 차세대 첨단 기술을 활용한 인프라가 구축될 예정이며, 총 투자액은 2조 위안(약 339조 7,800억 원)으로 추산되고 있다.

도로와 철도 등 주요 교통 인프라는 대부분 지하에 구축할 계획이다. 자율주행차도 지하도로로 다니고, 지상도로는 보행자 중심으로 자율주행버스 등 보조 대중교통 수단만 갖춘다는 구상이다. 신도시 지하도로에 자율주행차 운행을 추진하는 이유는 기존 대도시에서 자율주행차를 전격 도입하는 데 위험 요소가 적지 않다는 판단 때문이다.

바이두는 슝안신도시가 있는 허베이 성 정부와 함께 자율주행 연구를 시작했다. 바이두의 연구에는 포드, 다임러그룹 등 주요 자동차 회사와 인텔, 엔비디아, 마이크로소프트 등 정보통신 업체들도 참여하고 있다. 이러한 중국 정부의 정책은 자율주행차 상용화에 박차를 가해 시장을 키우고 관련 기술의 주도권을 잡기 위한 조치로 볼 수 있다.

2. 한국, 모빌리티의 무덤에서 벗어나려면

마이크로 모빌리티: 정부는 플레이어가 아니다

서울시는 2015년 12월부터 공공자전거 무인대여사업을 시작했다. 우리에게 잘 알려진 '따릉이'로, 일정지역에서 픽업하고 주차해야 하는 스테이션 기반 시스템이다. 2018년 8월 기준 서울시가 운영하는 따릉이 운영 대수는 2만여 대, 대여소는 1,290개, 회원 수는 2015년 3만 4,000명에서 95만 명, 일일 이용 건수는 2016년 4,403건, 2017년 1만 3,784건에서 5만 5,000건으로 늘어났다. 2012년 공유도시 서울을 선언한 후 등장한 대표적 사업으로 2017년 서울시민 정책만족도는 91.1%로 서울시 공유사업 가운데 가장 만족도가 높다. 평일에는 출근시간(6시~9시)과 퇴근시간대(18시~21시), 휴일에는 오후 시간대 이용자가 많아 평일에는 퍼스트-라스트 마일 용도로, 주말에는 레저 등의 용도로 활용되고 있음을 알 수 있다.

서울시의 따릉이 외에도 창원시 누비자, 안산시 페달로, 여수시 여수

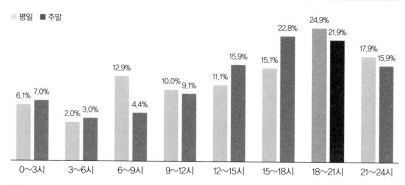

● 서울시 따릉이 시간대별 이용 비율(2017년)

■ 평일 ■ 주말

- 0~3시: 6.1% / 7.0%
- 3~6시: 2.0% / 3.0%
- 6~9시: 12.9% / 4.4%
- 9~12시: 10.0% / 9.1%
- 12~15시: 11.1% / 15.9%
- 15~18시: 15.1% / 22.8%
- 18~21시: 24.9% / 21.9%
- 21~24시: 17.9% / 15.9%

출처 서울인포그래픽스 제268호, 서울연구원 도시정보센터(서울시설공단 제공 자료), 2018. 9. 3.

랑, 대전광역시 타슈, 시흥시 공공자전거, 세종시 어울링, 순천시 온누리, 여수시 유바이크, 그리고 군산시와 진주시 등이 공영자전거를 운영하고 있다. 민자사업으로는 경기도 고양시 피프틴, 수원시 반디클이 있다. 피프틴은 (주)에코바이크가 운영 사업자로 에코바이크, 삼천리자전거, 한화에스앤씨가 각각 25.6%, 이노디자인이 15.4%, 고양시가 10.3%의 지분을 보유하고 있으며, 수원시 반디클 역시 모바이크와 오바이크가 민간 파트너로 참여하고 있다.

문제는 적자다. 스테이션 기반 공유자전거는 기본적으로 스테이션 설치와 자전거 구입을 위한 초기비용과 정비 및 수리, 재비치를 위한 운영비용이 적지 않게 소요된다. 스테이션과 자전거 수를 늘릴수록 높은 초기비용과 운영비용은 비례해 증가한다.

서울시 따릉이의 2015년 10월부터 12월까지 적자는 3.7억 원이었지만, 2016년에는 24억 원으로 늘어났다. 2017년에는 수입 31억 원, 인건비와 경비 그리고 자본적 지출을 제외한 지출액은 66억 원으로 35억 원의 적자가 발생했다. 2017년 창원시 누비라 이용 건수는 547만 건으로 창원시 인구 107만 명을 감안하면 상당히 높은 수준이지만 역시 적자다. 강남과 강북관리소 두 곳에서 따릉이 분배팀 140명 등 전체 따릉이 운영인력은 222명이지만, 자전거 수가 늘어날수록 추가 관리 인력도 필요해 적자가 비례해 증가하는 구조다.

적자 없이 사업을 운영하기 위해서는 수익을 높이거나 비용을 감소시켜야 한다. 하지만 현재 1일권 기준 1,000원으로 구매 후 24시간 동안 이용할 수 있고, 30일 정기권은 5,000원, 1년 정기권은 3만 원으로 탑승 거리와 시간이 늘어나면 요금이 인상되는 버스나 지하철 공공운송 수단과 비교해 상당히 저렴하다. 공공성을 강조하기 때문에 인상이 쉽지 않고 광고유치도 원활하지 않아 적자해소 방법을 찾기 힘들다. 미국 포드의 고바이크GoBike, 시티뱅크의 시티바이크citibike, 나이키의 바이크타운BIKETOWN과 같은 대기업의 후원 방식도 있지만, 우리나라에서는 2016년 삼성이 스마트교통복지재단에 40억 원을 기부하고 서울시에 자전거 3,000대, 단말기 3,600대 등을 현물로 제공한 것이 전부다.

이러한 재원조달의 어려움과 늘어나는 적자는 시스템 업그레이드 한계에도 부딪힐 수 있다. 2016년 이용 건수의 13.7%가 5km를 넘는 장거리인 누비라에 전기자전거 투입 필요성이 제기되고 있으며, 서울시도 2019년 전기따릉이 1,000대의 시범 도입을 추진하고 있다. 하지만 전기자전거는 대당 가격이 일반자전거보다 비싸고, 스테이션뿐만 아니라 충전장비도 필요해 초기비용은 높아지고 적자폭은 증가할 수밖에 없다.

또 다른 문제점은 퍼스트-라스트 마일을 위한 스타트업 등 민간기업이 탄생할 틈이 없다는 점이다. 라임은 전기자전거와 전동스쿠터 사용

방법과 동일한 시스템의 차량공유 서비스인 라임파드^{LimePod}를 2018년 11월 시애틀을 시작으로 론칭했고 2019년 캘리포니아로 서비스를 확대할 예정이다. 최초 잠금장치를 해제하는 데 필요한 비용은 1달러로 라임파트, 전동스쿠터, 자전거 비용이 모두 같지만 분당 사용료는 각각 40센트, 15센트, 5센트로 차이가 있다. 우버가 점프바이크, 리프트가 모티베이트를 인수한 이유는 퍼스트-라스트 마일을 위한 마이크로 모빌리티가 택시와 단거리 라이드셰어링 시장을 침범한 것뿐만 아니라, 모빌리티 기업들이 멀티모달 모빌리티 서비스로 진화하기 위한 전략이기도 하다.

하지만 한국은 퍼스트-라스트 마일을 위한 마이크로 모빌리티 산업을 공공섹터에서 저렴한 비용으로 제공하면서 모빌리티 기업이 진입할 여지를 찾기 힘든 상황이다. KT와 서울에서 시범사업을 시작했던 오포가 철수한 이유 가운데 하나는 따릉이와의 경쟁한계에 부딪혔다는 분석도 있다. 당연히 오포와 모바이크, 라임과 버드 등 유니콘 기업의 탄생은 한국에서 꿈도 꾸지 못한다. 특히 자국을 테스트베드로 서비스를 검증하고 글로벌 진출을 시도하는 모빌리티 산업의 특성상, 매우 소중한 스타트업 혹은 모빌리티 기업을 꿈꾸는 기업들의 기회를 공공섹터에서 적자를 보면서까지 차지하고 있는 실정이다.

더 이상 정부가 시장 플레이어가 되어서는 안 된다. 창업을 활성화하고 유니콘 기업을 탄생시키려면 하루 빨리 마이크로 모빌리티 시장에서 철수하고 기업들에게 비즈니스 기회를 제공해야 한다.

마이크로 모빌리티 수단의 다양성도 없다. 전기자전거의 자전거 전용도로 운행은 가능하다. 도로교통법상 전기자전거는 원동기장치자전거에 해당되어 차도로만 달릴 수 있었지만, 자전거 이용 활성화에 관한 법률(자전거법) 개정을 통해 2018년 3월부터 일정 기준에 해당하는 전기자전거는 자전거도로에서도 이용할 수 있다. 하지만 전동스쿠터는 원동기장치자전거로 분류되어 있어 2종 원동기 면허 소지자가 안전장비를 착용하고 차도에서만 달려야 한다.

인도에서 주행하는 것도 불법이다. 하지만 자동차관리법상 자동차에 속하지 않아 번호판 발급, 각종 안전장치 장착, 자동차보험 가입 등 이용자 안전을 위한 법적 조치 대상이 아니다. 자동차관리법상 탈 것이 차도 위를 달리려면 각종 형식인증을 통과해야 하지만 전동스쿠터는 현재 기준으로는 형식 분류도 할 수 없다. 안전기준과 인증 절차에도 방치된 실정이다. 도시공원 내에서는 통행이 가능한 개인형 이동수단 종류와 통행구간, 안전기준 등을 지자체에게 자율적으로 결정할 수 있도록 허용하고 2018년 11월 도시공원 및 공원녹지 등에 관한 법률 시행령을 개정해 전동스쿠터의 도시공원 내 사용만 가능하다.

전기자전거와 전동스쿠터가 우리나라 교통환경에서 퍼스트-라스트 마일 모빌리티로 적합한지는 단정할 수 없다. 하지만 분명한 것은 실증을 통해 판단할 필요가 있다는 점이다. 그러기 위해서는 소비자들이 활용할 수 있는 법과 규제 환경을 조성하는 것이 정부의 임무다. 샌프란시스코의 '2018 위대한 스쿠터의 전쟁'과 같이 실제로 마이크로 모빌리티 운영을 통해 다양한 관점에서 장단점을 파악하고 지자체와 기업 간의 협의를 통해 지자체가 원하는 안전교육, 도크리스가 유발한 문제 해결, 저소득층 사용 비용 할인 혹은 감면 등 공공가치를 기업 임무로 부여하는 등 지자체와 기업의 충분한 협의를 통해 비즈니스가 가능하다. 공유자전거도 마찬가지다.

카풀의 덫에서
벗어나야

2014년 6월 11일 런던, 파리, 로마, 베를린 등 유럽의 주요 도시에서 우버에 반대한 택시기사들이 파업했고, 2018년 10월 18일 우리나라 택시기사들은 카카오카풀 서비스 시행에 반대해 파업 후 집회를 개최했다. 유럽에서 택시기사들이 파업한 당일에는 우버 회원의 가입자 수가 평소보다 8배나 증가했고, 우리나라 택시기사들의 파업일에는 카풀 업체인 '풀러스' 호출이 평소보다 1.5배 증가했으며, 승차공유 서비스 '타다'의 이용 건수는 무려 6배나 증가했다. 택시의 파업이 오히려 모빌리티 업체에 대한 관심을 높이는 아이러니한 현상들이다.

한국은 세계 5위의 자동차 생산국임에도 모빌리티 비즈니스는 후진국이다. 현재 우리나라에서 쏘카, 그린카 등 카셰어링은 합법으로 영업이 가능하다. 1994년 자동차운수사업법에 카풀이란 단어가 처음으로 포함되었다. 법에 명시되지는 않았지만 당시 차량이 증가하면서 출퇴근 시간대 차량 혼잡 완화를 목적으로 도입되었다. 현재 법에 자가용의 유상운송이 금지되어 있지만, 출퇴근 때 승용자동차를 함께 타는 경우라는 예외조항이 있다.

쏘카의 자회사인 VCNC가 운영하는 플랫폼 타다도 합법적으로 운영되고 있다. 타다는 차량을 빌려주고 차량과 기사를 함께 배차하는 일종의 렌터카 서비스다. 원칙적으로 렌터카를 이용한 유사운송은 법으로 금지되어 있으나, 여객자동차 운수사업법의 11~15인상 승합차에 한해 기사 알선을 허용하는 예외규정을 활용해 영업할 수 있다. 그나마 모빌리티 기업들이 수많은 시행착오와 법망을 요리조리 피해 다니며 찾은 비즈니스 모델이 바로 카풀과 타다다.

필자가 카풀과 라이드셰어링 규제를 담당하는 부처, 위원회, 국회 등에서 개최되는 회의에 참석하면 "왜 카풀과 라이드셰어링이 혁신이냐"는 질문을 공통적으로 받는다. 이에 필자는 "일반적으로 혁신은 세상에 처음 출현한 대단한 기술이라고 생각하지만, 전문가가 기술 수준으로 판단하는 것이 아니라 사용자와 시장이 판단해 하이테크뿐 아니라 로테크와 서비스도 혁신이 될 수 있다"고 답한다. 카풀정류소를 운영했던 과거의 카풀 시스템은 현재 스마트폰을 사용하는 카풀과 그 명칭이 같지만, 이제는 머지않은 미래 자율주행차 모빌리티 산업으로까지 시야를 넓혀 정책을 고민해야 한다는 부탁도 잊지 않는다.

하지만 카풀은 택시업계의 반대로 서비스 확산이 가로막혀 있고, 라이드셰어링은 자동차운수사업법상 자가용을 이용한 유사운송행위로 불법이다. 현재 해외에서 카풀과 라이드셰어링 비즈니스를 하고 있는 기업들의 목적 가운데 하나는 차량 이동 네트워크, 탑승자 이용 특성과 이동 패턴 데이터 등을 수집·분석해 현재 운영되는 차량들을 향후 자율주행차로 대체하고 최적의 모빌리티 서비스를 제공하겠다는 전략이다. 완성차 업체의 입장에서는 소유를 위한 차량 구매 감소에 대응해 앞으로 수요가 늘어날 것으로 예상되는 공유차량 판매물량을 사전에 확보하려는 목적도 가지고 있다. 특히 소프트뱅크가 라이드셰어링 기업에서 출발해 자율주행 솔루션을 개발한 우버의 최대 주주로 등극한 것은 라이드셰어링 시장뿐만 아니라 필요 시 우버의 자율주행차 솔루션 활용, 기존 라이드셰어링 네트워크에 자율주행차를 투입해 본격적인 도어-투-도어 서비스를 주도하기 위한 포석일 수도 있다.

아쉬운 것은 글로벌 카풀과 라이드셰어링 산업계에서 눈에 띄는 우리 나라 기업들을 찾아보기 힘들다는 사실이다. 최근 우리의 자동차 산업 이 어려운 원인 가운데 하나는 모빌리티 산업의 커다란 변화 흐름에 소 외되었다는 것이다. 오랜 시간 카풀 허용 논란만이 뜨겁게 진행되었을 뿐이다. 그 사이 카풀은 혁파되지 않는 규제와 허용되지 않는 신산업의 대명사가 됐다. 많은 모빌리티 기업이 자신의 국가에서 기술과 서비스 를 테스트해 검증하고 글로벌 시장으로 진출하지만 우리 정부와 기업들 은 카풀의 덫에 갇혀 헤어나지 못하고 있다. 이미 판도가 완성되고 있는 글로벌 모빌리티 시장에서 우리나라 모빌리티 기업들의 미래를 걱정하 지 않을 수 없는 이유다.

실제로 카풀이 허용되더라도 라이드셰어링은 언제 우리나라에서 사 용할 수 있을지 의문이다. 카풀에 대해서는 대통령 직속 4차 산업혁명위 원회가 해커톤을 통해 중재하려 시도했지만 4차 산업혁명위원회는 4차 산업혁명과 관련된 안건 심의가 주요 기능으로 별도의 실행력이 없는 조직이다. 그나마 택시업계의 불참으로 그간의 해커톤은 아무런 결실을 맺지 못했다. 정부의 중재자 역할이 필요하지만 정부 역시 관망하는 듯 한 자세를 유지하고 있고 해결이 끝날 기미는 보이지 않는다. 라이드셰 어링 허용을 위한 법개정을 위해서는 카풀 이상의 사회적 갈등과 합의 과정이 필요하다. 혹시나 극적으로 라이드셰어링이 가능한 형태로 법이 개정된다고 해도 국내 플랫폼 기업이 성장하지 못한 상황에서는 글로벌 플랫폼 기업들에게 시장을 접수당할 가능성이 높다. 오히려 국내 업체 들이 해외시장으로 진출해 우리나라 시장으로 유턴하는 전략이 유효할 수도 있다.

정부는 먼저 공유경제에 대한 정의를 명확히 해야 한다. 논란은 있지만 라이드셰어링이 공유경제의 일환으로 받아들여지고 있는 상황에서 정부의 공식적인 공유경제 개념이 없어 라이드셰어링의 논란이 더 가중되고 있다. 한국은행은 2017년 GDP 통계 반영을 위한 공유경제 범위를 정의했다. 디지털 기술을 이용한 공유경제는 가게 또는 기업이 소유한 유휴자원(주택, 승용차 등)을 온라인 중개 서비스를 통하여 다른 경제주체와 무상 또는 유상으로 공유하는 형태로 정의하고 우버도 포함했다.

하지만 공식적으로 사회적 합의를 얻으려면 공유경제를 담당하는 기획재정부와 라이드셰어링을 담당하는 국토교통부가 명확히 라이드셰어링이 공유경제인지를 정의해야 그나마 사회적 논의를 위한 기반을 마련할 수 있다. 아쉬운 건 우버와 같이 라이드셰어링 기업에서 자율주행기술 개발업체로 성장하는 기업들이나 글로벌 시장을 주름잡는 디디추싱 등 대형 라이드셰어링 업체가 한국에서는 탄생할 수 없는 현실이다.

● 디지털 공유경제의 범위(한국은행)

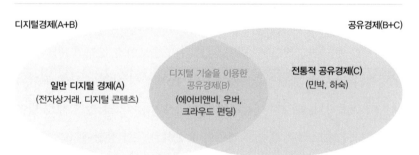

디지털경제(A+B)   공유경제(B+C)

일반 디지털 경제(A)   디지털 기술을 이용한   전통적 공유경제(C)
(전자상거래, 디지털 콘텐츠)   공유경제(B)   (민박, 하숙)
                       (에어비앤비, 우버,
                       크라우드 펀딩)

출처 GDP 통계의 디지털 및 공유경제 반영 현황 및 향후 개선 계획, 디지털 공유경제 범위, 한국은행, 2017. 5. 29.

자율주행 모멘트:
프로토타입의 환상에서 벗어나라

해외 자율주행차 상용화가 빠르게 진행되고 있다. 웨이모는 2018년 12월부터 미국 애리조나 주 피닉스 일대에서 자율주행택시 상용화 서비스를 최초로 시작한다. 그동안 같은 지역에서 실시한 비공개 시험운행을 유료 서비스로 전환한 것이다. 하지만 더욱 주목해야 할 점은 웨이모가 2018년 10월 10일 미국 캘리포니아에서 완전자율주행차 시험운행을 최초로 허가받았다는 점이다. 제한된 지역에서 시험운행을 시작할 예정이지만 기존 자율주행차에 필수 장치였던 스티어링 휠과 페달을 설치하지 않아도 된다. 당연히 비상 시 차량을 수동조작하는 보조운전자가 탑승할 필요도 없다. 대신 자율주행차를 원격으로 모니터링하면서 문제가 발생하면 제어권한을 이양 받아 원격으로 제어하는 시스템이다.

2018년 11월을 기준으로 국토교통부로부터 자율주행차 임시 주행 면허를 받은 차량은 총 52대다. 자동차 업체는 트럭 1대를 포함한 현대차가 17대, 기아차가 2대, 쌍용차, 아우디, 모비스, 만도 등이 각 1대를 등록했다. 정보통신 업체로는 삼성전자가 5대, KT 2대, 네이버랩스, LG전자, SKT, 스타트업인 소네트가 각 1대, 연구기관으로는 차세대융합기술연구원 3대, 전자통신연구원 2대, 교통안전공단 2대, 자동차부품연구원 1대, 대학은 서울대 4대, 한양대 2대, KAIST가 1대 등이다. 공식적으로 알려진 우리나라 자율주행차 주행기록은 2016년 2월부터 2017년 12월까지 임시 주행면허를 받은 자율주행차 30대가 19만km를 운행했다는 발표가 전부다.

우리나라 자율주행차는 프로토타입, 시제품 수준에 머물러 있다. 자율주행서틀이 운행되고 있지만 이미 살펴보았듯 자율주행셔틀과 자율주행차는 분명히 다르다. 자동차는 사고가 발생하면 인간의 생명까지 위험할 수 있는 제품으로 설계, 시험, 평가를 거쳐 프로토타입에서 양산까지의 과정이 어느 시스템보다도 험난하다. 그만큼 새롭게 등장하는 자율주행차는 소비자와 사회가 빋아들이기 위한 수용성 확보 과정도 필요하다.

글로벌 업체들이 본격적인 자율주행차를 활용한 비즈니스 론칭을 준비하는 시점에서 우리나라는 기술력 차이뿐만 아니라 비즈니스를 준비하는 격차가 표현할 수 없을 만큼 크다. 자율주행차 시험 기지인 경기도 화성의 K-City는 2018년 12월 10일 준공했다. 32만m^2(약 9만 6,800평) 규모인 K-City는 실제 도로 환경을 구현해 자율주행차의 안전성과 주행 능력을 시험해볼 수 있는 곳이다.

일본의 언론 니케이^{nikkei}가 특허분석 기업인 페이턴트리절트^{Patent Result}에 의뢰해 2018년 7월 말 기준으로 자율주행 특허경쟁력을 조사한 결과에 따르면 현대차는 35위로 특허기반 경쟁력은 107.16점이고 유효특허 수는 146개다. 1위인 웨이모는 특허기반 경쟁력은 2,815.35점이며 유효특허 수는 318개다. 현대차의 유효특허 수 146개는 분석대상 기업 9위 수준이다. 평가지표가 출원자 권리화 의지, 경쟁사 주목도, 심사관 인지도 3가지인 것을 감안하면 그리 주목받지 못하는 특허를 다수 보유하고 있다고 판단할 수 있다.

한국산업기술평가관리원에 따르면 2015년 기준 우리나라 자율주행 지원 기술수준은 가장 높은 기술수준을 보유한 미국과 비교해 73.6% 수준이며, 2.1년 격차가 있는 것으로 분석했다. 부분자율주행기술 역시 미국과 비교해 기술수준은 77.5%, 시간적 격차가 2.2년이다. 정보통신기술진흥센터 평가를 보아도 2016~2017년 기준 자율주행차 기초, 응용, 사업화 수준은 미국의 80%대 수준, 시간적 격차는 1.7년이다. 이러한 기술수준과 격차는 유럽, 일본에 비해 10% 이상, 1년 이상의 시간적 격차가 있으며 중국이 우리나라보다 기술이 뒤처진 것으로 분석했지만, 현재 중국의 발전속도를 보면 머지않아 우리나라를 앞설 것으로 판단된다.

정보통신기술진흥센터 보고서에 따르면 우리나라는 레벨 2 수준의 부분자율주행자동차가 양산되고 있지만, 인식성능이 해외기술에 비해 미흡하고 핵심기술은 미국, 유럽 등 선진국에 의존하고 있다. 특히 완성차 및 1차 부품 업계 중심의 자율주행기술에 대한 연구개발 투자가 진행되고 있지만 원천기술이 아니며, 중소중견 기업들을 중심으로 카메라와 각종 센서 등에 대한 기술개발이 진행 중이다.

하지만 2015~2017년보다 현재 기술격차는 더욱 벌어지고 있는 듯하다. 현대차는 레벨 3는 2020년까지, 레벨 4는 2021년 상용화 그리고

● 우리나라 자율주행지원 기술과 부분자율주행 기술수준 및 시간적 격차

(미국=100, 0년 기준)

기술유형	평가기준	한국	일본	유럽	중국
자율주행 지원기술	상대적 수준(%)	73.6	86.9	92.6	64.1
	시간적 격차(년)	2.1	1.0	0.6	3.0
부분자율주행 기술	상대적 수준(%)	77.5	92.8	99.1	66.9
	시간적 격차(년)	2.2	0.7	0.1	3.1

출처 2015년도 산업기술수준조사보고서, 2016. 2. 한국산업기술평가관리원, 2016. 2.

2030년 내 완전자율주행 상용화를 목표로 잡고 있다. 국토부도 2030년 완전자율주행차가 개발될 것이라고 발표했다.

정보통신기술진흥센터가 분석한 완전자율주행기술 수준의 시간적 격차와 실제 현대차와 국토교통부 등의 발표와 시간적 격차는 더 크다. 이미 GM과 포드는 자율주행차 양산준비를 위한 공장을 준비하고 있다. 웨이모는 조작장치가 없는 완전자율주행차를 사용한 유료 서비스를 2019년부터 시작한다. 이 격차만 봐도 우리나라에서 완전자율주행차 상용화 시점인 2030년과 실제 격차는 10년을 넘는다. 더구나 10년 동안 상용화가 먼저 진행된 해외 주요 국가들의 제도와 규제를 벤치마킹해 법을 개정한다고 해도 실제도로 시험운행, 차량 테스트, 사회적 수용성을 확보하기 위한 또 다른 시간이 필요하다. 미국 캘리포니아, 애리조나 등 일반도로에서 아무런 제약 없이 자율주행차를 접하는 것과 관련 행사장에서 자율주행셔틀과 시험차량이 미리 정해놓은 3~4km의 단거리를 주행하는 기술력의 차이는 숫자로 표현하기 어려운 커다란 격차다.

실제로 필자나 전문가들이 바라보는 미국, 일본, 유럽 등 주요 자율주

● 우리나라 ICT 지능형자동차(Autonomous Vehicle) 기술수준 및 시간적 격차

(미국=100, 0년 기준)

	연도	한국			유럽			일본			중국		
		기초	응용	사업화	기초	응용	사업화	기초	응용	사업화	기초	응용	사업화
상대 수준(%)	2016	79.8	80.7	79.8	93.5	93.0	92.8	93.1	93.0	93.0	77.5	77.9	77.2
	2017	81.0	79.0	78.0	94.0	97.0	96.0	94.0	93.0	93.0	82.0	84.0	84.0
시간적 격차(년)	2016	1.7			0.7			0.7			2.0		
	2017	1.7			0.5			0.5			1.0		

출처 2017~2018 ICT 기술수준보고서, 정보통신기술진흥센터, 2017. 7/2018. 2. 발간

행기업들의 기술수준과 우리나라 기업들의 기술적 격차는 문서상의 격차보다 더 크다고 공감한다. 우리나라 자율주행차 기술수준을 냉정하게 바라보고 관련 기업과 연구소들이 본격적으로 협력할 수 있는 환경을 시급하게 조성해야 한다.

자동차와 모빌리티 산업의 위기

노조문제, 글로벌 비즈니스 센터 건립 등의 문제를 제외하고도 현대차그룹의 연구개발 측면에는 다음과 같은 문제가 있다.

첫 번째는 연구개발투자가 미흡하다. 유럽위원회가 발표한 2016년 글로벌 연구개발 투자 상위 2,500개 기업 가운데 완성차 상위 15개 기업의 데이터를 추출했다. 연구개발 투자 1위는 폭스바겐이며, 현대차는 12위(2,500개 기업 가운데는 77위)로 연구개발 투자는 17.6억 유로(약 2조 2,540억 원), 기아차는 13위(2,500개 기업가운데는 120위)로 약 12억 유로(약 1조 5,370억 원 규모)규모다. 매출액 대비 연구개발 투자는 현대차 2.40%, 기아차 2.91%로 상위기업들이 3.80%~6.29% 수준임을 비교하면 낮은 수준이다. 우리나라 기업 가운데 1위이며 2,500개 기업 가운데에서는 연구개발투자 4위인 삼성전자의 7.7%에 비교해도 매우 낮다.

절대 연구개발투자 규모를 비교하면 현대차와 기아차는 각각 1위인 폭스바겐의 13.0%, 8.8% 규모이며, 2위 GM과도 22.9%, 15.7% 수준밖에 되지 않는다. 현대차그룹이 연구개발을 강화하겠다는 현대모비스 연구개발비는 5억 유로(약 6,310억 원) 규모로 256위다. 현대차, 기아차, 현대모비스 3개 기업을 모두 합한 연구개발비는 34.7억 유로(약 4조 4,200억 원) 규모로 1위인 폭스바겐의 25.4%, 2위인 GM의 절반에도 못 미치는 45.1%다. 그동안 연구개발 투자를 꾸준히 늘려 연구개발투자 증가율은 르노 19.9%, 다임러 15.4%, 현대차는 10.7%, 포드 9.0%, 기아차 7.3%로 비교적 높은 편이지만 기존 완성차 업체와 비교하면 연구개발 투자규모와 집약도가 모두 낮다.

다음으로는 동일한 데이터에서 국가별 완성차와 자동차 부품업체 통계를 분석해 보았다. 2016년 세계 2,500대 연구개발 투자기업 가운데 완성차와 자동차 부품업체의 개수는 158개로 6%다. 158개 기업 가운데 우리나라는 12개로 일본 39개, 중국 35개, 미국 23개, 독일 15개에 이어 12개로 5위 수준이다.

하지만 전체 연구개발투자는 독일, 일본, 미국, 프랑스, 중국, 네덜란드에 이어 7위 규모인 40.1억 유로다. 가장 연구개발 투자가 많은 독일 294.6억 유로(약 37조 7,300억 원)의 13.6%, 일본 250.7억 유로(약 32조 1,100억 원)의 16.0%. 미국 184.7억 유로(23조 6,570억 원)의 21.9%인 40.1억 유로(약 5조 1,360억 원) 수준밖에 되지 않는다. 프랑스, 중국, 네덜란드에 비해서도 규모가 적다. 특히 현대차, 기아차, 현대모비스가 연구개발에 투자한 34.7억 유로를 제외하면 나머지 9개 기업의 투자는 6.3억 유로(약 8,070억 원)규모로 현대차, 기아차, 현대모비스에 연구개발비 86.5%가 쏠려있는 것이 현실이다.

이처럼 2016년 데이터를 분석한 이유는 가장 최근에 공개된 데이터이기도 하지만, 앞서 본문에서 말한 바와 같이 주요 완성차 업체들과 자율주행기술을 개발하는 테크 자이언트 기업들이 2020년대 자율주행과 모

● 주요 글로벌 완성차 기업 연구개발 투자 현황(2016)

완성차 업계 투자 순위	2,500대 기업 중 연구개발 투자 순위	업체명	국가	연구개발 투자(A) (억 유로)	매출액(B) (억 유로)	연구개발 투자비중 (A/B)	상대적 비중 (폭스바겐=100)	상대적 비중 (GM=100)
1	1	폭스바겐	독일	136.7	2,173	6.29	100.0	177.9
2	11	GM	미국	76.8	1,578	4.87	56.2	100.0
3	12	다임러	독일	75.4	1,533	4.92	55.1	98.1
4	13	도요타	일본	75.0	2,242	3.35	54.9	97.6
5	15	포드	미국	69.3	1,440	4.81	50.7	90.1
6	21	혼다	일본	53.6	1,137	4.71	39.2	69.8
7	23	BMW	독일	51.6	942	5.48	37.8	67.2
8	34	FCA	네덜란드	42.2	1,110	3.80	30.9	54.9
9	37	닛산	일본	39.8	952	4.18	29.1	51.8
10	52	르노	프랑스	26.9	512	5.25	19.7	35.0
11	60	푸조	프랑스	22.7	540	4.20	16.6	29.5
12	77	현대차	한국	17.6	736	2.40	12.9	22.9
13	120	기아차	한국	12.0	414	2.91	8.8	15.7
14	91	타타모터스	인도	15.3	372	4.11	11.2	19.9
15	116	SAIC 모터스	중국	12.8	986	1.30	9.4	16.7
참고	256	현대모비스	한국	5.0	301	1.60	3.7	6.5
		현대차+기아차+현대모비스	한국	34.7	1,451	2.39	25.4	45.1

출처 R&D Ranking of the World Top 2500 Companies 2016/2017, The 2017 EU Industrial R&D Investment Scoreboard, European Commission, 2018. 2. 14

빌리티 비즈니스를 실현, 완성차 업체가 아닌 모빌리티 서비스 기업으로 탈바꿈하기 위해 연구개발, 인수합병, 투자를 집중적으로 펼친 시기이기 때문이다.

상기 데이터에서 국내 자동차 연구개발비의 86.5%가 현대차그룹에 집중되어있는 것은 비계열부품사의 개발능력이 취약하다는 것을 말한다. 계열사와 글로벌 부품사를 제외한 협력업체의 경쟁력 저하는 빠르게 변화하는 자동차산업에서 신기술개발, 생산기반, 원가경쟁력 전반을 약화시키는 아킬레스건으로 작용할 수도 있다. 2017년 소비자가전전시회에서 아이오닉 자율주행차 시연으로 첨단운전자보조 시스템 기술력을 인정받으며 나비간트리서치 평가 10위에 올랐던 현대차그룹은 2018

● 세계 2,500대 연구개발투자 상위기업(2016) 가운데 국가별 완성차와 자동차 부품업체 국가별 분류

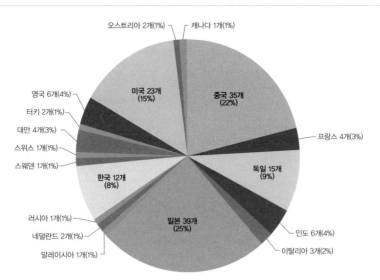

출처 R&D Ranking of the World Top 2500 Companies 2016/2017, The 2017 EU Industrial R&D Investment Scoreboard, European Commission, 2018. 2. 14

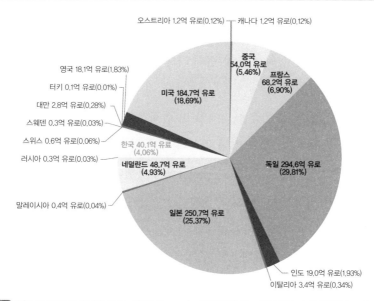

오스트리아 1.2억 유로(0.12%) ― 캐나다 1.2억 유로(0.12%)

중국
54.0억 유로
(5.46%)

프랑스
68.2억 유로
(6.90%)

영국 18.1억 유로(1.83%)

터키 0.1억 유로(0.01%)

미국 184.7억 유로
(18.69%)

대만 2.8억 유로(0.28%)

스웨덴 0.3억 유로(0.03%)

스위스 0.6억 유로(0.06%)

한국 40.1억 유료
(4.06%)

러시아 0.3억 유로(0.03%)

독일 294.6억 유로
(29.81%)

네덜란드 48.7억 유로
(4.93%)

말레이시아 0.4억 유로(0.04%)

일본 250.7억 유로
(25.37%)

인도 19.0억 유로(1.93%)
이탈리아 3.4억 유로(0.34%)

(출처) R&D Ranking of the World Top 2500 Companies 2016/2017, The 2017 EU Industrial R&D Investment Scoreboard, European Commission, 2018. 2. 14

년 15위로 떨어졌다.

그동안 독자적으로 자율주행기술을 개발하던 현대차그룹은 2017년 말부터 본격적인 협력 네트워크를 구축하기 시작했다. 2018년 1월에는 오로라이노베이션Aurora Innovation과 협력을 시작했다. 오로라이노베이션은 구글의 자율주행차 총괄이었던 크리스 엄슨Chris Urmson, 테슬라의 오토파일럿 책임자 스털링 앤더슨Sterling Anderson, 우버에서 인식기술을 총괄한 드류 베그넬Drew Bagnell 등 최고의 업계전문가들이 2016년 12월 공동창업한 자율주행 전문업체다. 현대차그룹과 오로라이노베이션은 단순한 기술제휴를 넘어 공동으로 자율주행 스마트시티를 구축하는 등 2021년까지 레벨 4 수준의 도심형 자율주행 시스템을 상용화할 계획이라고 밝혔다. 2016년에는 미국 IT 솔루션 업체인 시스코, 중국 인터넷서비스 업체인 바이두 등과 협력을 시작했지만 커넥티드카 분야에 한정되었고, 오로라와의 협력은 실질적인 첫 번째 자율주행차 개발을 위한 해외 업체와의 협력이다.

그외 음성인식 정보검색 업체인 미국 사운드 하운드^{SoundHound}에 1억 달러(2017년 10월), 고성능 소형 라이다 개발 업체인 이스라엘 스타트업 옵시스^{Opsys}에 300만 달러(2017년 12월)를 투자했다. 더불어 미국 메타웨이브^{Metawave}(2018년 5월), V2X^{Vehicle to Everything} 칩셋업체인 이스라엘의 오토톡스^{Autotalks}(2018년 7월), 시각센서와 심리물리학을 기반으로 인간행동을 예측하는 소프트웨어 개발업체인 퍼셉티브오토마타^{Perceptive Automata}(2018년 10월) 등에 투자했다.

국내외 차량공유 사업에도 뛰어들었다. 현대차는 2017년 9월 현대캐피탈 및 렌터카 업체들과 협력해 사용자가 원하는 장소에 차량을 배송하는 딜카 서비스를 시작했고, 2017년 8월 기아차는 위즐이라는 브랜드로 아파트 단지 내 차량을 배차해 세컨드카 용도로 차량을 공유하는 서비스를 시작했다. 2017년 8월에는 국내 카풀업체인 럭시에 50억 원을 투자했지만, 택시업계의 반발과 카풀운행 규제에 부딪혀 2018년 2월 지분을 모두 매각했다. 현재 현대차가 투자한 국내 차량공유 업체는 한 건도 없으며, 해외 투자에는 적극적으로 나서고 있다. 2017년 10월에는 네덜란드 암스테르담에 100대의 아이오닉 전기자동차를 활용한 차량공유 서비스를 시작했다. 2018년 11월에는 현대차 1억 7,500만 달러, 기아차 7,500만 달러 등 총 2억 5,000만 달러를 그랩에 투자하기로 결정했다. 2018년 1월 투자했던 2,500만 달러와 함께 그랩에 총 2억 7,500만 달러를 투자해 그랩 지분 4%를 확보하고 도요타와 함께 주요 투자자^{Lead}가 되었다. 디디추싱과는 2018년 2월에는 르노닛산, 미쓰비시 등 글로벌 완성차 업체 12개 업체와 중국 자동차 공유사업 협력을 위한 양해각서도 체결해 앞으로 현대차그룹의 동남아와 중국 시장의 본격적 진출을 위한 노력이 조심스럽게 예상된다.

이외에도 P2P 방식으로 개인차량을 시간단위로 개인에게 대여하는 호주 스타트업 카넥스트도어^{Car Next Door}, 렌탈과 차량공유가 결합된 형태인 가입형 서비스를 운영하는 인도 레브^{Revv}, 라스트 마일 물류 비즈니스 업체로 부릉^{VROONG} 서비스를 운영하는 한국의 메쉬코리아^{Mesh Korea}, 중국의 배터리 공유 스타트업인 임모터^{Immotor}, 차량과 자전거 등 모빌리티 공유 서비스와 대중교통 등 다양한 모빌리티 수단을 통합해 가격과 소요시간 등을 비교해 알려주는 미국 모빌리티 다중통합업체인 미고 등에 투자했다.

주로 자율주행차 핵심기능인 센서 분야에 투자하고 있는데, 2016년 본격적으로 시작된 기존 완성차 업체들의 자율주행 및 모빌리티 관련 주요 스타트업들의 인수합병과 투자에는 참여하지 못했다. 글로벌 5대 완성차 메이커라는 관점에서는 매우 늦은 감이 있다.

새로운 혁신성과 과감한 네트워크를 구축해야

현대차그룹의 가장 커다란 문제는 혁신성의 부족이다. 1975년 포니

양산을 시작하면서 성장하기 시작한 현대차그룹은 1903년 창립한 포드, 1908년 창립한 GM, 1916년 창립한 BMW, 1937년 창립한 도요타 등과 비교하면 연구개발 역사가 지극히 짧다. 그동안 정몽구 회장은 글로벌 완성차 업체들과 경쟁하면서 품질우선주의로 브랜드파워를 키워왔고, 그 핵심에는 수직계열화된 부품회사들이 있었다. 하지만 품질확보와 안정을 위해 다른 완성차 메이커 등에 적용되지 않았던 새로운 부품과 선행 시스템의 양산모델 적용을 꺼려왔다. 품질은 향상되었지만 차량과 서비스의 혁신성은 찾아볼 수 없었고 부품회사들 역시 품질 향상에 집중하다 보니 혁신능력과 시장 경쟁력의 한계에 부딪히고 있다. 물론 고질적인 독자개발과 한국형이라 불리는 국산화에 대한 집착도 버리지 못하고 있는 듯하다.

정의선 수석부회장의 3세 경영시대가 열리면서 자동차 시장의 환경도 변했다. 완성차 업체들은 본격적으로 서비타이제이션을 진행해 모빌리티 서비스 기업으로 변화하고 있고, 테슬라 등 전기차 업체들의 등장, 중국 완성차 업체들의 약진 그리고 구글, 바이두, 우버 등 테크 자이언트들의 자동차 시장 진입 등 그 어느 때보다 다양성 높은 캄브리아기를 맞고 있다. 이러한 신생 기업들은 스타트업으로 출발해 빠른 의사결정과 혁신성을 무기로 기존 완성차 업체들을 위협하고 있다.

완성차 업체들도 이들과 대응하기 위해 다임러의 무벨그룹, GM의 메이븐과 GM 크루즈, 포드의 FAV, 델파이의 앱티브, 폭스바겐 모이아, 재규어 랜드로버의 인모션, 도요타 선행개발연구소 등 자율주행기술과 모빌리티 서비스를 전담하기 위한 자회사를 설립했다. 이것은 혁신성과 빠른 의사결정을 통해 환경 변화에 신속하게 대응할 수 있는 민첩한 기술과 서비스를 개발하기 위함이다. 그만큼 기존의 수직적이며 거대하고 둔한 의사결정 과정으로는 빠르게 변화하고 있는 모빌리티와 자율주행차 산업 환경에 대응할 수 없기 때문이다.

현시점에서 새롭게 등장한 모빌리티와 자율주행 시장에 대응해 자율주행차를 포함한 글로벌 모빌리티 서비스 기업으로 트랜스포메이션하기 위해서는 현재의 수직적이고 더딘 의사결정 조직으로는 불가능하다.

글로벌 협력 네트워크 구축이나 참여도 미흡하다. 2016년 이후 라이드셰어링, 자율주행기술, 모빌리티 산업을 둘러싼 완성차, 부품업체, 하이테크, 라이드셰어링과 관련한 대기업들과 스타트업들 간의 이합집산은 그 어느 때보다 활발히 진행되었다. 볼보와 오토리브 조인트 벤처 제니티제누이티의 설립, GM의 대표적 자율주행기술 관련 스타트업들의 인수합병, 포드의 자율주행기술 개발을 위한 인공지능 업체 중심의 인수합병과 투자, 다임러의 모빌리티 업체들 중심의 인수합병과 투자, 웨이모와 피아트 크라이슬러 오토모빌스 및 재규어 등과의 오픈메리지 전략 등 미처 예상하지 못한 연합전선과 서비스들이 속속 등장해 경쟁하고 있다.

100년을 넘는 전통적 라이벌 기업인 다임러와 BMW와의 모빌리티 통합 및 조인트 벤처 설립, 도요타와 소프트뱅크의 조인트벤처인 모네테크놀로지 설립 등은 아무도 예상하지 못했던 연합전선이다. 뿐만 아니라 소프트뱅크가 주도한 대륙별 라이드셰어링 업체 분리, 우버와 GM 크루즈, 도요타 등의 자율주행 협력, 기타 모빌리티와 인공지능 관련 포트폴리오 구축 등은 글로벌 협력 네트워크의 대표적 사례다.

연구개발 투자가 부족하면 전략적 협력 네트워크 구축을 통한 오픈

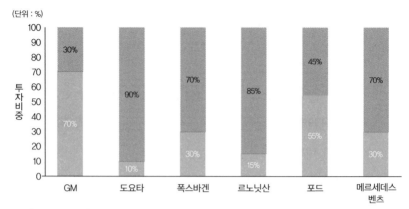

● 주요 완성차 업체의 연구개발 투자: 자체개발 vs 외부 협력 비중

(단위 : %)

투자비중

| | GM | 도요타 | 폭스바겐 | 르노닛산 | 포드 | 메르세데스벤츠 |

GM: 30% / 70%
도요타: 90% / 10%
폭스바겐: 70% / 30%
르노닛산: 85% / 15%
포드: 45% / 55%
메르세데스벤츠: 70% / 30%

▨ 자체개발 ▨ 외부협력

（출처） Jagadeesh Chandran, Veerender Kaul, $345 Billion Autonomous, Connectivity and Electrification (ACE) R&D Spend by key Automakers by 2025, Frost & Sullivan, 2017. 7. 14.

이노베이션 전략도 고민해야 한다. 정의선 수석부회장은 로봇과 인공지능, 스마트카, 미래 에너지, 스타트업 육성, 차량 전동화 등 5개 미래 혁신성장 사업에 향후 5년 동안 23조 원을 투자한다고 한다. 하지만 이미 글로벌 시장에서 인재를 구하기 힘든 시점이다. 해외연구 거점의 확장과 함께 자율주행차 분야에서는 웨이모 등 오픈메리지 전략을 취하고 있는 업체와 협력체제를 구축해 현대차그룹 브랜드를 자율주행차로 업그레이드하고, 관련된 기술 및 서비스 노하우를 간접적으로 축적하는 전략과 자율주행기술을 개발하는 전략을 동시에 추진해야 모빌리티 업체로서의 브랜드 이미지를 준비해 나갈 수 있다.

아직까지 정확히 정의되지 않고 몇 개가 될지도 모르는 자율주행차의 유즈케이스도 확보하는 것이 중요하다. 문제는 차종이다. 현재 웨이모는 중저가 브랜드로 피아트-크라이슬러 퍼시피카, 오토모빌스에 럭셔리 브랜드로 재규어 랜드로버 아이 페이스, 우버는 볼보 SUV XC90s와 도요타 시에나를 시험 및 상용화 차량으로 활용하고 있다. 대부분의 자율주행차 상용화는 택시 혹은 라이드셰어링 형태로 시작되기 때문에 공간이 넉넉하고 편의시설을 갖추기 용이한 매력적인 SUV 모델은 필수적이다. 하지만 아쉽게도 현대차그룹에는 글로벌 시장에서 인기 있는 모델이 없기 때문에 자율주행차 용도로 활용하기 위한 매력적인 SUV 개발도 필수적이라는 것을 잊으면 안 된다.

글로벌 라이드셰어링 시장에도 본격적으로 뛰어들어야 한다. 미래를 단정할 수는 없지만, 디디추싱뿐만 아니라 각 대륙을 담당하고 있는 라이드셰어링 업체에 투자를 강화해 향후 자율주행차 투입에 대비한 완성차 물량 확보를 준비해야 한다. 다양한 모빌리티 서비스들과 자율주행차는 유독 우리나라에서만 금지되고 '미래'의 산업이라 불린다. 다른 나라에서는 이미 스마트폰 하나로 서비스를 활용할 수 있고 도로에서 쉽게 접할 수 있는 '현재'의 시스템이다.

적기조례가 던지는 의미

1896년 11월 30여 대의 자동차가 수많은 관중에게 둘러싸여 영국 런던에서 브라이튼까지 시속 22.5km로 주행하는 영상을 유튜브에서 볼 수 있다. 영국의 적기조례 폐지를 축하하는 퍼레이드로, 정부의 과잉규제를 지적할 때 단골 사례로 등장하곤 한다.

많은 사람들이 적기조례 때문에 영국 자동차 산업이 발전하지 못했다고 주장한다. 일리가 있는 말이다. 하지만 제대로 된 기술도 있어야 사회에서 원활하게 수용하고 발전할 수 있다는 소중한 교훈을 준다.

우리나라의 자율주행차에 대한 규제 해소는 오히려 자율주행차 기술 수준보다 빠르게 진행되고 있는 듯하다. 기업들의 주장처럼 규제가 자율주행기술의 발전을 저해한다는 이야기는 더 이상 통하지 않는다. 점점 더 벌어져 가는 선진국 및 해외 기업들과의 기술격차와 서비스 출시 속도를 생각하면 특단의 조치를 통해 기술개발 속도를 높여야 한다.

현재 우리나라 라이드셰어링 산업들은 기존 사업자들과 정부의 규제에 막혀 있다. 특히 카풀과 라이드셰어링 등 모빌리티 산업이 대표적인 문화지체 현상을 겪으며 사회혁신과 기술발전을 가로막고 있어 사회적 갈등이 유발되고 있다.

이러한 현상들은 시장과 소비자가 기술 및 서비스를 경험하고 판단할 기회마저 박탈하고 있다. 더 이상 모빌리티 혁신을 미루면 기업과 국가 경쟁력뿐만 아니라 국민들의 삶의 질 저하도 우려된다. 특히 모빌리티와 자율주행차 서비스가 진행되고 있는 국가의 소비자들과 우리나라 소비자들과의 경험격차Experience Gap를 넓혀 사회와 기술의 혁신격차Innovation Gap까지 비례해 넓어지고 있다. 혁신을 경험해야 더 발전된 혁신이 탄생할 수 있는 혁신의 역동성이 사라진다는 의미다.

모빌리티와 자율주행 산업은 최근 등장한 새로운 산업 가운데 시장선점 경쟁이 가장 뜨겁다. 새로운 기술과 서비스가 등장하면서 초기 시장이 형성되었을 때 벌어진 간극은 계속 확대되는 것이 일반적이다. 후발주자가 그 간극을 메우기 위해서는 선발주자보다 더 많은 엄청난 노력과 비용이 필요하다. 따라서 새로운 기술과 서비스 개발, 초기시장 선점은 개별 기업뿐만 아니라 국가 차원에서도 커다란 이익이 될 수밖에 없다. 그동안 우리나라 기업들이 자신 있어 하던 패스트 팔로우 전략으로 모빌리티와 자율주행 시장에서 두각을 나타내기에는 이미 늦었다. 우리나라 시장이 테스트베드 역할조차 못하는 상황에서 현재 시장이 형성된 글로벌 시장에 진출하기란 쉽지 않기 때문이다.

적기조례로 영국 자동차 산업이 주춤하는 사이 선두자리를 차지한 독일은 150여 년에 걸쳐 대량생산의 미국, 품질 중심의 일본과 경쟁하며 왕좌를 다투고 있다. 후발주자가 전세를 역전한다는 것이 얼마나 어려운지 보여주는 사례다.

자동차가 말을 대체한 이후 자동차 산업은 가장 커다란 변혁기에 돌입했다. 관련 기업의 지속가능성을 판가름하는 기로에 서 있다. 하지만 새로운 시대에 돌입했을 때 후발주자로 뒤처지면 이어지는 또 다른 변혁기까지 살아남을 수 있을지는 아무도 알 수 없다. 이미 자동차 시장은 완성차 기업들의 리그가 아닌, 자본력을 가진 정보통신과 라이드셰어링 기업들의 새로운 플레이 그라운드가 되었기 때문이다.

[2장] 모빌리티 서비스가 풀어야 할 숙제들

1 끝없이 확장되는 도시화 문제 해결

- 국가통계포털, 도시화율(OECD) 데이터, http://kosis.kr
- 권중헌, 차두원 공역, 《정글의 법칙-혁신의 열대우림, 실리콘밸리의 7가지 성공 비밀》, 북콘서트, 2013. 12(원저 : Victor Hwang, Greg Horowitt, The Rainforest : The Secrete to Building the Next Silicon Valley, Regenwald, 2012. 2.)
- 김경덕, 농촌·농가인구 및 농업노동력 중장기 전망과 정책과제, 한국농촌경제연구원 연구보고서, 2004. 12.
- 박영호, 방호경, 정재완, 김예진, 이보얀, 아프리카 도시화 특성 분석과 인프라 협력 방안, KIEP 정책연구 브리핑, 대외경제정책연구원, 2016.
- 박장재, 중국 신형도시화의 경제적 함의, 중국과 중국학 제24호, pp. 67~104. 2015.
- 양하은, 중국 신형도시화 발전계획, 동북아북한교통물류 이슈페이퍼 17호, 국토연구원, 2017.9. 4.
- 우리나라 국토 면적 10만 6108.8km²···국민 91.82% 도시거주, 국토교통부 보도자료, 2018. 7. 2.
- 차두원, 김서현, 《잡킬러-4차 산업혁명, 로봇과 인공지능이 바꾸는 일자리의 미래》, 한스미디어, 2016. 7. 22.
- 2015 직종별 직업사전, 고용정보원, 2016. 2.
- The Future of Jobs-Employment, Skills and Workforce Strategy for the Fourth Industrial Revolution, World Economic Forum, 2016. 1.
- United Nations, Development of Economic and Social Affairs, Population Division, 2014.
- United Nations, World Urbanization Prospectives, The 2014 Revision, Department of Economic and Social Affairs, 2014.

2 도시 접근성에 비례하는 경제력

- 국토교통부 보도자료, 수도권지역 출퇴근 시 평균 1시간 30분 이상 소요, 최근 3년간 교통혼잡구간이 늘어난 것으로 나타나-교통 빅데이터를 이용한 국가교통조사 결과, 2018. 5. 6.

- 조종석, 전국 여객 및 화물 통행의 변화와 전망, 빅터이터 시대의 국가교통조사 상과와 도전 발표자료, 국토교통부, 한국교통연구원, 2018. 5. 7.
- 지난해 자동차 주행거리 2.8% 증가, 한국교통안전공단 보도자료, 2018. 6. 28.
- 천승훈, 송태진, 김성민, 이해선, 모빌리티 빅데이터를 이용한 공간 및 통행특성 분석, 빅터이터 시대의 국가교통조사 상과와 도전 발표자료, 국토교통부, 한국교통연구원, 2018. 5. 7.
- 통근시간, 국가지표체계 사이트 http://www.index.go.kr
- Weiss DJ., Nelson A., Gibson HS., Temperley WH., Peedell S., Lieber A., Hancher M., Poyart E., Belchior S., Fullman N., Mappin B., Dalrymple U., Rozier J., Lucas TCD., Howes RE., Tusting LS., Kang Global Map of Travel Time to Cities to Assess Inequalities in Accessibility in 2015, Nature. 2018. 1.
- The Sustainable Development Goals Report 2016 website, https://unstats.un.org/sdgs/report/2016/leaving-no-one-behind
- Alisa Alering, Computing to a More Equal World, Science Node, 2018. 2. 9.

3 교통안전과 교통약자들의 이동성

- 권경훈, 올해만 5건, 11년간 46건… '창원' 76세 운전자 사고 냈다, 조선일보, 2017. 11. 4.
- 교통사고분석시스템(TAAS), http://taas.koroad.or.kr
- 서형석, 하루 50명씩 교통사고 장애… 높디높은 이동 문턱, 동아일보, 2018. 4. 20.
- 오승현, 장애인 위험 보장 강화 방안, 장애인 정신질환자 위험 보장 강화 방안 정책토론회 발표자료, 보험연구원, 2017. 4. 14.
- 오주석, 류준범, 이원영, 고령 운전자의 자가운전을 결정짓는 주요 영향요인 및 심리사회적 특성 연구, 교통연구, 제23권 제4호 pp.35-48, 2016. 12.
- 임서현, 성낙문, 강상욱, 홍성진, 택시 운전자 고령화에 따른 실태분석 및 대책, 한국교통연구원, 2017. 1.
- 장혜란, 박선진, 이순철, 고령자의 이동성과 심리적 안녕감의 관계, 한국심리학회지: 사회문제, 제15권, pp. 251-271, 2009.
- 2017년 교통약자 이동편의 실태조사 연구 최종보고서, 국토교통부, 2018. 3.
- Death on the Roads based on the WHO Global Status Reports on Road Safety 2015, .
- Global Status Report on Road Safety 2015, World Health Organization
- Harrison, A., Ragland, D. R., Consequences of Driving Reduction or Cessation for Older Adults, Transportation Research Records, Transportation Research Board, No. 1843, Transportation Research Board of the National Academies, Washington, D.C., pp. 96-104, 2003.
- Mollenkopf, H., Marcellinu, F., Ruoppila, I., Széman Z., Tacken, M., Enhancing Mobility in Later Life: Personal Coping, Environmental Resources and Technical Support, The Out-of-Home Mobility of Older Adults in Urban and Rural Regions of Five European Countries, Amsterdam: IOS Press, 2005.

- Sustainable Development Goals, UNDP, 2015.
- Transformaing Our World-The 2030 Agenda for Sustainable Development, United Nations, 2015.
- Worldometers, 올해 교통사고 사망자.

[3장] 두 바퀴의 반란, 도시를 접수하는 마이크로 모빌리티

1 퍼스트-라스트 마일 모빌리티 전성시대

- 차두원, 진영현,《초연결시대, 공유경제와 사물인터넷의 미래》, 한스미디어, 2015. 1. 21.
- Alissa Walker, How Bike Share is Changing American Cities-There are Now 55 Bike Share Systems across the Country, Curbed NEW YORK, 2017. 3. 21.
- Ameena Walker, MTA Reports NYC Subway Ridership Drops for the First Time since 2009-The Drop is Relatively Small but Significant, Curbed NEW YORK, 2017. 2. 22.
- Alissa Walker, How Bike Share is Changing American Cities-There are Now 55 Bike Share Systems across the Country, Curbed NEW YORK, 2017. 3. 21.
- David Roberts, It's Not Your Imagination: Bike Sharing Systems Are Popping Up All Over the Place-They Now Provide Americans 28 Million Pollution-Free Trips a Year, 2017. 3. 9.
- Docked vs. Dockless Bikes, Transit, 2017. 4. 9.
- First Last Mile Strategic Plan & Planning Guideline, Los Angeles County Metropolitan Transportation Authority & Southern California Association of Government, 2014. 3.
- Jonathan Maus, City survey: Biketown's 38,000 Riders Have Boosted Economy, Reduced Car Trips Since Launch, BikePortland.org, 2017. 1. 18.
- Pratik Jakhar, Who really came up with China's four new inventions'?, BBC News, 2018. 4. 3.
- Susan Shaheen, Related information, Stacey Guzman, Hua Zhang Bikesharing in Europe, the Americas, and Asia-Past, Present, and Future, Journal of the Transportation Research Board, Vol. 2143, 2010. 1. 1.
- Strategic Plan, Streets Blog LA, https://la.streetsblog.org/2014/05/09/metro-extends-reach-with-its-new-first-last-mile-strategic-plan, 2014. 5. 9.
- Tanay Warerkar, Citi Bike is Primarily used by New Yorkers to Shorten Commutes, Curbed NEW YORK, 2017. 5. 15.
- The Global Bike-Share Boom: Dockless Models Look to Solve Urban Commutes & Transit Access, CBINSIGHTS, 2018. 3. 22.
- Uber website, http://www.uber.com
- Zoe Eernard, The Bike-Sharing Economy is Shaking up the Transportation Market Worldwide, 2018. 4. 13.

- 野久麗也, ヘルスケアにおけるイノベ—ションのベクトル, 한일산업기술협력포럼 발표자료, 2017. 11. 16.

2 만리장성을 넘은 중국 도크리스 공유자전거

- 김민성, ofo 자전거의 민낯...공유하라고 했더니 아무데나 주차하고 일부는 사유화, 시빅뉴스, 2018. 5. 29.
- 김윤희, KT-오포, 국내 공유자전거 서비스 상용화 제휴, ZDNet Korea, 2018. 4. 4.
- 하선영, 중국 공유자전거 회원 2억 명, 하루 데이터만 30TB, 중앙선데이, 2018. 4. 14.
- Alissa Walker, How Bike Share is Changing American Cities-There are Now 55 Bike Share Systems across the Country, Curbed, 2017,3. 21.
- Amy Plitt, NYC's Dockless Bike Share Operators Include Jump, Lime, Curbed New York, 2018. 7. 3.
- Bkie-Sharing Firm ofo Planning to Exit South Korea, The Straits Times, 2018. 8. 9.
- Bike Share in the U.S.: 2017, National Association of City Transportation Officials, 2017.
- British Library, Provo, http://www.bl.uk/learning/histcitizen/21cc/counterculture/assaultonculture/provo/provo.html
- Gaurav Sangwani, Alibaba Marks Rivalry with Tencent, Invests $866 Iillion in Its bikesharing Portfolio Rival ofo, Financial Express, 2018. 3. 1.3
- Charlie Campbell, The Trouble with Sharing: China's Bike Fever Has Reached Saturation Point, Time, 2018. 4. 2.
- Christmas Specials, How bike-sharing conquered the world, The Economist, 2017 Christmas Issue, 2017.
- Felix Richter, The Global Rise of Bike-Sharing, statista, 2018. 4. 10.
- Jane Lanhee Lee, Bike-Sharing Companies Face an Uphill Ride in U.S., Business Insider, 2018. 3. 16.
- Mobike website, https://mobike.com
- ofo website, https://www.ofo.com
- Rebecca Nicholson, Is Shared Cycling in London on a Road to Now Here?, The Guardian, 2017. 12. 3.
- Report on Global Development of Bike-sharing, Cheetah Lab,, 2018. 4. 16.
- Yuan Yuan, Spinning the Wheels, Beijing Review, 2017. 4. 27.
- 滴滴自有单车"青桔"在成都免押上线, 小蓝单车"复活"进蜀 | 钛快讯, 钛媒体, 2018. 1. 25.

3 공유자전거 바통을 이어받은 미국의 전동스쿠터

- Aarian Marshall, SF is Bring Back Banned Electric Scooters-with Limits, Wired, 2018. 6. 30.
- Abrar Al-Heeti, Lime is Opening a Physical Store in Santa Monica, cnet, 2018. 10. 22.
- Adam Brinklow, 'Scooters Behaving Badly' All Over San Francisco, Curbed-San Francisco, 2018. 4. 13.

- Adam Brinklow, SFMTA Head Says Scooters Returning to SF, Curbed-San Francisco, 2018. 8. 24.
- Andrew J. Hawkins, Bird will Start Delivering Electric Scooters Straight to People's Houses, The Verge, 2018. 10. 4.
- Application of Waybots INC, dba SKIP for San Francisco Powered Scooter Share Permit, SKIP, 2018. 6. 6. 6.
- Ari Levy, Lora Kolodny, Investors Explain Why They're Racing to Get into Scooter Companies like Lime and Bird, Driving Valuations into the Billions, CNBC, 2018. 6. 14.
- Bird Charger Facebook Group, https://www.facebook.com/BirdChargers
- Bird website, https://www.bird.co
- Brock Keeling, Adam Brinklow, Electric scooters in San Francisco: Everything You Need to Know, Curbed-San Francisco, 2018. 4. 5.
- Crunchbase, Lime, Bird 펀딩 현황, https://www.crunchbase.com
- Dara Kerr, In SF, Uber, Lyft and 10 Others Vie for Five Electric Scooter Permits The Scooters Are Coming, cnet, 2018. 6. 11.
- Dara Kerr, Uber's Next Big Thing is Lime Scooters to Get around Town, cnet, 2018. 7. 9.
- Eric Newcomer, Scooter Startup Bird Seeks Funding at $2 Billion Valuation, Bloomberg, 2018. 6. 16.
- Global Electric Bike Market by Manufacturers, Regions, Type and Application, Forecast to 2023, Global Info Research, 2018. 1. 18.
- Gregor MacGregor, Bike Sharing Market Set to Soar, BikeRadar, 2015. 1. 13.
- How To Make Money Charging Electric Scooters | Lime-S Scooter Juicer, The City for Millenials, 2018. 7. 27.
- Johana BhuiyanInside, How a Scooter-Sharing Startup Navigates San Francisco, recode, 201. 5. 20.
- Kate Cagle, Scooter Protest Descends on Council Meeting that Has Nothing to do with Scooters, Santa Monica Daily Press, 2018. 8. 14.
- Kate Clark, Santa Monica will Allow Lime, Bird, Lyft and JUMP to Operate e-Scooters, Tech Crunch, 2018. 8. 31.
- Kirsten Korosec, Skip and Scoot Are the Only Companies Awarded Scooter Permits in SF, Tech Crunch, 2018. 8. 31.
- Lime website, https://www.limebike.com
- Megan Rose Dickey, Lime Hits 11.5 Million Bike and Scooter Rides, Tech Crunch, 2018. 9. 20.
- Megan Rose Dickey, Bird Hits 10 million Scooter Rides, Tech Crunch, 2018. 9. 20.
- Radhika K.T.P, Peddling a New Business, Business Today, 2018. 4. 22.
- Rory Carroll, Are Ride-Share Electric Scooters the Future of Urban Transport? The Guardian, 2018. 4. 25.

* San Francisco Municipal Transportation Agency Website, https://www.sfmta.com
* San Francisco Municipal Transportation Agency Blog, https://www.sfmta.com/news-blog
* Sean Hollister, Patrick Holland, Mark Serrels, Morgan Little, The Electric Scooter War Continues. Here's How They Work (FAQ), cnet, 2018. 5. 31.
* Tracy Lien, Melissa Etehad, Santa Monica proposes tougher rules for Bird and other scooter rental companies, Los Angeles Times, 2018. 7. 8.
* Megan Rose Dickey, Electric Scoters are Going Worldwide, Tech Crunch, 2018. 8. 13.
* Megan Rose Dickey, Bird and Lime are Protesting Santa Monica's Electric Scooter Recommendations, Tech Crunch, 2018. 8. 15.
* Megan Rose Dickey, Here's How SF Wants to Regulate Electric Scooters, Tech Crunch, 2018. 4. 28.
* Melia Robinson, Tech Workers in San Francisco are Pining for the Return of Electric Scooters, after First Putting Them on Blast for Hogging the Sidewalks, Business Insider, 2018. 7. 23.
* Melia Robinson, Uber Just Hinted it Could be in Serious Trouble If it Doesn't Conquer the Market for Electric Bikes and Scooters, Business Insiders, 2018. 7. 20.
* Megan Rose Dickey, Shared Electric Scooters Probably Won't Return to SF until August, Tech Crunch, 2018. 7. 20.
* Megan Rose Dickey, Bird and Lime are Protesting Santa Monica's Electric Scooter Recommendations, Tech Crunch, 2018. 8. 15.
* Mike Murphy, Alison Griswold, Rebranded Chinese Scooters are Taking over San Francisco, QUARTZ, 2018. 4. 20.
* Santosh Rao, Understanding Multimodality: An Analysis of Early JUMP Users, Medium, 2018. 7. 13.
* SFMTA Powered Scooter Share Program Permit Application, Scoot, 2018. 6.
* Taylor Lorenz, Electric Scooter Charger Culture Is Out of Control, The Atlantic, 2018. 5. 20.
* The 12 Scooter Companies That Plan to Roll Through San Francisco, San Francisco Chronicle, 2018. 6. 15.
* Tim Bradshaw, Scooter Start-Up Bird Races to Match Rival Lime-Two Groups See Rapid Adoption of Their Dockless Rental Service, Financial Times, 2018. 5. 21.
* Tomas Backström, Anders Fundin, Peter E. Johansson, Innovative Quality Improvements in Operations-Introducing Emergent Quality Management, Springer, 2017.

[4장] 라이드셰어링 기업들의 마이크로 모빌리티 경쟁

1 마이크로 모빌리티 시장에 뛰어든 라이드셰어링 기업들
* 이주현, 미래에셋, 중국 유니콘 디디추싱에 2,800억 투자, 플래텀, 2018. 4. 5.

- 中 디디추싱 파죽지세⋯자전거 공유사업도 진출, 연합뉴스, 2018. 1. 10.
- Amir Efrat, Why Uber Believes Jump Makes Financial Sense, The Information, 2018. 4. 9.
- Daisuke Wakabayashi, Uber to Buy Jump, Maker of Electric Bicycles, After Bike-Sharing Test, 2018. 4. 9.
- Daisuke Wakabayashi, Uber's New Training Wheels: Testing Bike Rachel Sandler, Getting into Bikes : It Just Bought the Company behind Citi Bikes and Ford GoBikes, Business Insider, 2018. 7. 2.
- Danielle Furfaro, Lyft Reportedly Plans to Buy Citi Bike, New York Post, 2018. 6. 1.
- Dara Khosrowshahi, Welcom, Jump!, Uber Newsroom, 2018. 4. 9.
- Devan, M., Ola to lead $5 Million-$7 Million Funding Round in Bike-Sharing Startup Vogo, The NEWS Minute, 2018. 4. 18.
- Introducing Ola Pedal!, Ola Blog, 2017. 12. 19.
- Jon Russell, The Threat of China's Bike-Sharing Services, Tech Crunch, 2018. 1. 17.
- Jon Russell, Uber's Indian rival Ola Begins Offering a Bicycle-Sharing Service, Tech Crunch, 2017. 12. 2.
- Joe Linton, Metro Extends Reach with Its New First Last Mile, STREETBLOG LA, 2014. 5. 9.
- Jon Russell, The Threat of China's Bike-Sharing Services, Tech Crunch, 2018. 1. 17.
- Julie Zhu, China's Didi, Ant Financial Weigh Joint $2 bln ofo Buyout: Source, Reuters, 2018. 8. 3.
- JUMP, Tech Crunch, 2018. 1. 31.
- Jump Bike Website, https://jumpbikes.com
- Megan Rose Dickey, Uber is Piloting a Bike-Sharing Service with JUMP, Tech Crunch, 2018. 1. 31.
- Motivate website, https://www.motivateco.com
- Ola website, https://www.olacabs.com
- Paul Sawers, Didi Chuxing Invests 'Tens of Millions' of Dollars in Chinese Bike-Sharing Startup ofo, Venture Beat, 2016. 9. 26.
- Sang Yarong, DiDi Launches Shared Bike Brand of its Own, China Plus, 2018. 1. 25.
- Sean O'Kane, Lyft Buys the Biggest Bike-Sharing Company in the US, THE VERGE, 2018. 7. 2.
- Sharing Service, Tech Crunch, 2019. 12. 2.
- Sharing in San Francisco, The New York Times, 2018. 1. 31.
- TNM Staff, Ola Launches new Offering of Bicycles 'Ola Peal', to Run Pilots on College Campus, The News Minutes, 2017. 12. 1.
- Uber Website, Be the First to Ride, https://www.uber.com/ride/uber-bike
- Uber & MARTA: Connecting The Last Mile, Uber Website, https://www.uber.com/es-US/blog/atlanta/uber-marta-connecting-the-last-mile, 2015. 7. 23.
- Umair Irfan, Electric Scooters' Sudden Invasion of American Cities, Explained, VOX, 2018. 8. 28.

- Xinhua , DiDi takes Parts of Bike-Sharing Operator's Business, 2018. 1. 9.

3 높아지는 도시의 관심, 혁신과 안전을 위한 타협

- 황현철, 中 베이징 인도 점거한 '공유자전거' 20%나 줄었다. 연말 플랫폼 구축해 관리 강화, 인민망 한국어판, 2018. 8. 10.
- Andrew Heining, Want to Check All the Bike-Share Options at Once? There's Now an App for That, The Washington Post, 2017. 10. 6.
- Claudia Russo, Roland Berger Study: Global Market for Bike Sharing is Growing at 20 Percent Per Year, Roland Berger, 2015. 4. 23.
- Electric Scooters Market: Standard Segment by Product Type Estimated to Register a Significant CAGR over the Forecast Period: Global Industry Analysis and Opportunity Assessment, 2017-2027, Future Market Insight, 2017. 5. 10.
- In 2017 Nearly 60% of All Vehicle Trips Were Less Than Six Miles, US Department of Energy, 2018. 8. 13.
- MaaS Global website, http://www.massglobal.com
- Santosh Rao, Understanding Multimodality: An Analysis of Early JUMP Users, Medium, 2018. 7. 13.
- Sean Hollister, Patrick Holland, Mark Serrels, Morgan Little, The Electric Scooter War Continues. Here's How They Work (FAQ), cnet, 2018. 5. 31.
- Uber website, http://www.uber.com
- whim website, https://whimapp.com

[5장] 더 이상 미래가 아닌 도어-투-도어 자율주행 서비스

1 ACES가 재설계하는 새로운 모빌리티 생태계

A(Autonomous): 도어-투-도어 모빌리티 생태계 핵심으로 자리 잡는 자율주행차

- Bishop, Richard, Intelligent Vehicle Technologies and Trends. Boston: Artech House, 2005.
- Chloe Albanesius, Google Car: Not the First Self-Driving Vehicle, PC Magazine, 2010. 10. 11.
- Lex Davies, Inside the Races That Jump-Started the Self Driving Car, Wired, 2017. 11. 10. Lydia Nuzum, CMU: The Birthplace of Driverless Tech, Pittsburgh Business Times, 2017. 4. 27.
- Mark Stefik, Strategic Computing at DARPA : Overview and Assessment, Communications of the ACM, Vol. 27, No. 7, 1985. 7.
- Matthew A. Turk, David G. Morgenthaler, Keith D. Gremban Martin Marra, VITS-A Vision System of Autonomous Land Vehicle Navigation, IEEE Transactions on Pattern Analysis and Machine Intelligence, Vol. 10, No. 3, 1988. 5.

- NAHSC(National AHS Consortium), Automated Highway System Milestone 2 Report: Task C2—Downselect System Configuration and Workshop 3. Troy, 1997.
- NAHSC(National AHS Consortium), Technical Feasibility Demonstration, Event Program, 1997.
- Roland, Alex; Shiman, Philip (2002). Strategic Computing: DARPA and the Quest for Machine Intelligence, 1983-1993. Cambridge, Mass., MIT Press, 2002.
- Rossella Lorenzi, Da Vinci Sketched an Early Car, ABC Science, 2004. 4. 26.
- Saul Amarel, AI Research in DARPA Strategic Computing initiative, IEEE Expert, 1991. 6.
- Self-Propelled Car, http://www.da-vinci-inventions.com
- Tom Vanderbilt, Autonomous Cars through the Ages, Wired, 2012. 6. 2.

C(Connected): 자율주행차로 진화하는 커넥티드카

- 차두원, 진영현,《초연결시대, 공유경제와 사물인터넷의 미래》, 한스미디어, 2015. 1. 21.
- 차두원, 2017 Tokyo Motor Show Review-Future Mobility, 2017. 11. 15.
- 차두원,《4차 산업혁명과 빅뱅 파괴의 시대》, PART 6, 자율주행차 - 가속페달을 밟다, 한스미디어, 2017. 2.
- Alexa in the Car : Ford, Amazon to Provide Access to Shop, Search and Control Smart Home Features on the Road, Ford Media Center, 2017. 1. 4.
- Andrew J. Hawkins, Mercedes-Benz is Connecting the Amazon Echo and Google Home to all its New Cars, THE VERGE, 2017. 4. 21.
- Dave Leggett, AI and the Future Automotive Experience, 2017. 1. 12.
- Henry Payne, Alexa, Start My Car': Latest App for Auto Revolution, The Detroit News, 2018. 5. 21.
- Shafiq Dharani, Tom Isherwood, Diego Mattone, Paolo Moretti, Telematics: Poised for Strong Global Growth, McKinsey&Company, 2018. 4.
- Taxonomy And Definitions For Terms Related To Driving Automation Systems For On-Road Motor Vehicles, SAE J3016-2018, Society of Automotive Engineers.

E(Electric): 제2의 전성기를 꿈꾸는 전기차의 부활

- 2022, 전기차 전쟁의 서막, imagazinekorea.com, 2018. 4. 26.
- Andreas Cremer, Continental Sees German Carmakers Shifting Away from Diesel, REUTERS, 2017. 8. 3.
- Breakthrough of Electric Vehicle Threatens European Car Industry, ING Economic Department, 2017. 6.
- Electric Cars Poised for Their 'iPhone moment' Tech Central, 2017.9. 22.
- Jabil, 7 Connected Car Trends Fueling the Future, Medium, 2018. 2. 21.
- Mayors of 12 Pioneering Cities Commit to Create Green and Healthy Streets, C40 CITIES, 2017.
- Mike Esposito, Is 2017 the Year of Telematics?, Autodealer Today, 2017. 1.

- Richard Viereckl, Dietmar Ahlemann, Alex Koster, Evan Hirsh, Felix Kuhnert, Joachim Mohs, Marco Fischer, Walter Gerling, Kaushik Gnanasekaran, Julia Kusber, Juliane Stephan, David Crusius, Henning Kerstan, Trent Warnke, Manuel Schulte, Jonas Seyfferth, Edward H. Baker, Connected Car Report 2016: Opportunities, Risk, and Turmoil on the Road to Autonomous vehicles, PricewaterhouseCoopers, 2016. 9.

S(Sharing): 새로운 모빌리티 라이프 스타일을 창조하는 공유 서비스
- 차두원, 진영현,《초연결시대, 공유경제와 사물인터넷의 미래》, 한스미디어, 2015. 1. 21.
- Josh Stephens, Ride-Hailing Apps Go the Extra Mile, Intransition Magazine, 2015, Spring.
- Ride-sharing vs. Ride-hailing: What's the Difference? quoted, 2016. 3. 13.

2 공유자율주행차와 자율주행셔틀이 던지는 의미

공유자율주행차의 도어-투-도어 시장 잠재성
- 김규옥, 문영준, 조선아, 이종덕, 자율주행자동차 윤리 및 운전자 수용성 기초연구, 한국교통연구원 보고서, 기본-RR-16-15, 2016. 11.
- 차두원, [MT 시평] 다시 돌아보는 적기조례, 머니투데이 기고, 2018. 7. 5
- 차두원, 무인자동차, 공유차 맞는 새 UX 필요, 테크M 2015년 2월호.
- 차두원, 자율주행차 개발 동향과 소비자 이슈, 신기술과 소비자 이슈-미래 소비자정책 대응전략, 한국소비자원 정책연구실 편저, 2017. 12.
- Alex David, Turn Out the Hardware in Self-Driving Cars is Pretty Cheap, Wired, 2015. 4. 22.
- Alex David, This Plam-SIZED Laser Could Make Self-Driving Cars Way Cheaper, 2014. 9. 25.
- ADAS and Autonomous Driving Industry Chain Report 2018 (VII) - L4 Autonomous Driving Startups, Report Buyer, 2018. 8.
- American Automobile Association Website, https://www.aaa.com
- By 2030, 25% of Miles Driven in US Could Be in Shared Self-Driving Electric Cars, Boston Group Consulting, 2017 4. 10. Danielle Muoio, Google Just Made a Big Move to Bring Down the Cost of Self-Driving Cars, 2017. 1. 8.
- David Rogers, 2018 : Year of the Autonomous Bus, Global Construction Review, 2018. 3. 14.
- Ed Garsten, Sharp Growth In Autonomous Car Market Value Predicted But May Be Stalled By Rise In Consumer Fear, Fobes, 2018. 8. 13.
- Evan Ackerman, Cheap Lidar: The Key to Making Self-Driving Cars Affordable, IEEE Spectrum, 2016. 9. 12.
- Kirsten Korosec, Intel Predicts a $7 Trillion Self-Driving Future, THE VERGE, 2017. 6. 1.
- Kyle Vogt, How We're Solving the LIDAR Problem, Medium, 2017. 10. 9.
- Roger Lanct, Accelerating the Future: The Economic Impact of the Emerging Passenger Economy, Strategic Analysis & Intel, 2017. 6.
- U.S. Self-Driving Car Survey, Boston Group Consulting, 2014. 9.

[6장] 대격전의 서막, 완성되어가는 자율주행차와 모빌리티 협력 구도

1 오픈 메리지 라이센스 전략을 펼치는 테크 자이언트

최고의 자율주행 기술, 카풀 중심 모빌리티를 설계하는 구글

- Alex Davies, Self-Driving Cars Have a Secret Weapon : Remote Control, Wired, 2018. 2. 1.
- Andres J. Hawkins, Google's Waze is Making a Big, Nationwide Bet on Carpooling, THE VERGE, 2018. 10. 10.
- Brian Sozzi, Alphabet's Autonomous Driving Unit Waymo Not Worth $75 Billion, But $175 Billion, TheStreet, 2018. 8. 7.
- Bridget Clerkin, Why Google's Waymo Is Teaming Up with Walmart, dmv.org, 2018. 8. 22.
- First Look Inside Self-Driving Taxis as Waymo Prepares to Launch Unprecedented Service, CBS News, 2018. 10. 12.
- Higgins, Chester Dawson, Waymo Orders Up to 20,000 Jaguar SUVs for Driverless Fleet, The Wall Street Journals, 2018. 3. 27.
- Kyle Wiggers, Waze Launches Carpool Service Across the U.S., Venture Beat, 2018. 10. 10.
- Kyle Wiggers, Waymo Obtains California's First Fully Driverless Car Permit Venture Beat, 2018. 10. 30.
- Lisa W. Foderaro, Navigation Apps Are Turning Quiet Neighborhoods into Traffic Nightmares, The New York Times, 2017. 12. 24.
- Mark Prigg, Google to Create Self-Driving Taxi Firm to take on Uber: Autonomous Car Division to Become Separate Firm Next Year, Mail Online, 2015. 12. 16.
- Matthew DeBord, Waymo Just Revealed Plans to Add 62,000 Self-Driving Minivans to Its Fleet, Business Insider, 2018. 5. 31.
- Phil LeBeau, Waymo Strikes Deals with Walmart, Others to Boost Access to Self-Driving Cars, CNBC, 2018. 7. 25.
- Randazzo, Waymo to Start Driverless Ride Sharing in Phoenix Area This Year, azcentral, 2018. 1. 30.
- Ruth Reader, Waze is Launching Its Carpool Service Nationally, Fast Company, 2018. 10. 10.
- Waymo Self-Driving Cars Chauffeur Passengers around Chandler, azcentral, 2017. 11. 20.
- Safety Report-On the Road to Fully Self-Driving, Waymo, 2017. 10. Website, https://www.waymo.com
- Standard Mileage Rates for 2018 Up from Rates for 2017, IRS, 2017. 12. 14.
- Waymo Tem, A Green Light for Waymo's Driverless Testing in California, MIDIUM, 2018. 10. 31.
- Waze website, http://www.waze.com

- Will Knight, Waymo's Cars Drive 10 Million Miles a Day in a Perilous Virtual World, MIT Technology Review, 2018. 10. 10.

자동차 안드로이드를 꿈꾸는 바이두 자율주행 플랫폼 아폴로
- 바이두, 인공지능 자율주행차 플랫폼 '아폴로' 선보여, automotive, 2018. 1. 10.
- Aapollo Website, http://apollo.auto, 2018. 3.
- Baidu & Asia Mobility Industries Announce Strategic Joint Venture to Launch "Apollo Southeast Asia" Autonomous Driving Program and Investment Fund, Nasdaq GlobeNewswire, 2018. 1. 9.
- Baidu Unleashes Accelerated Innovation for Autonomous Driving at "China Speed" at CES 2018 in Las Vegas-Baidu Reveals Apollo 2.0 and Strengthens Global Alliance with 90 Partners, GlobeNewsire, 2018. 1. 8.
- Bernhard Weidemann, Daimler Becomes First International Automaker to Obtain Road Test License for Highly Automated Driving in Beijing, Daimlar Media Site, 2018. 7. 25.
- Darrell Etherington, Baidu Plans to Mass Produce Level 4 Self-Driving Cars with BAIC by 2021, Tech Crunch, 2017. 10. 30.
- Jon Russell, BMW and Baidu's Self-Driving Car Partnership Has Reportedly Run out of Gas, Tech Crunch, 2016. 11. 18.
- Kirsten Korosec, Baidu Just Made Tts 100th Autonomous Bus Ahead of Commercial Launch in China, Tech Crunch, 2018. 7. 4
- NVIDIA DRIVE Xavier Powers ZF ProAI with Baidu Apollo Pilot, nVIDIA New Room, 2018. 1. 7.
- Stephen Edelstein, China Blocks Foreign Companies from Mapping Its Roads for Self-Driving Cars, THE DREIVE, 2017. 12. 15.
- Stephen Edelstein, Nvidia, Baidu, and ZF Team Up on Self-Driving Car Tech for China, THE DREIVE, 2018. 1. 8.
- Zen Soo, China Shows Off Autonomous Driving Technology in Annual Spring Festival Gala, South China Morning Post, 2018. 2. 19.

2 실리콘밸리를 뒤쫓는 디트로이트 기업들의 대반격

공격적 인수합병과 투자로 퓨처라마 명성을 되찾는 GM
- Alex Roy, Waymo and Honda Announce a Self-Driving Technology Partnership—But What Does It Really Mean?, THE DRIVE, 2016. 12. 22.
- Alexandria Sage, GM Plans Large-Scale Launch of Self-Driving Cars in U.S. Cities in 2019, Reuters, 2017. 12. 1
- Art Swift, Gallup Vault: Futurama and the World's Fair of 1939, Gallup Website, 2016. 7. 10.
- Dan Primack, SoftBank Investing $2.25 Billion Into GM's Self-Driving Program, AXIOS, 2018. 5. 31.

- David Welch, GM Plans to Launch Airbnb for Your Car, 2018. 3. 13.
- David Welch, Mark Bergen, Noah Buhayar, GM Puts Pieces in Place for Robo-Taxis in San Francisco, 2018. 7. 3.
- Darrell Etherington, GM expands Maven car sharing to Toronto, Tech Crunch, 2018. 2. 13.
- Darren Moss, Honda Partners with Waymo to Explore Self-Driving Car Tech, AUTOCAR, 2016. 12. 21.
- GM Takes Next Step Toward Future with Self-Driving Vehicle Manufacturing in Michigan, GM Corporate Newsroom, 2018. 3. 15.
- Graham Rapier, GM Reportedly Wants to Spin Off Cruise, Its $11.5 Billion Self-Driving Car Business, Business Insider, 2018. 6. 15.
- Graham Rapier, GM's Self-Driving Car Unit Could be Worth $43 Billion — Nearly 4 Times the Valuation It Received 6 Weeks Ago, RBC Says, Business Insiders, 2018. 7. 10.
- Kyle Vogt, How We're Solving the LIDAR Problem, Medium, 2017. 10. 3.
- Matthew BeBord, GM is Testing its Autonomous Cars in One of the Most Challenging Cities for Driving, Business Insider, 2017. 10. 3.
- Matthew DeBord, GM paid a lot less for Cruise Automation than everyone thought, Business Insider, 2016. 7. 21.
- Maven Website, https://www.maven.com
- Meet the Cruise AV: The First Production-Ready Car with No Steering Wheel or Pedals, GM Corporate Newsroom, 2018. 1. 12.
- Michael Wayland, GM Lets its Autonomous Unit be Autonomous-Preserving Cruise Automation's Fast-Moving Start-Up Culture, Automotive News, 2017. 6. 19.
- Neal E. Boudette, G.M. Says Its Driverless Car Could Be in Fleets by Next Year, The New York Times, 2018. 1. 12.
- Nick Carey, Paul Lienert, Honda to Invest $2.75 Billion in GM's Self-Driving Car Unit, Reuter, 2018. 10. 3.
- Robert A. Ferlis, The Dream of Automated Highway, Public Roads, Federal Highway Administration Research and Technology, Vol. 71, No. 1, 2007. 7~8.
- Sam Byford, Honda Reveals its Plans for Autonomous Vehicles, THE VERGE, 2017. 6. 8.
- Sarah Schmid Stevenson, GM Acquires Sidecar's "Essential" Ridesharing IP, Key Employees, Xconomy, 2016. 1. 19.
- Sunil Paul(Inventor), System and Method for Determining an Efficient Transportation Route, Sunil Paul, U.S. Patent No. US 6,356,838 B1, Date of Patent: Mar. 12, 2002.
- Tom Vanderbilt, Autonomous Car through the Ages, Wired, 2012. 2. 5.

인공지능 기술로 T-Car 부활을 꿈꾸는 포드

- Alexandria Sage, Ford to Invest $1 Billion in Autonomous Vehicle Tech Firm Argo AI, Reuter, 2017. 2. 11.

- Aaron Brazozowski, Ford's Exclusive Deal with Nirenberg Neuroscience, Ford Authority, 2016. 9. 8.
- Andrew J . Hawakins, Ford Will Test Self-Driving Cars in Washington, DC, with an Emphasis on 'Equity', The Verge, 2018. 10. 22.
- Darrell Etherington, Ford acquires SAIPS for Self-Driving Machine Learning and Computer Vision Tech, Tech Crurch, 2016. 8. 16.
- Edward Taylor, Mercedes Joins Forces with Bosch to Develop Self-Driving Taxi, Reuters, 2017. 4. 4.
- Ford Invests in Argo AI, A New Artificial Intelligence Company, in Drive for Autonomous Vehicle Leadership, Ford Media Center, 2017. 2. 10.
- Ford Investing $1.2 Billion in Three Michigan Facilities, Further Bolstering Leadership in Truck, SUVs, Mobility, Ford Media Center, 2017. 3. 28.
- Ford Website, .
- JC Reindl, Ford Buys 2 Startups for its Mobility Push, Detroit Free Press, 2018. 1. 25.
- Kristen Korosec, Why Ford Motor Is Investing in 3D Mapping Startup Civil Maps, Fortune, 2016. 7. 15.
- Michael Martinez, Ford Commits $4 Billion to Autonomous Vehicles, Forms New Subsidiary, 2018. 7. 24.
- Nirengerg Neruoscience Website, https://nirenbergneuroscience.com
- Phil LeBeau, Ford Makes Room for New Self-Driving Vehicle, Moving EV Production to Mexico, CNBC, 2017. 12. 6.
- Sam Abuelsamid , Ford And Baidu Lead New $150 Million Investment in Lidar-Maker Velodyne, Fobes, 2016. 8. 16.
- Velodyne LiDAR Gears Up for the Autonomous Revolution with Investments from Ford and Baidu, Business Wire, 2016. 8.
- Velodyne LiDAR Opens Megafactory in San Jose for Large-Scale Production of 3D LiDAR Sensors, Business Wire, 2017. 1. 17.

3 유럽의 자존심을 지키는 기업

보쉬와 연합한 자율주행차, BMW와 모빌리티 서비스를 통합한 다임러

- Andrew J. Hawkins, BMW and Daimler are Putting Their Differences Aside to Beat Uber, 2018. 4. 2.
- BMW Group and Daimler AG Combine Mobility Services, Daimler Blog, 2018. 3. 28.
- Daimler Nearing $43M Deal To Buy Taxibeat, PYMNT.com, 2017. 1. 30.
- Dana Mattioli, William Boston, Daimler Expands Into Ride Sharing, The Wall Street Journal, 2014. 9. 4.

- Danielle Muoio, Mercedes Has Formed a New Alliance to Develop Robot Taxis, Business insider, 2017. 4. 4.
- Dieter Zetsche, Daimler & BMW: A New Partnership Starts, Rivalry Stays, Daimler Blog, 2018. 3. 28.
- Edward Taylor, Mercedes Joins Forces with Bosch to Develop Self-Driving Taxis, Reuter, 2017. 4. 4.
- Felix Richer, Who Leads the Autonomous Driving Patent Race? Statista, 2017. 8. 29.
- Heather Someville, Uber Strikes Deal with Daimler to Add Self-Driving Mercedes-Benz to Fleet, Reuters, 2017. 2. 1.
- Hendrik Sackmann, BMW Group and Daimler AG Agree to Combine Mobility Services, Daimler Blog, 2018. 3. 28.
- Ingrid lunden, Daimler Acquires German P2P Carpooling Startup Flinc, Tech Crurch, 2017. 9. 28.
- John Irwin, Daimler, Expanding Mobility Services, Merges RideScout and GlobeSherpa, Automotive News, 2016. 4. 14.
- Mark Matousek, Mercedes Parent Company Will Start Testing an Uber-Like Service using Self-Driving Cars in California Next Year, Business Insider, 2018. 7. 11.
- Moovel Website, https:///www.moovel-group.com
- mytaxi Acquires Clever Taxi, the Leading Taxi App in Romania, CISION, 2017. 6. 23.
- Rober Ferris, China's Geely Buys a $9 Billion Stake in Daimler, Reports Bloomberg, 2018. 2. 23.
- Travis Kalanick, Uber and Daimler Join Forces on Self-Driving Cars, Uber Newsroom, 2017. 1. 31.

독일의 자존심 BMW-Intel-FCA 연합

- 인텔, BMW, 모빌아이, 2021년까지 완전자율주행 실현을 위해 협력에 나서, 인텔 보도자료, 2016. 7. 3.
- Andrew J. Hawkins, Intel Says it Will Build a Fleet of 100 Fully Autonomous Vehicles, THE VERGE, 2017. 9. 9. Saheli Roy Choudhury, Intel Just Showed Off its First Self-Driving Car, CNBC, 2018. 1. 9.
- BMW iNEXT, bmwblog, https://www.bmwblog.com
- Continental Joins Autonomous Driving Platform from BMW Group, Intel and Mobileye as System Integrator, Continentals Press Release, 2017. 6. 20.
- Darrell Etherington, BMW's EV Roadmap Detailed, Includes Full Autonomy by 2025, Tech Crurch, 2016. 8. 11.
- David Meyer, Fiat Chrysler Joins BMW and Intel's Autonomous Car Alliance, Fortune, 2017. 8. 16.
- Gariel Nica, Concept Previewing BMW iNext SUV Coming Later This Year, BMW Blog, 2018. 1. 16.
- Jim McGreger, Intel Outlines 2020 Automotive Roadmap for Autonomous Vehicles, Fobes,

2017. 12. 1.

- Jon Russell, BMW and Baidu's Self-Driving Car Partnership Gas Reportedly Run Out of Gas, Tech Crurch, 2016. 11. 8.
- Maria Deutscher, Intel and BMW Expand Self-Driving Car Alliance to Include Delphi, 2017. 5. 16.
- Peter Valdes-Dapena, BMW Unveils Its Vision for a Self-Driving Electric Car, CNN, 2018. 9. 15.
- Saheli Roy Choudhury, Intel Just Showed Off its First Self-Driving Car, CNBC, 2018. 1. 9.
- Sam Abuelsamid, Fiat Chrysler Signs on to BMW/Intel/Mobileye Automated Driving Partnership, Fobes, 2017. 8. 16.
- Therese Poletti, Want to Invest in Self-Driving Cars? Check Out the Chips, Market Watch, 2016. 8. 27.

4 일본을 대표하는 도요타와 르노-닛산-미쓰비시 얼라이언스

인텔리전트 미니멀리즘을 추구하는 도요타

- Heather Somerville, Toyota to Invest $500 Million in Uber for Self-Driving Cars, Reuters, 2018. 8. 28.
- Mobility Innovation, 소프트뱅크-도요타 공동기자회견 발표자료, 2018. 10. 4.
- Sean O'Kane, Toyota Starts a New $2,8 Billion Company to Develop Self-Driving Software, THE VERGE, 2018. 3. 2.
- Softbank, 소프트뱅크, 도요타 공동기자회견 발표자료, 2018. 10. 4.
- Stephen Edelstein, Toyota Will Test Self-Driving Cars with AI By 2020, 2017. 10. 16.
- Tomoyoshi Oshikiri, Toyota and SoftBank Tie Up to Offer New Mobility Services, Nikkei Asian Review, 2018. 10. 4.
- Toyota Research Institute Introduces Next-Generation Automated Driving Research Vehicle at CES, TOYOTA USA Newsroom, 2018. 1.4.
- Toyota Research Institute Website, https://www.tri.globals
- Toyota Global Newsroom, https://newsroom.toyota.co.jp
- 知能化ソフトウェアの研究から開発を一気通貫で担う新会社「Toyota Research Institute Advanced Development」を東京に設立, Toyota Global Newsroom, 2018. 3. 2.
- 宮川潤一, Mobility Innovation, 소프트뱅크, 도요타 공동기자회견 발표자료, 2018. 10. 4.

세계 최대 자동차 기업으로 성장한 르노-닛산-미쓰비시 얼라이언스

- Groupe Renault to Further Autonomous Vehicle Development by Forming New Joint Venture with Oktal, Groupe Renault Press Release, 2017. 7. 4.
- Nissan and DeNA Unveil Easy Ride Mobility Service in Japan, NissanNews.com, 2017. 12. 4.
- Peter Wells, Nissan, DeNA to Start 'Robo-Taxi' Public Tests in March, Financial Times, 2017. 12. 5.

- Renault Website, https://group.renault.com

5 아직은 베일에 쌓인 다크호스

끊임 없이 자율주행에 도전하는 라이드셰어링 선두 기업 우버

- 손재권, 우버 기업가치 130조, 미국차 빅3보다 커졌다, 매일경제, 2018. 10. 17.
- Alexandria Sage, Dan Levine, Heather Somerville, Waymo Accepts $245 Million and Uber's 'Regret' to Settle Self-Driving Car Dispute, Reuter, 2018. 2. 10.
- Heather Somerville, SoftBank is now Uber's Largest Shareholder as Deal Closes, Reuters, 2018. 1. 19.
- Japan Among Five Candidate Countries to Test Uber Flying Taxi, South China Morning Post, 2018. 8. 31.
- Johana Bhuiyan, Uber is Shipping its Self-Driving Cars to Arizona after being Forced out of SF, recode, 2016. 12. 22.
- Liana B. Baker, Heather Sommerville, SoftBank succeeds in Tender Offer for Uber Shares, Reuter, 2017. 12. 29.
- Liz Hoffman, Greg Bensinger, Manureen Farrell, Uber Proposals Value Company at $120 Billion in a Possible IPO, The Wall Street Journal, 2018. 10. 16.
- Nat Levy, Uber CEO Dara Khosrowshahi: Self-Driving Cars Today are 'Student Drivers,' Will Ultimately be Safer Than Humans, GeekWire, 2018. 4. 12.
- Nissan and DeNA Unveil Easy Ride Mobility Service in Japan, NissanNews.com, 2017. 12. 4.
- Peter Wells, Nissan, DeNA to Start 'Robo-Taxi' Public Tests in March, Financial Times, 2017. 12. 5.
- Ride-Hailing Company Uber 'on Track' to Go Public in 2019, No Plans to Sell Self-Driving Car Research Group, South China Morning Post, 2018. 9. 6.
- Saheli Roy Choudhury, Uber CEO Dara Khosrowshahi Says the Company is on Track for a 2019 IPO, 2018. 5. 31.
- Sam Abuelsamid, David Alexander, Lisa Jerram, Assessment of Strategy and Execution for 18 Companies Developing Automated Driving Systems, NAVIGANT Research, 2017.

자율주행을 확산시킨 일론 머스크의 테슬라

- Andrew J. Hawkins, Tesla's Autopilot is Supposed to Deliver Full Self-Driving, So Why Does It Feel Stuck in the Past?, THE VERGE, 2017. 10. 24.
- Danielle Muoio, Dubai Created a Driverless Car Concept based off of Telsa's Model S, Business Insider, 2016. 4. 28.
- Elon Musk, Master Plan, Part Deux, tesla blog, 2016. 7. 20.
- Jordan Golson, Tesla's Self-Driving Car Hardware Will Run You $8,000-$5k for 'Enhanced Autopilot' and $3k for 'Full Self-Driving Capability', THE VERGE, 2016. 10. 20.

- Simon Alvarez, Elon Musk Posts Update on Tesla's Software Version 9 Release Date, TESLARATI, 2018. 9. 5.
- Tesla Website, https://www.tesla.com

베일에 쌓인 i-Car, 비밀주의를 고수하는 애플

- Alex Webb, Apple Expands California Self-Driving Test Fleet to 27 Cars, Bloomberg Technology, 2018. 1. 25.
- Andrew J. Hawkins, Apple expands its Fleet of Self-Driving Cars in California, THE VERGE, 2018. 1. 25.
- Andrew J. Hawkins, Here's a Closer Look at Apple's Secret Self-Driving Car, VERGE, 2017. 10. 18.
- Chris O'brien, Apple's Self-Driving Car Future Remains as Fuzzy as Ever, 2017. 6. 14.
- Jack Nicas, Apple, Spurned by Others, Signs Deal With Volkswagen for Driverless Cars, The New York Times, 2018. 5. 23.
- James Vincent, Apple's Self-Driving Car Ambitions Shrink to Just Software, Says Bloomberg, THE VERGE, 2016. 10. 17.
- Jeremy Horwitz, Apple Rehires Top Tesla Engineer Doug Field for Titan Car Project, Venture Beat, 2018. 8. 10.
- Mark Bergen, Elon Musk: Google Won't Compete with Tesla on Self-Driving Cars — but Apple will, CNBC, 2016. 7. 2.
- Mark Sullivan, Apple Reportedly Approves Electric Car Project for 2019 Release, Venture Beat, 2015. 9. 21.
- Serhat Kurt, Apple Autonomous Car Fleet Grows to 70 Vehicles in California, 2018. 9. 11.

6 새롭게 등장한 모빌리티 전문기업들

앱티브: 델파이에서 분사한 자율주행솔루션 전문기업

- Andrew J. Hawkins, Lyft and Aptiv Have Completed 5,000 Paid Trips in Their Self-Driving Taxis, 2018. 8. 21
- A First in Europe: An Experimental On-Demand Transport Service Provided by Autonomous Vehicles, in Rouen, Normandy, Press Release, Transdev, 2017. 3. 23.
- Aptiv Website, https://www.aptive.com
- David Sedgwick, Delphi, Transdev Plan Self-Driving Taxis in France, Automotive News Europe, 2017. 6. 7.
- David Shepardson, Delphi Completes 3,400-Mile Autonomous Trip, The Detroit News, 2015. 4. 2.
- Ingrid Lunden, VW Invests $300M in Uber Rival Gett in New Ride-Sharing Partnership, 2016. 5. 25.

- Sherry Strokes, Ken Walters, Carnegie Mellon Spinoff Ottomatika Acquired by Delphi, Carnegie Mellon University News, 2015. 8. 4.
- Transdev website, https://www.transdevna.com, 2018. 3.

누이티: 볼보와 오토리브 조인트 벤처

- Darrell Etherington, Baidu Plans to Mass Produce Level 4 Self-Driving Cars with BAIC by 2021, TechCrunch, 2017. 10. 13.
- Ericsson and Zenuity Team Up for Self-Driving Cars, Ericsson Press Release, 207. 9. 7.
- Volvo Cars and Autoliv Anounce the Launch of Zenuity, Volvo Car Group Global Newsroom, 2017. 1. 3.
- Volvo Cars and Autoliv Autonomous Driving Joint Venture Zenuity Starts Operations, Volvo Car Group Global Newsroom, 2017. 4. 18.

모이아: 모빌리티 민주화를 꿈꾸는 폭스바겐 자회사

- Christoph Rauwald, VW Earmarks $40 Billion for Self-Driving, Electric-Vehicle Push, Bloomberg Technology, 2017. 11. 17.
- Darrell Etherington, Volkswagen Launches Moia, A New Standalone Mobility Company, Tech Crurch, 2016. 12. 5.
- Kristen Korosec, Meet Aurora, the Ambitious (and Spunky) Self-Driving Car Startup, Fortune, 2018. 1. 5.
- Moia website, https://www.moia.io
- Sedric Website, https://www.discover-sedric.com

인모션: 영국의 자존심 재규어 랜드로버 자회사

- Alan Toey, Driverless Cars on British Roads as Jaguar Land Rover Moves Ahead in Race for Autonomy, The Telegraph, 2017. 11. 17.
- Andrew, J. Hawkins, Jaguar Land Rover Gives Lyft $25 Million and a Fleet of Vehicles for Autonomous Testing, The Verge, 2017. 1. 12.
- Costas Pitas, Jaguar Land Rover to Test Over 100 Autonomous Cars in Britain by 2020, Reuters, 2016. 7. 13.
- Nnavya website, https://navya.tech
- Jaguar Land Rover to Test 100 Self-Driving Cars in UK by 2020, The Guardian, 2016. 7.13
- Peter Campbell, Jaguar to Launch Car-Sharing Scheme, Financial Times, 2016. 4. 11.

프랑스 모빌리티 전문 기업 나브야

- Springcar Alliance website, http://www.springcar.io/alliance
- Autonomo Cab-The First Robo-Taxi on the Market, Navya Cab Boucher, 2018. 3.
- Navya website, http://navya.tech/en
- Providing Fluid Mobility with Autonomous Shuttle, Navya Shuttle Boucher, 2018. 3.

1 상용화를 위한 가장 빠른 제도 정비에 나선 미국

안전 2.0 비전과 자율주행차 3.0

• 차두원, 가속 페달 밟는 美 자율주행차 정책, 머니투데이 차두원의 럭키백, 2016. 10. 15.
• 차두원, 자동화의 완성은 인간의 몫, 아시아 경제 사이언스 포럼, 2016. 7. 13.
• 차두원, 자율주행차 개발 동향과 소비자 이슈, 신기술과 소비자 이슈-미래 소비자정책 대응
전략, 한국소비자원 정책연구실 편저, 2017. 12.
• 차두원,《4차 산업혁명과 빅뱅 파괴의 시대》PART 6, 자율주행차-가속페달을 밟다, 한스미디
어, 2017. 2.
• Andrew J. Hawkins, US Will Rewrite Safety Rules to Permit Full Driverless Cars on Public
Roads, The Verge, 2018. 10. 4.
• Aarian Marshall, The DOT Says 'Driver's Don't Have to Be Human, Wired, 2018. 10. 4.
• Ashley Coker, House Committee Urges Senate to Advance Self-Driving Vehicle Legistration,
Freight Waves, 2018. 9. 10.
• Automated Driving Systems-A Vision for Safety 2.0, U.S. Department of Transportation,
NHTSA, 2017. 9.
• Automated Vehicle 3.0-Preparing for the Future of Transportation, U.S. Department of
Transportation, 2018. 9.
• AV START Act, https://www.congress.gov/bill/115th-congress/senate-bill/1885/actions
• Driving Automation Definition, Society of Automotive Engineers, 2014. 1.
• Eliza Fawceft, Driverless-Car Makers Want Congress to Free Them From State Safety
Standards, Los Angeles Times, 2018. 7. 11
• Federal Automated Vehicles Policy-Accelerating the Next Revolution In Roadway Safety, U.S.
Department of Transportation & National highway Traffic Safety Administration, 2016. 9.
• Greg Rogers, USDOT Moving Forward with AV Policy 3.0, Including Truck and Bus
Automation, Eno Transportation Weekly, 2018. 1. 8.
• John M. Simpson, Companies' Failure to Publish Robot Car Safety Self-Assessments Shows
NHTSA's Voluntary Standards Don't Work, Consumer Watchdog, 2018. 4. 1.
• Paul A. Hemmersbaugh, A Letter from the NHTSA to Google, 2016. 2. 4.
• SELF DRIVE Act, https://www.congress.gov/bill/115th-congress/house-bill/3388
• The Road Ahead-National Highway Traffic Saety Administration Strategic Plan 2016-2020, U.D
DoT, NHTSA, 2016. 10.
• William Fielding Ogburn, Social Change, BW Huebsch. 1922.

3 새로운 차량관리와 블록체인이 방지하는 차량 해킹

- Allyson Versprille, Researchers Hack Into Driverless Car System, Take Control of Vehicle, National DEFENSE, 2015. 5.
- Ben Stanley, Kal Gyimesi, A New Relationship - People and Cars, How Consumers Around the World Want Cars to Fit Their Lives, IBM, 2016.
- Bill Snyder, 5 Key Questions Google Needs to Answer about Its Driverless Cars, CIO, 2015. 6. 12.
- Cliff Banks, Toyota's Vision of How Blockchain Will Change the Auto Industry, The Banks Report, 2017. 5. 22.
- How To Protect Data Privacy Of Connected Cars As Their Popularity Accelerates, Fobes, 2017. 1. 11.
- James M. Anderson, Nidhi Kalra, Karlyn D. Stanley, Paul Sorensen, Constantine Samaras, Oluwatobi A. Oluwatola, Autonomous Vehicle Technology-A Guide for Policymakers, Rand Corporation, 2014.
- Jonathan Shierber, Toyota Pushes into Blockchain Tech to enable the next generation of cars, Techcrunch, 2017. 5. 22.
- Maidenberg, Waymo and Avis Reach Deal Over Self-Driving Cars' Maintenance, The New York Times, 2017. 6. 26.
- Mark Harris, Researcher Hacks Self-Driving Car Sensors, IEEE Spectrum, 2015. 9. 4.
- Michael Taylor, Self-Driving Mercedes-Benzes Will Prioritize Occupant Safety over Pedestrians, Car and Driver, 2016. 10. 7.
- Ohnsman, Alphabet's Waymo Taps Avis For Self-Driving Car Maintenance Services, Fobes, 2017. 6. 26. J. Hawkins, Waymo is First to Put Fully Delf-Driving Cars on US Roads Without a Safety Driver, THE VERGE, 2017. 11. 7.
- Golson, Google and Ford Reportedly Creating a New Company to Build Self-Driving Cars, THE VERGE, 2015. 12. 21.
- Ralph Tkatchuk, How Blockchain is Hastening the Advance of Autonomous Cars, CIO, 2017. 10. 31.

4 아직은 답을 내놓지 못하는 자율주행차 윤리

- 모럴머신 설문 분석 결과, http://moralmachineresults.scalablecoop.org
- 유용하, 위기일발 자율주행차 AI는 누구를 살릴까, 서울신문, 2018. 10. 24.
- Amy Maxmen, Self-Dring Car Dilemmas Reveal That Moral Choices Are Not Univeral, 2018. 10. 24.
- Baruch Feigenbaum, Commentary: Self-Driving Cars Can Deliver Huge Safety Gains If We Resist the Urge to Overregulate Them, 2018. 6. 4.
- Dave Gershgorn, Germany's Self-Driving Car Ethicists: All Lives Matter, QUARTZ, 2017. 8. 25.

- Karen Hao, Should a Self-Driving Car Kill the Baby or the Grandma? Demands on Where you're from?, MIT Technology Review, 2018. 10. 24.
- Lindsay Dodgson, Why Mercedes Plans to Let its Self-Driving Cars Kill Pedestrians in Dicey Situations, Business Insider UK, 2016. 10. 12.
- Michael Taylor, Self-Driving Mercedes-Benzes Will Prioritize Occupant Safety over Pedestrians, Car and Driver, 2016. 10. 7.
- Moral Website, https://http://moralmachine.mit.edu/
- Self-Driving Cars Will Have to Decide Who Should Live and Who Should Die. Here's Who Humans Would Kill, The Washington Post, 2018. 10. 24.
- Why Self-Driving Cars Must Be Programmed to Kill, MIT Technology Review, 2015. 10. 22.

5 자율주행차가 가져온 일자리 포비아와 후방산업 재편

- 차두원, 김서현,《잡 킬러-4차 산업혁명, 로봇과 인공지능이 바꾸는 일자리의 미래》, 한스미디어, 2016. 7. 22.
- 차두원, 최고의 스펙은 퍼스널 트랜스포메이션(Personal Transformation) 능력, SBA 신직업리포트, 2018. 10.
- Aarian Marshall, Self-Driving Cars Likely Won't Steal Your Job(Until 2040), Wired, 2018. 6. 13.
- Alex Davies, Self-Driving Trucks Are Now Delivering Refrigerators, Wired, 2017. 11. 13.
- Benjamin Preston, Insurers Worry Self-Driving Cars Could Put a Dent in Their Business, The Guardian, 2015. 3. 8.
- Brian Wang, Self-Driving Trucks Will Cut Logistics Cost in Half and Boost GDP, nextBig Future, 2018. 10. 5.
- Doug Newcomb, You Won't Need a Driver's License by 2040, The Wired, 2012. 9. 17.
- Erin Winick, Self-Driving Trucks Could Solve a Labor Shortage-and Put Truckers Out of Work, MIT Technology Review, 2018. 1. 29.
- Gain Chon, Teamsters Union Tries to Slow Self-Driving Truck Push, The New York Times, 2018. 8. 11.
- Isaac Arnsdorf, Rolls-Royce Drone Ships Challenge $375 Billion Industry : Freight, Bloomberg, 2014. 2. 26.
- Kimberly Pierceall, The First Self-Driving Vehicle You See May Have 18 Wheels, The Washington Times, 2015. 5. 6.
- Kristen Korosec, America's Trucker Shortage is Hitting Home, Fortune, 2018. 6. 27.
- Markus Lorenz, Michael Rü.mann, Rainer Strack, Knud Lasse Lueth, and Moritz Bolle, Man and Machine 4.0-How Will Technology Transform the Industrial Workforce through 2025?, The Boston Consulting Group, 2015. 9.
- Robert Atkinson, Stop Saying Robots are Destroying Jobs-They Aren't, MIT Technology Review, 2013. 9. 3.

- Robert Ferris, Tesla's New Semi Truck has a 500 Mile Rage, CNBC, 2017. 11. 17.
- Ross C. DeVol, et al., Manufacturing 2.0: A More Prosperous California, Milken Institute, 2009. 6.
- Smith, A. & Anderson, J., AI, Robotics, and the Future of Jobs, Pew Research Center, 2014.
- Stacy Liberatore, Self-Driving Vehicles Are Set to Take 25,000 Jobs a MONTH Away from Americans with Truck Drivers being Worst Hit, DailyMail, 2018. 5. 23.
- Sean Szymkowski, Walmart Plans to Purchase 30 More Tesla, Business Insider, 2018. 9. 7.
- The Manufacturing Institute. Facts About Modern Manufacturing, 8th Edition, 2009.
- Theo Francis, The Driverless Car, Officially, is a Risk, Wall Street Journal, 2015. 3. 3.
- Tracey Lindeman, Autonomous Semis Could Help Solve Trucking's Major Labor Shortage, MOTHERBOARD, 2018. 1. 29.
- Uautoinsurance.com Analyst Team, Effects of Robotic Driverless Vehicles on Auto Insurance Costs, Robotics Tomorrow, 2014. 7. 17.
- UberATC, The Future of Trucking: Mixed Fleets, Transfer Hubs, and More Opportunity for Truck Drivers, Meidum, UberATC, 2018. 2. 1.

[8장] 여러분은 어떤 자율주행차를 사용하시겠습니까?

1 자율주행차를 사용하는 이유

- Claudia Russo, First Roland Berger Automotive Disruption Radar: Autonomous Driving and Electric Cars Enjoy Widespread Acceptance among the Global Customer Base, Roland Berger, 2017. 4. 25.
- Colin Bird, Survey Finds Varied Autonomy and Safety Technology Preferences for New Vehicles, IHS Markit Says, IHS Market, 2017. 8. 3.
- Felix Richter, Consumer Concerns About Self-Driving Cars, statistica, 2018. 3. 20.
- Graham Cookson, , INRIX Global Traffic Scorecard, INRIX Research, 2018. 2.
- Group U.S. Self-Driving Cars Survey, Boston Consulting Group, 2014.
- Looking Rurther with Ford, 2018 Trend Report, Ford, 2018. 2.
- Waymo's Early Rider Program, One Year In, Waymo Team, MIDIUM, 2018. 6. 14.

2 새롭게 등장한 자율주행차 비즈니스

- Andrew J. Hawkins, Self-Driving Delivery Startup Nuro Releases Its Voluntary Safety Report, The Verge, 2018. 9. 13.
- Autonomous Vehicle Entertainment System (US 9.272,708 B2), Ford Global Technologies, 2016. 3. 1.
- Cyrus Radfar, Autonomous Cars Will Bring a Moveable Feast of Products and Services, 2017. 7. 2.
- Drew Harwell, Is Apple stealth Project Titan a Smart, Head-Up Display for Car Windscreens?,

The Sydney Morning Herald, 2015. 8. 16.
- Jeff McMahon, Ford Turns The Driverless Car Into A Driving Movie Theater, Forbes, 2016. 3. 7.
- Jeremy Horwitz, Apple Seeks VR Patent to Bring Zombie Attacks and Talk Shows into Self-Driving Car, Venture Beat, 2018. 3. 30.
- Kroger Begins Tests of Driverless Grocery Delivery in Arizona, Reuter, 2018. 8. 16.
- Mallory Locklear, ApplePatent Taps VR to Ease Motion Sickness in Self-Drivng Car, ENGADGET, 2018. 3. 30.
- Patent of the Decade: Apple Reveals an Unbelievable VR Experience System for Next-Gen Autonomous Vehicles, Patently Apple, 2018. 3. 29.
- Renault Shows Future of Urban Mobility in Driverless Taxi, KOMONEWS.com, 2018. 4. 16.
- Renault EZ-GO: Robo-Vehicle Concept for Shared Urban Mobility Makes World Premier, Groupe Renault International Media Website, https://media.group.renault.com
- Robomart Website, http://robomart.co
- Roger Lanct, Accelerating the Future: The Economic Impact of the Emerging Passenger Economy, Strategic Analysis & Intel, 2017. 6.
- The Mercedes-Benz F 015 Luxury in Motion, Bercedes-Benz Website, https://www.mercedes-benz.com/en/mercedes-benz/innovation/research-vehicle-f-015-luxury-in-motion
- Tom Standage, What's It Like to Ride in a Self-Driving Car?, MIDIUM, 2018. 8. 6.
- Toyota Launches New Mobility Ecosystem and Concept Vehicle at 2018 CES, Toyota Global Newsroom, 2018. 1. 9.
- Vision Urbanetic-The Mobility of the Future, Mercedes-Benz Website, https://www.mercedes-benz.com
- Volvo Cars' New 360c Autonomous Concept: Why Fly When You Can Be Driven?, Volvo Car Group Website, https://www.media.volvocars.com
- Waymo's Early Rider Program, One YearIn, Waymo Team, MIDIUM, 2018. 6. 14.

4 소비자가 선호하는 자율주행차 기업군은?

- 김규옥, 문영준, 조선아, 이종덕, 자율주행자동차 윤리 및 운전자 수용성 기초연구, 한국교통연구원 보고서, 2016. 11.
- AlixPartners Global Automotive Outlook, AlixPartners, 2017. 7. 12.
- Arjun Kharpal, SoftBank, GM and BMW invest $159 million into driverless car Autonomous Vehicle Disengagement Reports 2016, 2017, 2018 매해 년도 자료 정리
- Felix Kuhnert, Christoph Strmer and Alex Koster, Five Trends Transforming the Automotive Industry, PriceWaterhouseCoopers, 2017-2018.
- Graham Cookson, Bob Pishue, INRIX Connected & Autonomous Vehicle Consumer Survey, INRIX Research, 2017. 5.

- Global Automotive Outlook, AlixPartners, 2017. 7. 12. Kharpal, SoftBank, GM and BMW invest $159 Million into Driverless Car Start-Up Nauto, CNBC, 2017. 7. 19. Cookson, Bob Pishue, INRIX Connected & Autonomous Vehicle Consumer Survey, INRIX Research, 2017. 5.
- Kristen Hall-Geisler, Survey Says: Kids These Days Aren't So into Electric or Autonomous Vehicles, 2017, Tech Crunch, 2017. 4. 20.
- Peter Campbell, Shannon Bond, Kana Inagaki, Self-Driving Technology Adds Pressure on Carmakers, Fobes, 2018. 4. 2.
- Survey says: Kids These Days Aren't So into Electric or Autonomous Vehicles Start-Up Nauto, CNBC, 2017. 7. 19.

[9장] 모빌리티 시장 최후의 승자는?

1 초기 시장 선두주자로 자리 잡은 웨이모의 잠재력

- Andrew J. Hawkins, Waymo's Driverless Cars Hit a New Milestone: 10 Million Miles on Public Roads, The Verge, 2018. 10. 10.
- Autonomous Vehicle Disengagement Reports 2016, 2017, 2018, Department of Motor Vehicles, State of California 종합.
- Graham Rapier, Google's Waymo is Crushing the Competition and Could Be Worth $135 Billion, UBS says (GOOGLE), 2018. 5. 11.
- Greg Sandoval, A Wall Street Analyst says Google Has 2 Different Choices for its Car Spinoff, and one of them could make Waymo a $180 billion company, Business Insider, 2018. 7. 11.
- Testing of Autonomous Vehicles, https://www.dmv.ca.gov/portal/…/detail/vr/autonomous/testing, Department of Motor Vehicles, State of California Website, 2018. 2. 3.
- Peter Valdes-Dapena, BMWUnveils Its Vision for a Self-Driving Electric Car, CNN, 2018. 9. 15.
- Sam Abuelsamid, David Alexander, Lisa Jerram, Assessment of Strategy and Execution for 18 Companies Developing Automated Driving Systems, NAVIGANT Research, 2017.
- Sam Abuelsamid, Lisa Jerram, Assessment of Strategy and Execution for 19 Companies Developing Automated Driving Systems, NAVIGANT Research, 2018. Waymo Safety Report-On the Road to Fully Self-Driving, 2017.
- Yuki Okoshi, Kosuke Terai, Google's Waymo Unseats Toyota as Automated-Driving Patent King, NIKKEI Asian Review, 2019. 9. 13.
- Waymo website, https://www.waymo.com

2 소프트뱅크의 빅픽처, 네크워크 지배자가 자율주행 시장을 지배할 것인가?

자율주행 전면전을 준비하는 소프트뱅크

- Alison Griswold, Startups Like Uber Decimated Taxi Companies. Rental Cars Are Next, QUARTZ, 2018. 5. 10.
- Arm Automotive Solution Website, https://www.arm.com/solutions/automotive
- Arun Kumar, Mark Wakefield, Rental-Car Companies Could Face an "Existential Crisis" from the Coming
- Barclay Bram, Rocked by Scandal, China's Largest Ride-Sharing App Scrambles to Right Itself, Wired, 2018. 11. 8
- Byron Kaye,Adam Jourdan, Chinese Ride-Sharing Giant Didi Picks Australia for First Western Foray, Reuter, 2018. 6. 15.
- Certify Report: Uber Was the Most Expensed T&E Brand in Q3 2018, 2018. 10. 26.
- Certify Adds Up the Year in Business Travel and Entertainment Expense Spending, Certify, 2018. 1. 30.
- Dean Takahashi, SoftBank CEO Masayoshi Son Explains Why a $100 billion Fund Isn't Enough, Venture Beat, 2016. 10. 26.
- Didichuxing Global Website, https://www.didiglobal.com/international-business
- Didi Chuxing Raises $4bn as It Plots Vverseas Push, Financial Times, 2017. 12. 20.
- Didi/Uber/SoftBank: Wheels Within Wheels, Financial Times, 2017. 12. 22.
- Didi takeover of Brazil's 99 Piles Pressure on Uber, Financial Times, 2018. 1. 4.
- Jason D. Rowley, Can Didi Out-Network Uber To Win theGlobal Ridesharing Market?, Tech Crunch, 2017. 8. 15.
- Michael Goldstein, Uber And Lyft Pound Taxis, Rental Cars In Business Travel Market, Forbes, 2018. 2. 22.
- Harrison Weber, China's DiDi Invests $100M in Lyft as Two Team Up to Take on Uber Worldwide, Venture Beat, 2015. 9. 11.
- Ian Kano, SoftBank: The Real Global Rideshare Giant, Inside Catholic, 2018. 1. 24.
- Johana Bhuiyan, Greylock and SoftBank are Leading a $159 Million Round Into a Driverless-Car Tech Startup, recode, 2017. 7. 19.
- Jon Russell, China's Didi Invests in Taxify, an Uber Rival Operating in Europe and Africa, Tech Crunch,2017. 8. 2.
- Jon Russell, China's Didi backs Uber Rival Careem to Expand Its Global Footprint into the Middle East, Tech Chrunch, 2017. 8. 8.
- Jon Russell, Grab Gets $2B from Didi and SoftBank to Fuel Bid to Defeat Uber in Southeast Asia, 2017. 7. 24.
- Mobility Revolution, According to AlixPartners Survey, 2018. 7.

- Natasha Lomas, Softbank Invests €æ460M in Germany's Auto1 Car Dealer Platform, Tech Crunch, 2018. 1. 14.
- Paul Sawers, Chinese e-Taxi Giant Didi Grows Its Global Footprint with Careem Partnership, Venture Beat, 2017. 8. 8.
- Paul Sawers, Mapbox raises $164 Million Investment from SoftBank, Others to Grow Its Location Platform for Developers, Venture Beat, 2017. 10. 10.
- Paul Sawers, Uber's Merger with Yandex.taxi Gets Green Light from Russia and Belarus, Venture Beat, 2017. 11. 24.
- Paul Sawers, Uber's Next Battleground: Latin America, Venture Beat, Venture Beat, 2018. 3. 30.
- Ride Sharing, https://www.statista.com/outlook/368/100/ride-sharing/worldwide, statistica.
- Saritha Rai, Paytm Raises $1.4 Billion From SoftBank to Expand User Base, Bloomgerg, 2017. 5. 18.
- Sherisse Pham, Uber's Big Chinese Rival Didi is Pumping Money into Brazil, CNN Business, 2018. 1. 4.
- SoftBank Is Building The Most Interesting Portfolio In The World, Seeking Alpha, 2018. 2. 22.
- Uber, Yandex Complete Ride Services Merger, Reuter, 2018. 2. 8.
- Varsha Bangsal User's India Ride Sees 10% Rise in Revenue in FY17, ET RISE, 2018. 9. 24.
- Yomi Kazeem, Uber's Largest Sshareholder Wants It to exit Africa and Asia, Quartz Africa, 2018. 1. 19.

3 GM의 예정된 구조조정과 트랜스포메이션

- Jeff Clabaugh, GM Cuts Hit White Marsh Plant, wtop, 2018. 11. 26.
- Laura Putre, GM to Close 4 U.S. Plants, 1 in Canada, IndustryWeek, 2018. 11. 26.

[10장] 한국 모빌리티산업의 빅퀘스천

1 자율과 공유가 가져올 변화, 자동차 산업의 빅뱅

감소하는 미국과 유럽 자동차 등록 대수, 증가하는 도심 교통량

- 이수향, 중국 자동차시장 현황 및 시사점, 한국은행 국제경제리뷰, 제2018-6호, 2018. 3. 23.
- 이윤식, 세계 1위 중국 자동차 시장의 미래 발전방향은?, KOTRA 해외시장 뉴스2018. 2. 23.
- Charles Riley, Dyson Will Build Its Electric Cars in Singapore, CNN Buesiness 2018. 10. 23.
- Felix Kuhnert, Christoph Stürmer, Alex Koster, Five Trends Transforming the Automotive Industry PricewaterhouseCoopers, 2017-2018.
- Gary Silberg, Todd Dubner, Bala Lakshman, Tom Mayor, Yoshi Suganuma, Jono Anderson, Island of Autonomy-How Autonoous Vehicles Will Emerge in Cities around the World,

KPMG, 2017. 11.

- Joshua Franklin,Julie Zhu, In Tesla's Shadow, China's NIO Raises $1 Billion from IPO: Sources, Retures, 2018. 9. 12.
- Nikolaus S. Lang, Michael Ruessmann, Brian E. Collie, Augustin K. Wegscheider, John Moavenzadeh, Mary Loane, Andrey Berdichevskiy, Alex Mitchell, Mary Loane, Reshaping Urban Mobility with Autonomous Vehicles Lessons from the City of Boston, World Economy Forum & The Boston Consulting Group, 2018. 6.
- Tamara Warren, This Autonomous, 3D-Printed Bus Starts Giving Rides in Washington, DC Today, The Verge, 2016. 7. 16.
- 김동욱, 중, 세계 첫 자율주행차 전용도시 만든다, 한국경제, 2018. 5. 21.

2 한국, 모빌리티의 무덤에서 벗어나려면

마이크로 모빌리티: 지자체는 시장 플레이어가 아니다

- 권기범, "따릉이 채워놓으면 대여소 금세 텅텅 인기 실감, 동아일보, 2018. 9. 19.
- 글로벌 공유자전거 '오포' 국내 진출 1년도 안 돼 철수,연합뉴스, 2018. 11. 14.
- 서울자전거 웹사이트, https://www.bikeseoul.com
- 신원철 외, 서울시 공공자전거(따릉이) 정책의 평가 및 개선방안 연구, 2017 서울특별시의회 연구용역 최종보고서, 2017. 12.
- 심주혁, 따릉이, 인기만큼 늘어가는 적자,서울시 반응은?, 2018. 9. 29.
- 오토타임즈, 전동 킥보드, 대체 어디서 타라고?, 2018. 1. 16.
- 임국현, 서울시 공유정책 추진 현황 발표, 2018. 9. 6.
- 조순복, '서울 따릉이' 거리 풍경을 바꾸다,조선일보, 2018. 3. 21.
- 창원 공공자전거 한계 전기자전거 · 공유시스템 도입해야, 연합뉴스, 2017. 12. 5.
- Fifteen Life Website, http://www.fifteenlife.com
- Kate Clark, Lime is Debuting Its Line of Shareable Vehicles in Seattle This Week, Tech Crunch, 2018. 11. 14.

카풀의 덫에서 벗어나야

- 백승호, 카풀 겨냥한 택시 파업에 오히려 카풀 업체가 득봤다, 허핑턴 포스트, 2018. 10. 19.
- 차두원, [Science&Market] 왜 카풀이 혁신이냐고?, 서울경제, 2018. 11. 11.
- GDP 통계의 디지털 및 공유경제 반영 현황 및 향후 개선 계획, 보도참고자료, 한국은행, 2017. 5. 29.

혁신성을 제고하고 과감한 네트워크를 구축해야

- 강동철, 다음 달 미국에선, 택시기사 없는 택시가 달린다, 조선일보, 2018. 11. 15.
- 권상희, 완전한자율주행, 2030년 실현가능, ZDNet Korea, 2018. 11. 14.
- 류정, 2030년 완전자율주행 상용화 목표… 글로벌 기업과 협업, 조선일보, 2018. 8. 31.

- 차두원, [MT시평]다시 돌아보는 적기조례, 머니투데이, 2018. 7. 5.
- 차두원, [MT시평]자율주행 모멘트, 머니투데이 기고, 2018. 11. 16.
- 2015년도 산업기술수준조사보고서 2016. 2. 한국산업기술평가관리원, 2016. 2.
- 2016~17년 임시운행허가… 지난해 허가조건 완화로 주행거리급증, 연합뉴스, 2018. 1. 18.
- 2017 ICT 기술수준보고서, 정보통신기술진흥센터, 2017. 7.
- 2018 ICT 기술수준보고서, 정보통신기술진흥센터, 2018. 2.
- Jagadeesh Chandran, Veerender Kaul, $345 Billion Autonomous, Connectivity and Electrification (ACE) R&D Spend by key Automakers by 2025, Frost & Sullivan, 2017. 7. 14.
- R&D Ranking of the World Top 2500 Companies 2016/2017, European Commission.

이동의 미래

**모빌리티 빅뱅,
누가 최후의
승자가 될 것인가?**

1판 1쇄 인쇄 | 2018년 12월 10일
1판 1쇄 발행 | 2018년 12월 17일

지은이 차두원
펴낸이 김기옥

경제경영팀장 모민원 **기획 편집** 변호이, 김광현
커뮤니케이션 플래너 박진모
경영지원 고광현, 임민진
제작 김형식

디자인 디자인허브
인쇄·제본 민언프린텍

펴낸곳 한스미디어(한즈미디어(주))
주소 우편번호 121-839 서울특별시 마포구 양화로 11길 13 (서교동, 강원빌딩 5층)
전화 02-707-0337 | **팩스** 02-707-0198 | **홈페이지** www.hansmedia.com
출판신고번호 제 313-2003-227호 | **신고일자** 2003년 6월 25일

ISBN 979-11-6007-331-7 (13320)

- 책값은 뒤표지에 있습니다.
- 이 책은 저작권법에 따라 보호받는 저작물이므로 무단 전재와 무단 복제를 금합니다.
- 잘못 만들어진 책은 구입하신 서점에서 교환해 드립니다.